ACCESO GRATIS *a la Lectura en la Nube*

Para visualizar el libro electrónico en la nube de lectura envíe junto a su nombre y apellidos una fotografía del código de barras situado en la contraportada del libro y otra del ticket de compra a la dirección:

ebooktirant@tirant.com

En un máximo de 72 horas laborales le enviaremos el código de acceso con sus instrucciones.

La visualización del libro en **NUBE DE LECTURA** excluye los usos bibliotecarios y públicos que puedan poner el archivo electrónico a disposición de una comunidad de lectores. Se permite tan solo un uso individual y privado

EXCEL PARA ABOGADOS

Aplicación de fórmulas y funciones de fecha en el cómputo de plazos jurídicos

EXCEL PARA ABOGADOS

Aplicación de fórmulas y funciones de fecha en el cómputo de plazos jurídicos

JORGE ROMERO

tirant lo blanch
Valencia, 2024

En caso de erratas y actualizaciones, la Editorial Tirant lo Blanch publicará la pertinente corrección en la página web www.tirant.com.

EDITA: TIRANT LO BLANCH
C/ Artes Gráficas, 14 - 46010 - Valencia
TELFS.: 96/361 00 48 - 50
FAX: 96/369 41 51
Email: tlb@tirant.com
www.tirant.com
Librería virtual: https://editorial.tirant.com
DEPÓSITO LEGAL: V-1208-2024
ISBN: 978-84-1056-254-7
MAQUETA: Tink Factoría de Color

Si tiene alguna queja o sugerencia, envíenos un mail a: *atencioncliente@tirant.com*. En caso de no ser atendida su sugerencia, por favor, lea en *www.tirant.net/index.php/empresa/politicas-de-empresa* nuestro procedimiento de quejas.

Responsabilidad Social Corporativa: http://www.tirant.net/Docs/RSCTirant.pdf

ÍNDICE

INTRODUCCIÓN

Entre los cálculos más frecuentes que lleva a cabo el abogado se encuentran los de tiempo, específicamente, el cómputo de plazos jurídicos[1]. Son «el pan de cada día». Que si el plazo para la contestación de la demanda, la prescripción de una acción, el permiso...

Paradójicamente, también son cálculos de suma importancia. Algunos, incluso, pudieran considerarse esenciales a su actividad profesional. Por ejemplo, los de naturaleza procesal. Juicios se han perdido por presentar extemporáneamente un escrito.

La combinación de ambas características obliga al profesional del derecho a ser especialmente cuidadoso con los mismos. Su eficiencia no solo requiere de una ejecución rápida, sino lo más precisa posible. Tanto vale ganar tiempo a la rutina para emplearlo en tareas de igual o mayor peso, como evitar errores de irreparables consecuencias.

Para alcanzar dicho equilibrio, el abogado suele emplear el cálculo manual, asumiendo los riesgos implícitos que conlleva esta modalidad. Sin embargo, pudiera valerse de aplicaciones informáticas especializadas que en este sentido superan con creces la capacidad humana.

Y es aquí donde aparecen las fórmulas y funciones de fecha de Excel. Usadas en la confección de calculadoras de tiempo para efectuar cuentas individuales, o bases de datos para gestionar el volumen de las mismas, apoyadas

---

1 Este libro se basa en lo que la doctrina denomina «Cómputo de tiempo», «Cómputo de plazos» o «Cómputo Civil». Según el Diccionario Panhispánico del Español Jurídico, se trata de un sistema empleado para medir plazos legales o contractuales de cumplimiento de obligaciones o ejercicio de derechos, por tanto, con sus propias reglas. Sin embargo, los términos «Cálculo» y «Cómputo», así como «Calcular» y «Computar», se emplean como sinónimos, acogiendo su significado general de medición a través de operaciones matemáticas.

en una interfaz de usuario amigable, son una de las mejores opciones que tiene el abogado para conseguir el mencionado equilibrio. Su potencial es incuestionable.

Lamentablemente, el grueso de los colegas desconoce su existencia. Otros, un pequeño grupo, son conscientes de su potencial, pero guardan distancia pues piensan que su estudio implicaría adentrarse en el «misterioso» lenguaje de las matemáticas y de la propia aplicación. Finalmente, se encuentran los menos, que saben usarlas, pero no le consiguen utilidad en la práctica profesional. Todos inspirados en la errónea creencia de que Excel no está diseñado para el abogado.

En tal sentido, el objetivo de este libro es ayudar al abogado a optimizar y, eventualmente, automatizar, la ejecución de tareas rutinarias relacionadas con el cómputo de plazos jurídicos, así como el control y seguimiento de los mismos; mediante la aplicación de fórmulas y funciones de fecha de Microsoft Excel 2021/365, con base en Windows 11; obteniendo resultados tanto rápidos como de gran precisión, que le permitan ganar tiempo a esta importante rutina que podrá invertir en tareas de igual o mayor peso, indelegables a la máquina, como la interpretación de normas o la argumentación de escritos; en aras de aumentar su rendimiento laboral, incluso a un nivel de excelencia.

Para alcanzar el mencionado objetivo, se ensaya una metodología de casos prácticos, sobre la base de la sencilla forma de resolver problemas matemáticos, con subordinación didáctica de la informática al derecho, para no desfigurar la disciplina. Suerte de taller, donde el abogado conseguirá como materia prima las mencionadas rutinas, y como herramientas las fórmulas y funciones de fecha de Excel; donde, más allá de puntuales instrucciones, tendrá un amplio espacio para aprender haciendo, acercándose de la manera más «natural» posible al tema, comprendiéndolo, descubriendo su utilidad y, tal vez, dando sus propios aportes.

Dicho método empieza con el planteamiento del problema. Se trata de la aplicación de un plazo en el contexto de la práctica profesional, que puede ser un término o lapso, con origen en una norma legal, un documento judicial o administrativo, o un contrato; procesal o sustantivo; en días, meses, años o la combinación de los anteriores; contado hacia adelante o hacia atrás; real o imaginario. Incluso, con sus variantes o excepciones, como el término inhábil o inexistente, el plazo indeterminado o la semana como unidad de tiempo. Esta primera etapa le ayudará a descubrir e identificar situaciones análogas.

Sigue la solución. Consiste en la fórmula o función de fecha que da respuesta al problema planteado. Por fórmula se entiende la estructura de datos que contiene un signo igual seguido por uno o más argumentos (valor, referencia de celda o rango, matriz, función, etc.) separados por uno o más operadores. Por función se entiende aquella fórmula predefinida por Excel. Del tipo fecha - número, para calcular el término o lapso de un plazo, o fecha - fecha, para calcular la cantidad de tiempo que permita su control y seguimiento. Puede ser una o varias, aunque la primera se propone como la principal. Solo se enuncia. Es una oportunidad de oro para que el abogado reflexione y especule sobre las mismas, sobre cómo aplicarlas al problema. También para ejercitar la imaginación. Junto con los comentarios, constituye el saber.

Eventualmente, la solución pudiera ser una herramienta, como un filtro, formato condicional o tabla dinámica, así como la combinación de las fórmulas y funciones mencionadas con las de texto, referencia o lógicas.

Continúa el procedimiento. Por tal se entiende la ejecución de la solución o el conjunto de pasos para aplicar la fórmula o función de fecha al problema planteado. También puede considerarse la comprobación del resultado. Se propone un camino, probablemente el más simple. A veces varios. Incluso, pudieran existir otros más completos y expeditos. El abogado decidirá cual transitar. Es el momento para investigar, experimentar e innovar. Representa el saber hacer.

Se apoya en imágenes que ilustran los pasos más importantes para su mejor comprensión y memorización.

Cubierto el núcleo metodológico, es el turno de los complementos.

Por un lado, aparecen los comentarios, identificados con el asterisco (*). Breves observaciones objetivas sobre el caso, es decir, respecto al planteamiento del problema, la solución o el procedimiento. Se incluyen definiciones, explicaciones, aclaratorias, curiosidades técnicas, ejemplos, trucos, actualidad, etc. Esta etapa ayudará al abogado a ampliar su conocimiento sobre el tema, así como reforzar el aprendizaje.

Por otro, las anécdotas, identificadas con el numeral (#). Es decir, historias o vivencias del autor relacionadas con el caso, siempre con un toque de imaginación. Ayudarán al abogado a generar o reforzar el vínculo «natural» con este aspecto cuantitativo de su actividad profesional, así como la empatía mínima con las fórmulas y funciones de fecha, sin lo cual sería en vano la consecución del objetivo propuesto. Además, casi siempre ellas dejarán entrever una moraleja o enseñanza moral. Es educar en valores, mellizo de la formación técnica.

También, con este recurso se pretende sembrar la fe en la informática, reconociendo las mejoras que ha traído a nuestra vida, aunque guardando por encima de todo la esencia de lo humano.

Esta metodología se desarrolla en los capítulos del libro. Cada uno se corresponde con el cómputo de un específico plazo jurídico, y se identifica con una sigla o sigloide, para facilitar las constantes referencias entre ellos. Cada uno funciona como una clase.

A su vez, se agrupan en dos títulos. El primero, Base de casos, se refiere a los más comunes y fundamentales. Abarca tanto el cálculo del término y lapso de un plazo, como la cantidad de tiempo para su control y seguimiento. Y el segundo, Variantes de casos, donde los anteriores se exponen a cambios, incluso, se proponen nuevos casos; aunque, de cualquier manera, todos constituyen situaciones atípicas o excepcionales, bien sea en el planteamiento del problema, la solución o el procedimiento.

Dicho contenido se puede consultar completamente en el Índice.

Finalmente, este libro no pretende agotar el tema. En toda su extensión, es solo un esfuerzo por empezar a desarrollarlo sistemáticamente. Pudiera catalogarse como un ensayo general o experimento. Se espera la receptividad del lector. Cualquier recomendación será bien recibida. Puede enviarla a través de los medios electrónicos que la editorial pone a su disposición.

BASE DE CASOS

TÉRMINO - HACIA ADELANTE - DÍAS CONTINUOS (TAdC)

1. Problema: El escrutinio general se realiza el quinto día continuo siguiente al de la votación, por la junta electoral que corresponda, según lo establecido en las disposiciones especiales de esta ley.

Fecha de la votación: 12/11/2021.

¿Cuándo debe llevarse a cabo el escrutinio?

2. Solución: fórmula **fecha inicial + días del plazo**/función **FECHA ().**

17/11/2021.

3. Procedimiento:

3.1.

3.1.1. Ubíquese en la celda de resultado.

3.1.2. Escriba el signo **igual** (=).

3.1.3. Escriba o seleccione la fecha de la votación y súmele los días del plazo: A1 + 5.

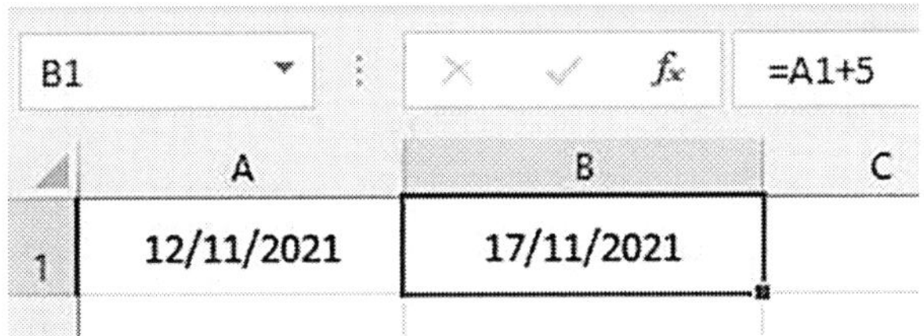

3.1.4. Pulse la tecla **Enter**. Aparecerá en dicha celda el resultado de la operación.

3.1.5. Verifique los pasos en la **Barra de fórmulas.**

3.2.

3.2.1. Ubíquese en la celda de resultado.

3.2.2 Escriba el signo **igual (=).**

3.2.3. Pulse el botón **Insertar funciones.**

3.2.4. Aparecerá el cuadro de diálogo con el mismo nombre.

3.2.5. En la sección **O seleccionar una categoría**, elija **Fecha y hora.**

3.2.6. En la sección **Seleccionar una función**, escoja **FECHA ().**

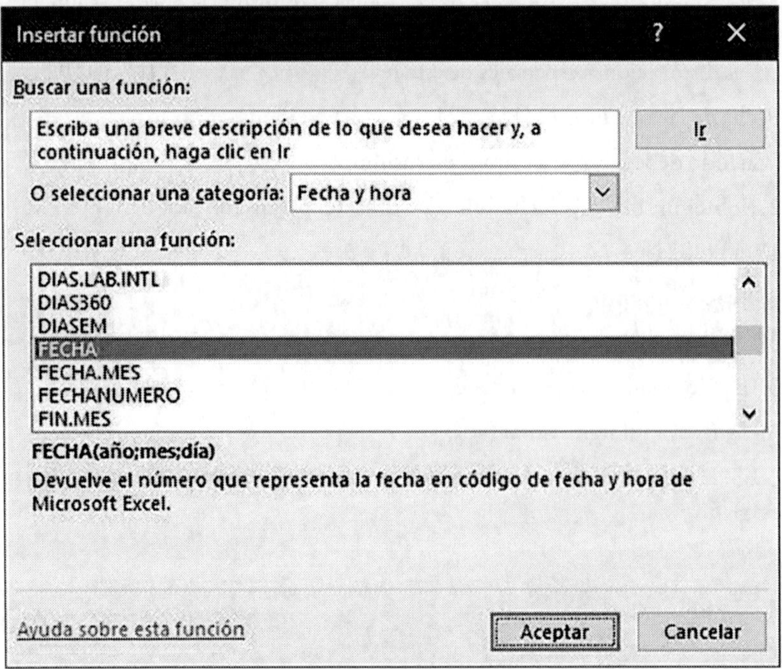

3.2.7. Pulse el botón **Aceptar**.

3.2.8. En el cuadro de diálogo **Argumentos de función**, cuadro **año**, escriba el año de la votación: 2021.

3.2.9. En el cuadro siguiente, **mes**, escriba el mes de la votación: 11.

3.2.10. En el cuadro siguiente, **día**, escriba el día de la votación y súmele los días del plazo: 12 + 5.

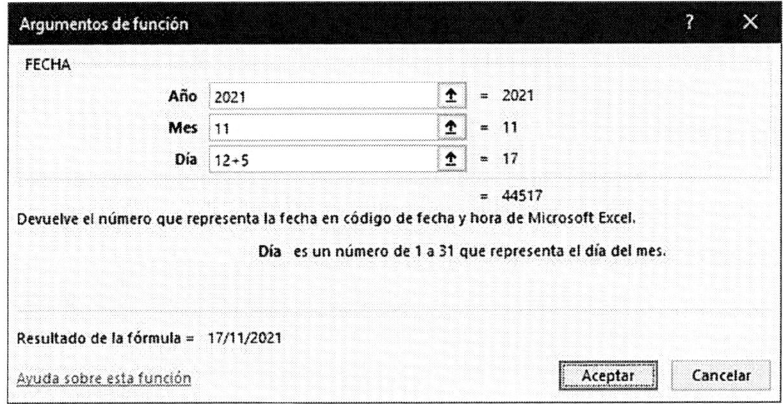

3.2.11. Pulse el botón **Aceptar**. Aparecerá en dicha celda el resultado de la operación.

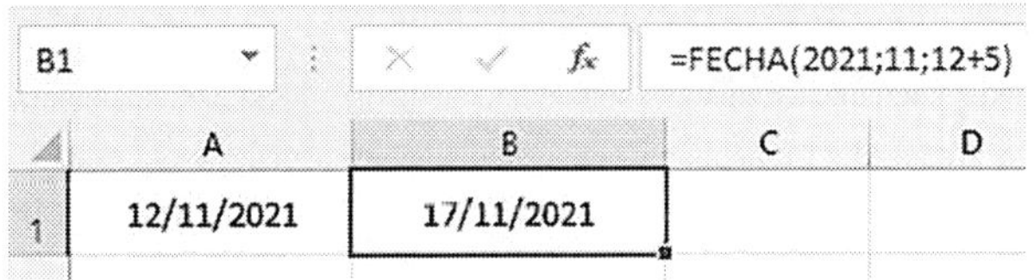

3.2.12. Verifique los pasos en la **Barra de fórmulas.**

*Se trata del término de un plazo.

*A efectos de este trabajo, por tal se entiende el día de finalización del mismo.

*Existen otras definiciones. Se escogió la más natural porque favorece el enfoque didáctico.

*La cuenta es hacia adelante.

*En días continuos, naturales o calendario.

* A efectos de este trabajo, por tales se entienden todos los días del año, según el calendario gregoriano.

*Se alude al día civil, de veinticuatro horas, que comienza y termina a las 12:00 am.

*Por regla general, el cómputo es civil, por días enteros que terminan a la media noche. Distinto al natural que es de momento a momento.

*No se cuenta el día de inicio o *Dies a quo*, por fraccionado: *Dies a quo praefigitur terminas, non computatur in termino.* Aunque si el día de vencimiento o *Dies ad quem*, entero: *Dies ad quem computatur in termino.*

*Por tanto, el plazo comienza el día siguiente al día del hecho o acto jurídico[2] que lo origina y termina el día de su límite final, inclusive.

*Pudiera haber excepciones a la regla anterior.

*Suelen ser plazos sustantivos.

*A efectos de este trabajo, por tales se entiende aquellos plazos extraprocesales, establecidos en la ley o por acuerdo entre partes, para la creación, modificación o extinción de un derecho u obligación. Esta definición incluye el ejercicio de las respectivas acciones.

*Estas reglas se aplican en la mayoría de las legislaciones occidentales.

*El término pudiera caer en día inhábil o inexistente. Estos casos especiales se estudiarán en las variantes TInh y TInex, respectivamente.

*La fórmula o función estudiada sigue sin mayor esfuerzo las reglas anteriores.

*El usuario puede escribir la fecha o seleccionarla a través de una referencia de celda.

*En el primer supuesto, debe colocarla entre comillas. También puede emplear la función FECHA ().

*El usuario puede seleccionar el formato de fecha. Se escogió el predeterminado de Excel: dd/mm/aaaa.

*La operación es posible porque Excel representa las fechas como números consecutivos. Se estudiará en la variante CFN.

*Se calcula una fecha. La fórmula es del tipo fecha - número.

*El usuario pudiera anidar funciones. Se estudiará en la variante AF.

*Si conoce el nombre de la función, podrá insertarla directamente.

*Si el usuario escribe el nombre de la función, podrá seleccionarla de la lista de funciones parecidas, ahorrando algunos pasos del procedimiento descrito.

2 Pudiera ser de su comunicación, notificación o publicación.

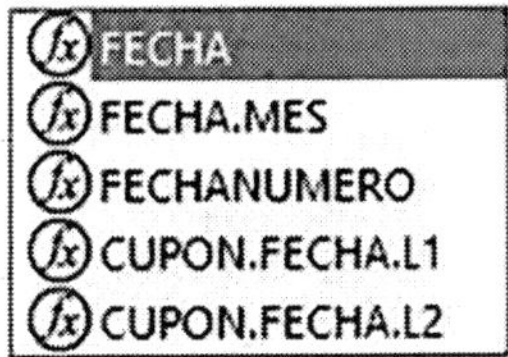

*Si añade un paréntesis abierto a dicho nombre, podrá escribir la función directamente, guiado por el *banner* desplegable que muestra la sintaxis de la misma.

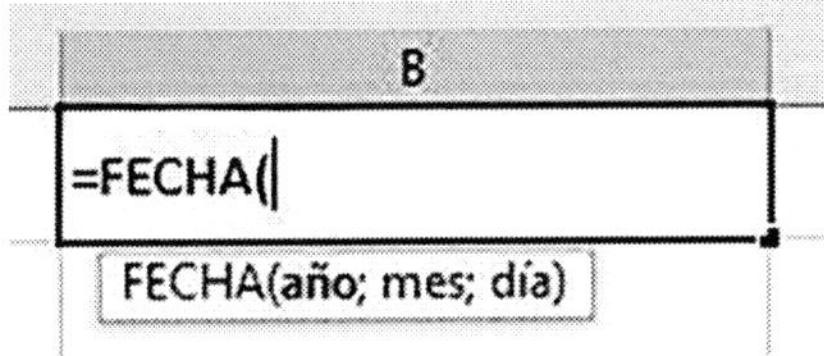

TÉRMINO - HACIA ADELANTE - DÍAS HÁBILES (TAdH)

1. **Problema**: El demandado deberá comparecer a la hora que fije el Tribunal, personalmente o por medio de apoderado, a fin de que tenga lugar la audiencia preliminar al décimo día hábil siguiente, posterior a la constancia en autos de su notificación o a la última de ellas, en caso de que fueren varios los demandados.

Fecha de la constancia en autos de la notificación del demandado: 01/07/2021.

Días de descanso semanal: sábado y domingo.

Días feriados: 05/07/2021 y 24/07/2021.

¿Cuándo debe llevarse a cabo la audiencia preliminar?

2. **Solución**: función **DIA.LAB.INTL** ().

16/07/2021.

3. **Procedimiento**:

3.1. Ubíquese en la celda de resultado.

3.2. Escriba el signo **igual** (=).

3.3. Pulse el botón **Insertar funciones.**

3.4. Aparecerá el cuadro de diálogo con el mismo nombre.

3.5. En la sección **O seleccionar una categoría**, elija **Fecha y hora**.

3.6. En la sección **Seleccionar una función**, escoja **DIA.LAB.INTL ()**.

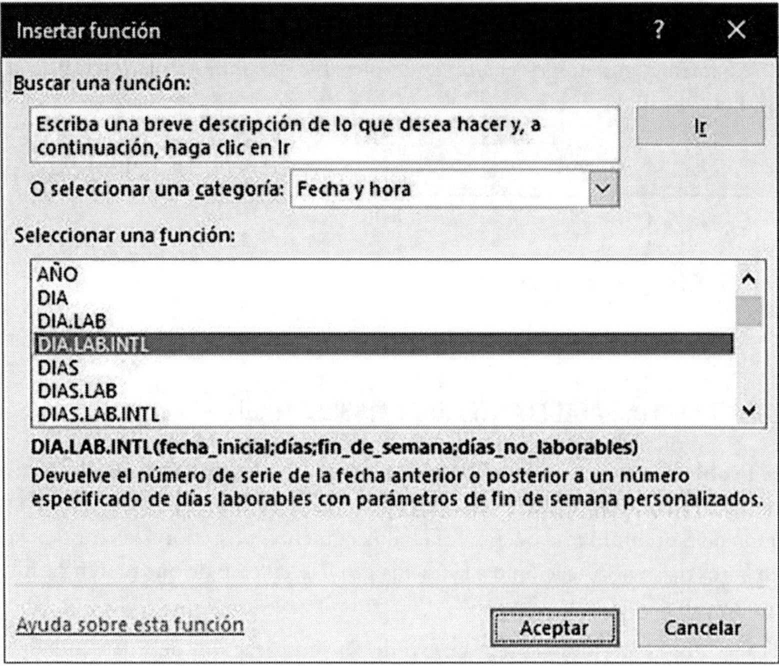

3.7. Pulse el botón **Aceptar**.

3.8. En el cuadro de diálogo **Argumentos de función,** cuadro **fecha_inicial**, escriba o seleccione la fecha de la constancia en autos de la notificación del demandado: A1.

3.9. En el cuadro siguiente, **días**, escriba los días del plazo: 10.

3.10. En el cuadro siguiente, **fin_de_semana**, escriba una de las opciones de días de descanso en fin de semana de Excel. En concreto, la 1, la cual implica no contar ni sábado ni domingo.

3.11. Y, en el último cuadro, **días_no_laborables**, escriba o seleccione las fechas correspondientes a los días feriados, entre comillas, separadas por punto y coma y toda la expresión entre llaves: {"05/07/2021"; "24/04/2021"}.

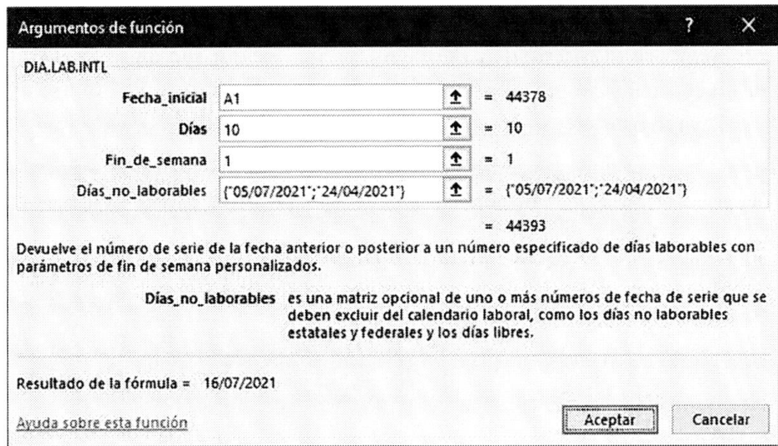

3.12. Pulse el botón **Aceptar**. Aparecerá en dicha celda el resultado de la operación.

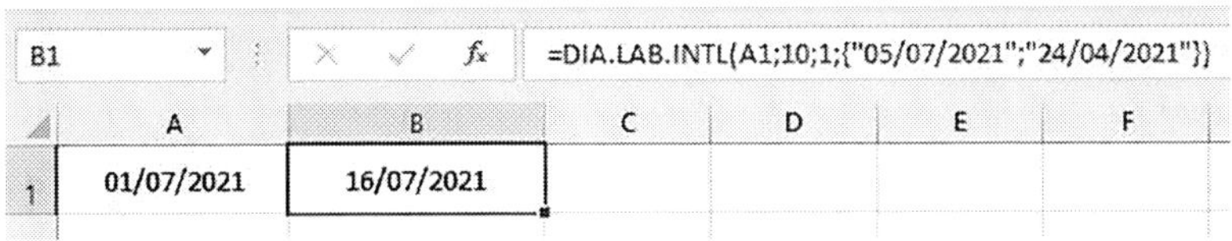

3.13. Verifique los pasos en la **Barra de fórmulas.**

*En general, se aplican los mismos comentarios del caso TAdC.

*Se trata de días civiles, solo que hábiles, útiles o de despacho.

*A efectos de este trabajo, por tales se entienden aquellos que son aptos para realizar algún acto. Son determinados por la ley. Usualmente, se excluyen los días de descanso semanal del trabajador, los días de fiesta nacional, regional o municipal, los de vacaciones y aquellos en los que las oficinas públicas, sean órganos administrativos o jurisdiccionales, deciden no despachar.

*El criterio que normalmente se utiliza para su determinación es el laboral. Por eso, en algunas legislaciones se denominan «días laborables».

*De allí que el día sábado sea o no hábil, dependiendo de si se incluye en la jornada de trabajo de la institución o empresa.

*También, de este criterio depende su duración. Aunque son días civiles con base en el calendario gregoriano, su duración está en función del horario de la institución o empresa.

*Por regla general, su cómputo es civil, por días hábiles enteros, en atención a las horas hábiles que contienen. Por ejemplo, las de funcionamiento de la Administración o Juzgado.

*Aplica la misma regla sobre el *Dies a quo* y el *Dies ad quem* de los días continuos.

*Estas reglas rigen en la mayoría de las legislaciones occidentales.

*Suelen ser plazos procesales.

*A efectos de este trabajo, por tales se entienden aquellos que, con base en normas adjetivas, tienen su origen o punto de partida en una actuación procesal, bien sea a través de una notificación, citación, emplazamiento o requerimiento.

*Es imposible que uno de los días de la cuenta caiga en día inhábil o inexistente.

*La solución al problema planteado es la función DIA.LAB.INTL (), una de las más completas y flexibles de su tipo.

*Sigue sin mayor esfuerzo las reglas anteriores.

*Se calcula una fecha. La fórmula es del tipo fecha - número.

*El usuario pudiera anidar funciones. Se estudiará en la variante AF.

*En su tercer argumento, fin_de_semana, permite escoger los días de descanso en fin de semana: 1 u omitido, sábado, domingo; 2, domingo, lunes; 3, lunes, martes; 4, martes, miércoles; 5, miércoles, jueves; 6, jueves, viernes; 7, viernes, sábado; 11, solo domingo; 12, solo lunes; 13, solo martes; 14, solo miércoles; 15, solo jueves; 16, solo viernes; y 17, solo sábado.

*El último argumento, días_no_laborables, pudiera ser un rango de fechas o una matriz constante que represente el resto de días inhábiles.

*De emplear una celda o rango en dicho argumento, se recomienda aplicar el formato de referencia absoluta. Se estudiará en la variante RR-RA.

*De emplear una matriz contante, no olvide que las fechas deben estar entre comillas, separadas por punto y coma y toda la expresión entre llaves. Se estudiará en el caso LAdC y en las variantes AF y V-C.

TÉRMINO - HACIA ATRÁS - DÍAS CONTINUOS (TAtC)

1. **Problema**: La asamblea, sea ordinaria o extraordinaria, debe ser convocada por los administradores por la prensa, en periódicos de circulación, con cinco días continuos de anticipación al fijado para su reunión.

Fecha de la asamblea: 20/01/2021.

¿Cuándo debe ser convocada?

2. **Solución**: fórmula **fecha inicial - días del plazo**/función **FECHA ().**

15/01/2021.

3. **Procedimiento**: Mismos procedimientos del caso TAdC. Pero, reste los días del plazo.

3.1.

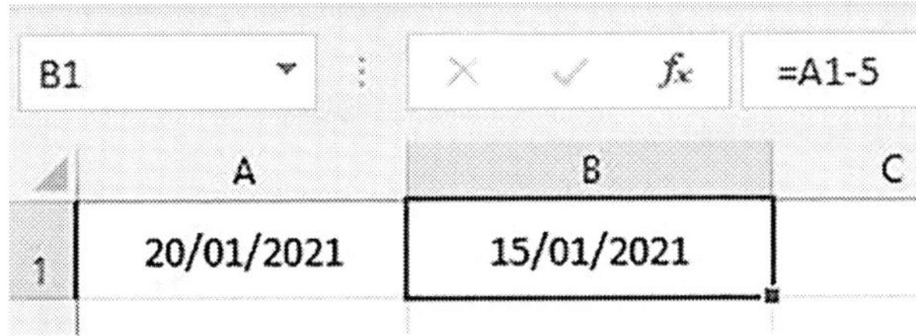

3.2.

Insertar función
Buscar una función:
Escriba una breve descripción de lo que desea hacer y, a continuación, haga clic en Ir
Ir
O seleccionar una categoría: Fecha y hora
Seleccionar una función:
DIAS.LAB.INTL
DIAS360
DIASEM
FECHA
FECHA.MES
FECHANUMERO
FIN.MES
FECHA(año;mes;día)
Devuelve el número que representa la fecha en código de fecha y hora de Microsoft Excel.
Ayuda sobre esta función
Aceptar
Cancelar

Argumentos de función
FECHA
Año 2021 = 2021
Mes 01 = 1
Día 20-5 = 15
= 44211
Devuelve el número que representa la fecha en código de fecha y hora de Microsoft Excel.
Día es un número de 1 a 31 que representa el día del mes.
Resultado de la fórmula = 15/01/2021
Ayuda sobre esta función
Aceptar
Cancelar

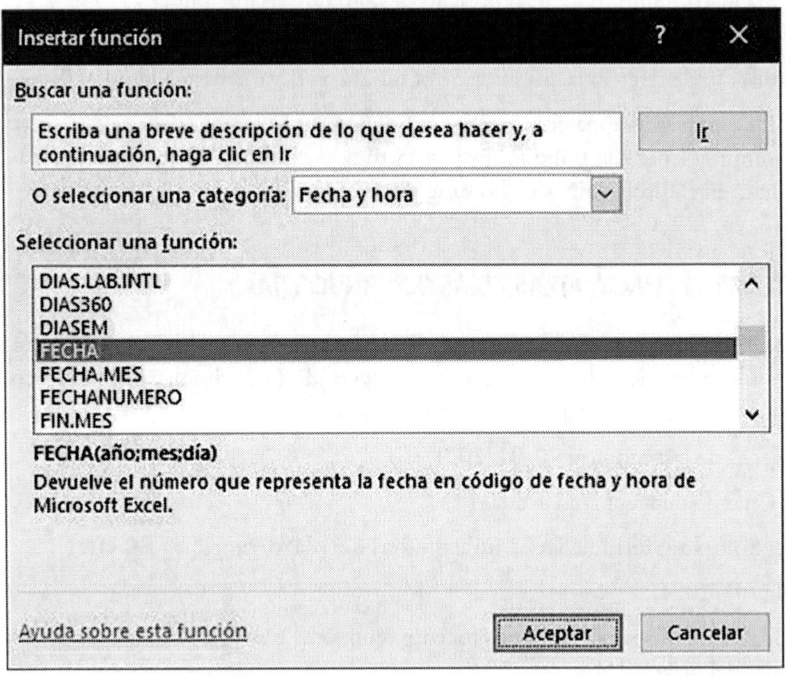

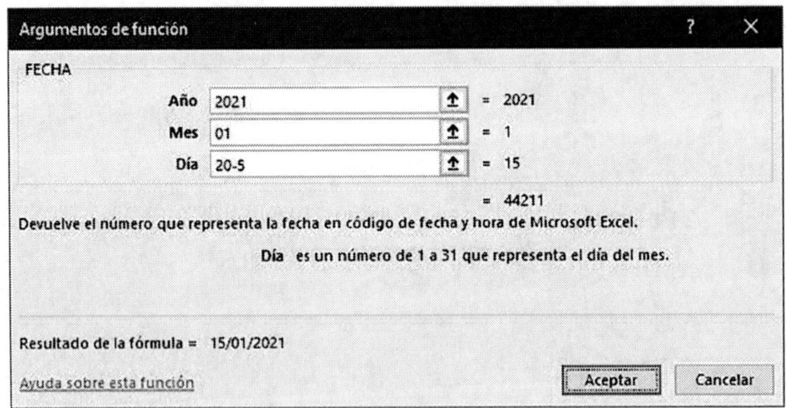

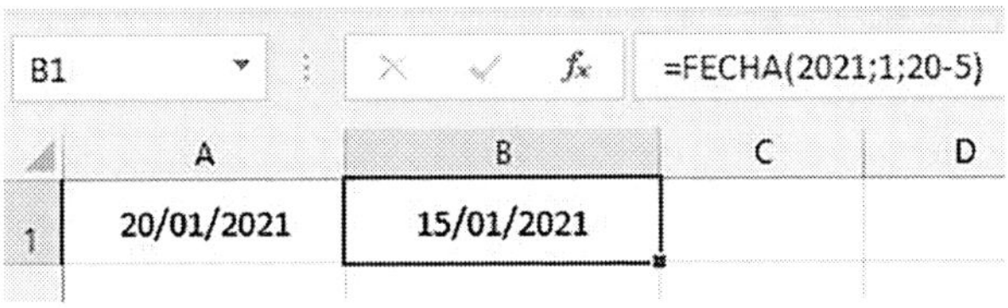

B1 =FECHA(2021;1;20-5)

	A	B	C	D
1	20/01/2021	15/01/2021		

*Los mismos comentarios del caso TAdC, solo que la cuenta cambia de dirección. Es hacia atrás.

*Por tanto, a la fecha inicial, se le restan los días del plazo.

*El *Dies a quo* es mayor que el *Dies ad quem.*

*El *Dies a quo* no se cuenta.

*En la práctica, son inusuales.

TÉRMINO - HACIA ATRÁS - DÍAS HÁBILES (TAtH)

1. **Problema**: Tres días hábiles antes del vencimiento del plazo fijado para la celebración de la audiencia de conciliación, el acusador y el acusado podrán realizar por escrito los actos siguientes: ... 4. Promover las pruebas que se producirán en el juicio oral, con indicación de su pertinencia y necesidad...

Fecha de la audiencia de conciliación: 27/10/2021.

Días de descanso semanal: sábado y domingo.

Días feriados: 12/10/2021.

¿Cuándo se debe promover pruebas?

2. **Solución**: función **DIA.LAB.INTL ().**

22/10/2021.

3. **Procedimiento**: Mismo procedimiento del caso TAdH. Pero, reste los días del plazo.

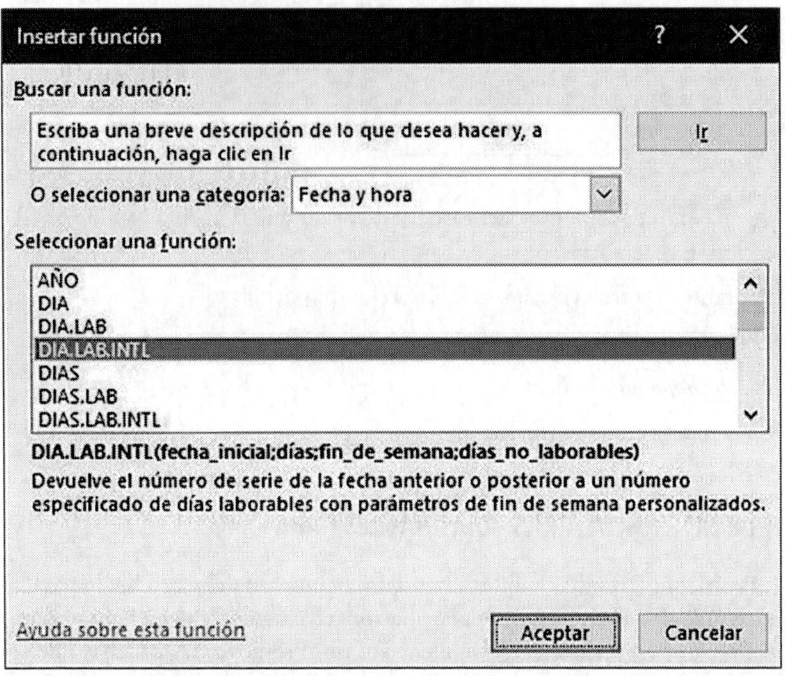
Insertar función
Buscar una función:
Escriba una breve descripción de lo que desea hacer y, a continuación, haga clic en Ir
Ir
O seleccionar una categoría: Fecha y hora
Seleccionar una función:
AÑO
DIA
DIA.LAB
DIA.LAB.INTL
DIAS
DIAS.LAB
DIAS.LAB.INTL
DIA.LAB.INTL(fecha_inicial;días;fin_de_semana;días_no_laborables)
Devuelve el número de serie de la fecha anterior o posterior a un número especificado de días laborables con parámetros de fin de semana personalizados.
Ayuda sobre esta función
Aceptar
Cancelar

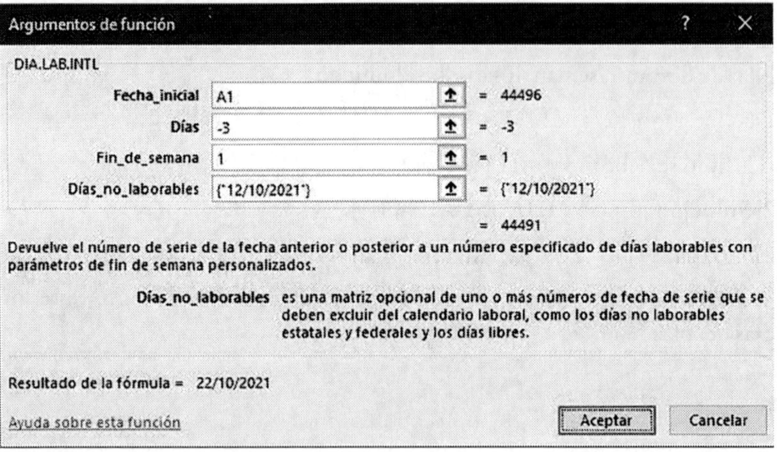
Argumentos de función
DIA.LAB.INTL
Fecha_inicial A1 = 44496
Días -3 = -3
Fin_de_semana 1 = 1
Días_no_laborables {"12/10/2021"} = {"12/10/2021"}
= 44491
Devuelve el número de serie de la fecha anterior o posterior a un número especificado de días laborables con parámetros de fin de semana personalizados.
Días_no_laborables es una matriz opcional de uno o más números de fecha de serie que se deben excluir del calendario laboral, como los días no laborables estatales y federales y los días libres.
Resultado de la fórmula = 22/10/2021
Ayuda sobre esta función
Aceptar
Cancelar

B1 =DIA.LAB.INTL(A1;-3;1;{"12/10/2021"})

	A	B	C	D	E
1	27/10/2021	22/10/2021			

*Los mismos comentarios del caso TAdH, solo que la cuenta cambia de dirección. Es hacia atrás.

*Por tanto, en el segundo argumento de la función DIA.LAB.INTL (), días, se antepone el signo menos (-) a los días del plazo. Es un entero negativo.

*El *Dies a quo* es mayor que el *Dies ad quem.*

*El *Dies a quo* no se cuenta.

*En la práctica, son inusuales.

#Era un juicio por difamación. Algunos manifestantes irrumpieron en los espacios de la empresa y causaron serios daños. El Presidente, junto con su equipo, dio unas declaraciones en los medios de comunicación y, además de acusar con nombre y apellido al cabecilla, lo llamó «vándalo». Dicho ciudadano se sintió ofendido en su honor e introdujo una acusación privada. Alegaba que, entre tanta gente, no había pruebas de su responsabilidad. Que lo habían sometido al escarnio público. La situación se tornó delicada. En consecuencia, se formó un equipo jurídico integrado por dos penalistas y mi persona, como asistente. Era parte de mi trabajo calcular las fechas de los actos procesales. La primera: introducción del escrito de pruebas. En este tipo de procedimiento se presenta la acusación y, luego, el tribunal convoca a una audiencia de conciliación, de naturaleza privada. El Código Orgánico Procesal Penal establece que tanto acusador como acusado pueden promover las pruebas que se producirán en el juicio oral «tres días antes» del vencimiento del plazo fijado para la celebración de la audiencia. Días hábiles, por supuesto. La consecuencia de no hacerlo en este plazo era muy grave para las partes. En la reunión preliminar del equipo introduje los respectivos datos de tiempo en una calculadora de Excel. Resultado: viernes, 10/06/2022. Por lo inusual de la operación, hubo cierta incomodidad en el resto de los miembros. Pero, ninguno objetó la fecha. Un día antes de la misma, por precaución, fui al tribunal para revisar el expediente. No fue posible, por el tránsito que estaba teniendo. Mas, constaté en el sistema que la contraparte había introducido su escrito de promoción de pruebas el miércoles, 08/06/2022. Y el día de mi apersonamiento, jueves 09/06/2022, lo había hecho el defensor privado del Vicepresidente. ¿Qué estaba pasando? Antes de informar al equipo, regresé a la oficina. Revisé la fórmula de la calculadora. Ella solo calculaba el término del plazo. ¿Qué hice? Repasé la norma, busqué la jurisprudencia y consulté a varios colegas. Existía una polémica al respecto. Se convocó una reunión de emergencia. Después de plantear el problema, el abogado más veterano afirmó: Ante la duda de si es un término o un lapso, es más seguro tratarlo como un término. Pero, colega —me dijo—, tenga más cuidado con esa «maquinita». Al finalizar la audiencia, la decisión del tribunal fue el desistimiento tácito de la acción, por la presentación extemporánea del escrito de pruebas de la contraparte. Entonces, ese mismo colega me preguntó discretamente: ¿Dónde fue que compró esa «maquinita»?

LAPSO - HACIA ADELANTE - DÍAS CONTINUOS (LAdC)

1. **Problema**: El período de vacaciones anuales retribuidas, no sustituible por compensación económica, será el pactado en convenio colectivo o contrato individual. En ningún caso la duración será inferior a quince[3] días continuos.

Fecha de cumplimiento del primer año de servicio: 03/06/2021[4].

¿Cuándo debe disfrutar de vacaciones anuales el trabajador?

2. **Solución:** fórmula **fecha inicial + día 1 del plazo, día 2 del plazo, día 3 del plazo, ...**/función **FECHA** (), cada día del plazo/fórmula matriz **{fecha inicial + {día 1 del plazo, día 2 del plazo, día 3 del plazo, ...}}.**

04/06/2021

05/06/2021

06/06/2021

07/06/2021

08/06/2021

09/06/2021

10/06/2021

3 La norma original establece 30 días continuos. Se redujo a 15, para facilitar el cálculo.

4 Tiene su origen en la fecha de suscripción del contrato laboral.

11/06/2021

12/06/2021

13/06/2021

14/06/2021

15/06/2021

16/06/2021

17/06/2021

18/06/2021.

3. **Procedimiento:**

3.1. Mismo procedimiento del caso TAdC. Pero, repita la fórmula tantas veces como días tenga el plazo, cambiando su segundo argumento, días, por día 1 del plazo, día 2 del plazo, día 3 del plazo, ... hasta día 15 del plazo: A1 + 1, A1 + 2, A1 + 3, A1 + 4, A1 + 5, A1 + 6, A1 + 7, A1 + 8, A1 + 9, A1 + 10, A1 + 11, A1 + 12, A1 + 13, A1 + 14 y A1 + 15.

B4 fx =A1+15

	A	B	C
1	03/06/2021	04/06/2021	
2		05/06/2021	
3		...	
4		18/06/2021	

3.2. Mismo procedimiento del caso TAdC. Pero, repita la función tantas veces como días tenga el plazo, cambiando su tercer argumento, día, por día de cumplimiento del primer año de servicio más día 1 del plazo, día de cumplimiento del primer año de servicio más día 2 del plazo, día de cumplimiento del primer año de servicio más día 3 del plazo, ... hasta día de cumplimiento del primer año de servicio más día 15 del plazo: FECHA (2021; 06; 03 + 1), FECHA (2021; 06; 03 + 2), FECHA (2021; 06; 03 + 3), FECHA (2021; 06; 03 + 4), FECHA (2021; 06; 03 + 5), FECHA (2021; 06; 03 + 6), FECHA (2021; 06; 03 + 7), FECHA (2021; 06; 03 + 8), FECHA (2021; 06;

03 + 9), FECHA (2021; 06; 03 + 10), FECHA (2021; 06; 03 + 11), FECHA (2021; 06; 03 + 12), FECHA (2021; 06; 03 + 13), FECHA (2021; 06; 03 + 14) y FECHA (2021; 06; 03 + 15).

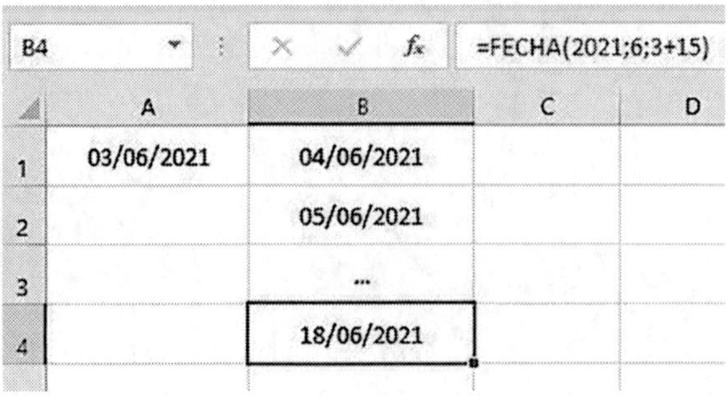

B4 =FECHA(2021;6;3+15)

	A	B	C	D
1	03/06/2021	04/06/2021		
2		05/06/2021		
3		...		
4		18/06/2021		

3.3.

3.3.1. Seleccione un conjunto de celdas en función de los días del plazo: B1, B2, B3, B4, B5, B6, B7, B8, B9, B10, B11, B12, B13, B14 y B15.

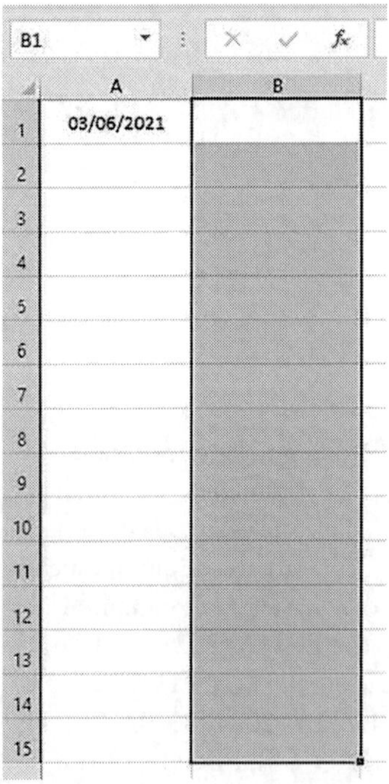

B1

	A	B
1	03/06/2021	
2		
3		
4		
5		
6		
7		
8		
9		
10		
11		
12		
13		
14		
15		

3.3.2. Escriba el signo igual (=).

3.3.3. Escriba o seleccione la fecha de cumplimiento del primer año de servicio y súmele el día 1 del plazo, el día 2 del plazo, el día 3 del plazo, ... hasta el día 15 del plazo, separando cada uno con punto y coma, y encerrándolos todos entre llaves: A1 + {1; 2; 3; 4; 5; 6; 7; 8; 9; 10; 11; 12; 13; 14; 15}.

=A1+{1;2;3;4;5;6;7;8;9;10;11;12;13;14;15}

	A	B	C	D	E	F
1	03/06/2021	=A1+{1;2;3;4;5;6;7;8;9;10;11;12;13;14;15}				
2						
3						
4						
5						
6						
7						
8						
9						
10						
11						
12						
13						
14						
15						

3.3.4. Presione las teclas **Control + Shift + Enter** para insertar la fórmula matriz. Excel la encerrará automáticamente entre llaves, a la vez que aparecerá un conjunto de celdas con el resultado de la operación.

B1 {=A1+{1;2;3;4;5;6;7;8;9;10;11;12;13;14;15}}

	A	B	C	D	E	F
1	03/06/2021	04/06/2021				
2		05/06/2021				
3		06/06/2021				
4		07/06/2021				
5		08/06/2021				
6		09/06/2021				
7		10/06/2021				
8		11/06/2021				
9		12/06/2021				
10		13/06/2021				
11		14/06/2021				
12		15/06/2021				
13		16/06/2021				
14		17/06/2021				
15		18/06/2021				

3.3.5. Verifique los pasos en la **Barra de fórmulas**.

*La cuenta es civil, hacia adelante y en días continuos.

*Pero, se trata de un lapso.

*A efectos de este trabajo, por tal se entiende cada uno de los días del plazo, desde la perspectiva concreta de su transcurrir. El día de inicio, los días que integran el cuerpo y el día final o término.

*Se distingue plazo de lapso como una licencia por razones didácticas, siendo en el fondo lo mismo. De esta forma es posible alejarse de la interminable discusión sobre si plazo y término son sinónimos. Y también del nivel de abstracción del primero, débil a la hora de aludir a cada instante que lo compone y su movimiento.

*Resumen: cuando el plazo es visto como su último día, es un término. Cuando es visto como el transcurso de cada uno de sus días, es un lapso.

*La solución del problema planteado se corresponde con este enfoque.

*El *Dies a quo* no se cuenta.

*Por tratarse de un plazo sustantivo, la regla anterior pudiera variar.

*El usuario pudiera aplicar los procedimientos del caso TAdC, por cada día. También la gran mayoría de sus comentarios.

*Sin embargo, sería más eficiente si empleara una fórmula matriz.

*Por tal se entiende aquella que opera procesando varias entradas y generando uno o varios resultados.

*Este tipo de fórmula se identifica por el uso de llaves.

*Sus modalidades básicas son: a) varias entradas, un resultado; y b) varias entradas, varios resultados. En concreto, se utilizó la segunda.

*El usuario pudiera emplear variables y/o constantes. Este punto se estudiará en la variante V-C.

*Las principales ventajas de su uso son: a) el cálculo es más rápido; y b) requiere menos memoria.

*El usuario no debe olvidar dar formato de fecha a las celdas de resultado.

#Contaban en los pasillos del Palacio de Justicia que, entablado un importante juicio mercantil, una de las partes lo perdió por presentar extemporáneamente su apelación. En la legislación nacional, la regla general era contar este plazo a partir del día siguiente a la notificación de la sentencia. Pero, en esa materia, era a partir del mismo día. El abogado hizo el cómputo de la primera forma. Introdujo el escrito el último día según su cuenta, es decir, un día después de vencido. Dos consejos para toda la vida: 1) Considerar la especificidad de la materia; y 2) No esperar hasta el último momento.

LAPSO - HACIA ADELANTE - DÍAS HÁBILES (LAdH)

1. **Problema**: La persona del testigo solo podrá tacharse dentro de los cinco días hábiles siguientes a la admisión de la prueba.

Fecha de admisión de la prueba: 15/07/2021.

Días de descanso semanal: sábado y domingo.

Días feriados: 05/07/2021 y 24/07/2021.

¿Cuándo se debe tachar al testigo?

2. **Solución:** función **DIA.LAB.INTL** (), cada día del plazo/fórmula matriz {**DIA.LAB.INTL** ()}.

16/07/2021

19/07/2021

20/07/2021

21/07/2021

22/07/2021.

3. **Procedimiento:**

3.1. Mismo procedimiento del caso TAdH. Pero, repita la función DIA.LAB.INTL () tantas veces como días tenga el plazo, cambiando su segundo argumento, días: 1, 2, 3, ... hasta 5: DIA.LAB. INTL (A1; 1; 1; {"05/07/2021"; "24/07/2021"}), DIA.LAB.INTL (A1; 2; 1; {"05/07/2021"; "24/07/2021"}), DIA.LAB.INTL (A1; 3; 1; {"05/07/2021"; "24/07/2021"}), DIA.LAB.INTL (A1; 4; 1; {"05/07/2021"; "24/07/2021"}) y DIA.LAB.INTL (A1; 5; 1; {"05/07/2021"; "24/07/2021"}).

B4 =DIA.LAB.INTL(A1;5;1;{"05/07/2021";"24/07/2021"})

	A	B	C	D	E	F	G
1	15/07/2021	16/07/2021					
2		19/07/2021					
3		...					
4		22/07/2021					

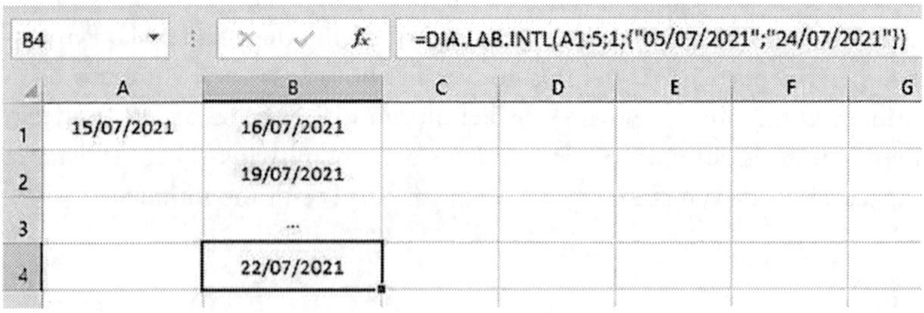

3.2.

3.2.1. Seleccione un conjunto de celdas en función de los días del plazo: B1, B2, B3, B4 y B5.

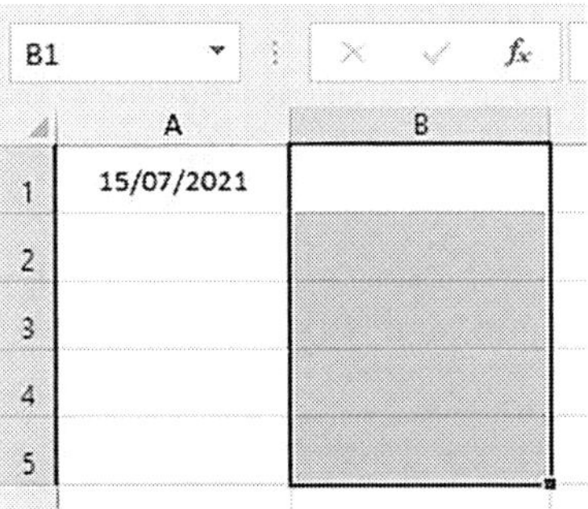

3.2.2. Escriba el signo **igual** (=).

3.2.3. Inserte la función **DIA.LAB.INTL ()**.

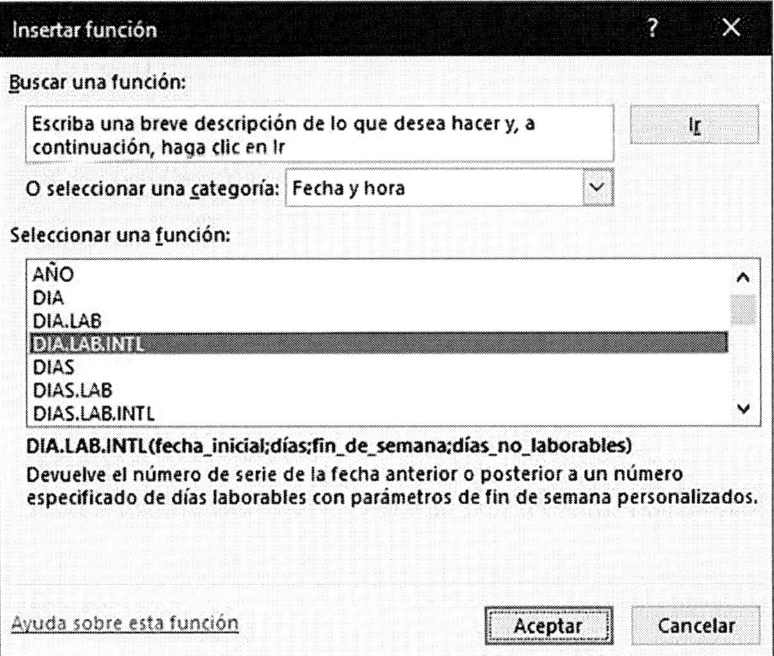

3.2.4. En el cuadro de diálogo **Argumentos de función**, cuadro **fecha_inicial**, escriba o seleccione la fecha de admisión de la prueba: A1.

3.2.5. En el cuadro siguiente, **días**, escriba cada día del plazo: {1; 2; 3; 4; 5}.

3.2.6. En el cuadro siguiente, **fin_de_semana**, escriba una de las opciones de días de descanso en fin de semana de Excel. En concreto, la 1, la cual equivale a no contar ni sábado ni domingo.

3.2.7. Y, en el último cuadro, **días_no_laborables**, escriba o seleccione las fechas correspondientes a los días feriados, entre comillas, separadas por punto y coma, y toda la expresión entre llaves: {"05/07/2021"; "24/04/2021"}.

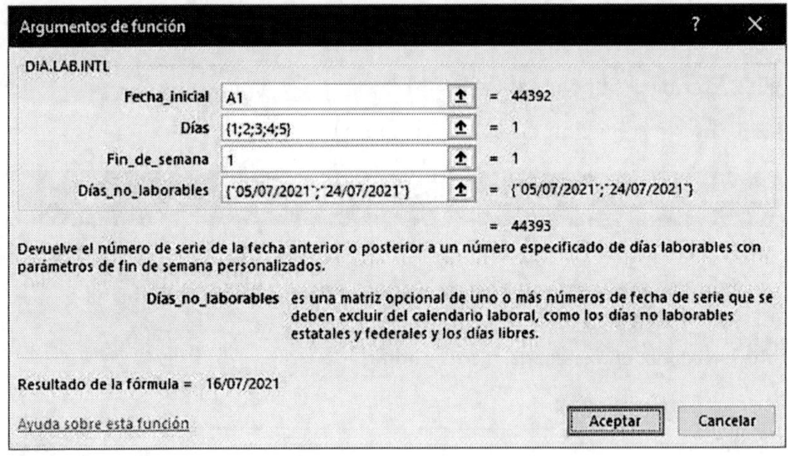

DIA.LAB.I... =DIA.LAB.INTL(A1;{1;2;3;4;5};1;{"05/07/2021";"24/07/2021"})

	A	B	C	D	E	F
1	15/07/2021	=DIA.LAB.INTL(A1;{1;2;3;4;5};1;{"05/07/2021";"24/07/2021"})				
2						
3						

3.2.8. Presione las teclas **Control + Shift + Enter**. Aparecerá un conjunto de celdas con el resultado de la operación.

B1 | {=DIA.LAB.INTL(A1;{1;2;3;4;5};1;{"05/07/2021";"24/07/2021"})}

	A	B	C	D	E	F	G
1	15/07/2021	16/07/2021					
2		19/07/2021					
3		20/07/2021					
4		21/07/2021					
5		22/07/2021					

3.2.9. Verifique los pasos en la **Barra de fórmulas**.

*Los mismos comentarios del caso LAdC, solo que se trata de días hábiles.

*El *Dies a quo* no se cuenta.

*El usuario pudiera aplicar los procedimientos del caso TAdH, por cada día. También la gran mayoría de sus comentarios.

*Sin embargo, sería más eficiente si empleara una fórmula matriz.

*Como la función DIA.LAB.INTL (), pero, en su segundo argumento, días, se introduce un rango o matriz constante con los días del plazo.

*Dichos días deben estar entre comillas, separados por punto y coma y toda la expresión entre paréntesis.

*Para convertir la función en matriz, se presionan las teclas Shift + Control + Enter (SCE).

LAPSO - HACIA ATRÁS - DÍAS CONTINUOS (LATC)

1. **Problema**: Durante los cinco días continuos anteriores al de la votación queda prohibida la publicación y difusión o reproducción de sondeos electorales por cualquier medio de comunicación.

Fecha de la votación: 30/05/2021.

¿Cuándo está prohibido publicar y difundir sondeos electorales?

2. **Solución:** fórmula **fecha inicial - día 1 del plazo, día 2 del plazo, día 3 del plazo, ...**/función **FECHA** (), cada día del plazo/fórmula matriz **{fecha inicial - {día 1 del plazo, día 2 del plazo, día 3 del plazo, ...}}.**

29/05/2021

28/05/2021

27/05/2021

26/05/2021

25/05/2021

3. **Procedimiento**: Mismos procedimientos del caso LAdC. Pero, reste los días del plazo.

3.1.

B4 fx =A1-5

	A	B	C
1	30/05/2021	29/05/2021	
2		28/05/2021	
3		...	
4		25/05/2021	

3.2

B4 fx =FECHA(2021;5;30-5)

	A	B	C
1	30/05/2021	29/05/2021	
2		28/05/2021	
3		...	
4		25/05/2021	

3.3.

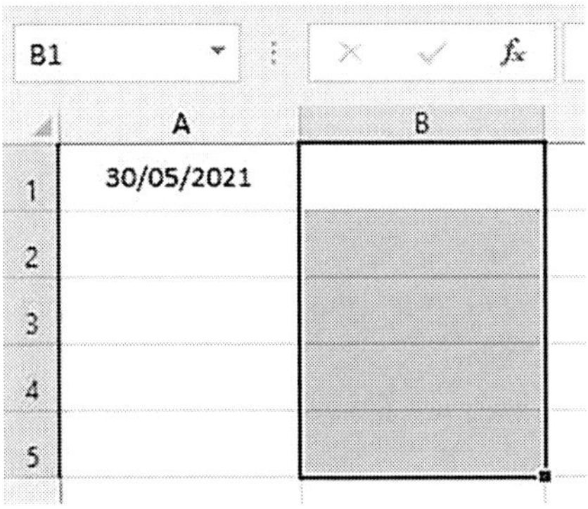
B1
fx
A
B
1
2
3
4
5
30/05/2021

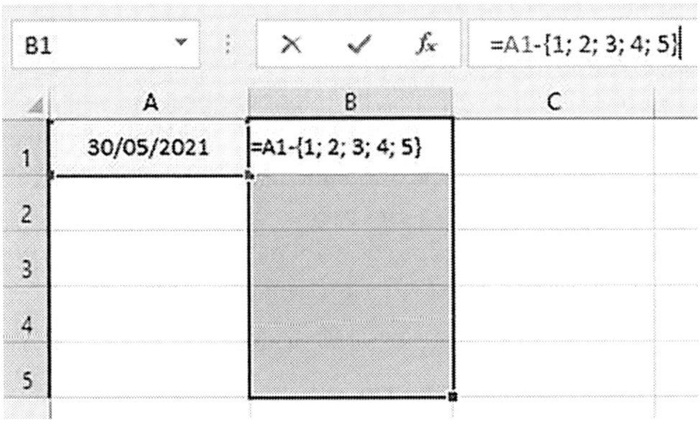
B1
fx
=A1-{1; 2; 3; 4; 5}
A
B
C
1
2
3
4
5
30/05/2021
=A1-{1; 2; 3; 4; 5}

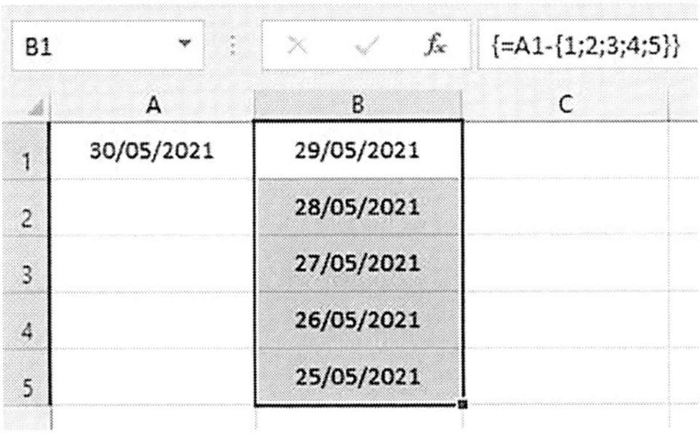
B1
fx
{=A1-{1;2;3;4;5}}
A
B
C
1
2
3
4
5
30/05/2021
29/05/2021
28/05/2021
27/05/2021
26/05/2021
25/05/2021

*Los mismos comentarios del caso LAdC, solo que la cuenta cambia de dirección. Es hacia atrás.

*Por tanto, a la fecha inicial, se le restan los días del plazo.

*El *Dies a quo* es mayor que el *Dies ad quem*.

*El *Dies a quo* no se cuenta.

*El usuario pudiera aplicar los procedimientos del caso TAtC, por cada día. También la gran mayoría de sus comentarios.

*Sin embargo, sería más eficiente si empleara una fórmula matriz.

LAPSO - HACIA ATRÁS - DÍAS HÁBILES (LATH)

1. **Problema**: Cuando, sobre hechos relevantes para el proceso, sea pertinente que informen personas jurídicas y entidades públicas en cuanto tales, por referirse esos hechos a su actividad, sin que quepa o sea necesario individualizar en personas físicas determinadas el conocimiento de lo que para el proceso interese, la parte a quien convenga esta prueba podrá proponer que la persona jurídica o entidad, a requerimiento del tribunal, responda por escrito sobre los hechos en los diez días hábiles anteriores al juicio o a la vista.

Fecha del juicio: 20/10/2021.

Días de descanso semanal: sábado y domingo.

Días feriados: 12/10/2021.

Requerido informe por el tribunal, ¿cuándo debe responder la persona jurídica o entidad?

2. **Solución**: función **DIA.LAB.INTL ()**, cada día del plazo/fórmula matriz **{DIA.LAB.INTL ()}.**

19/10/2021

18/10/2021

15/10/2021

14/10/2021

13/10/2021

11/10/2021

08/10/2021

07/10/2021

06/10/2021

05/10/2021.

3. **Procedimiento**: Mismos procedimientos del caso LAdH. Pero, reste los días del plazo.

3.1.

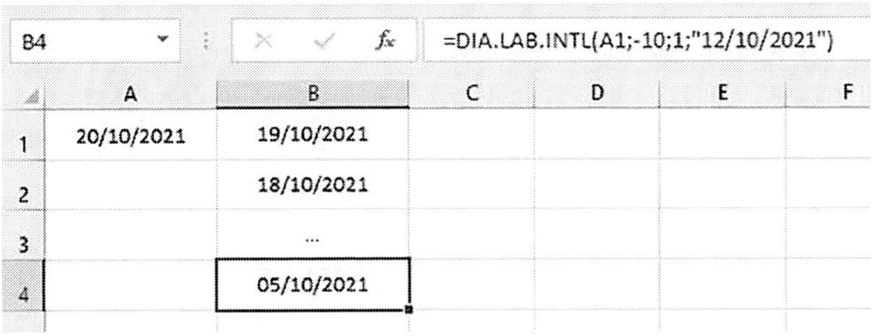

B4 | =DIA.LAB.INTL(A1;-10;1;"12/10/2021")

	A	B	C	D	E	F
1	20/10/2021	19/10/2021				
2		18/10/2021				
3		...				
4		05/10/2021				

3.2.

B1

	A	B
1	20/10/2021	
2		
3		
4		
5		
6		
7		
8		
9		
10		

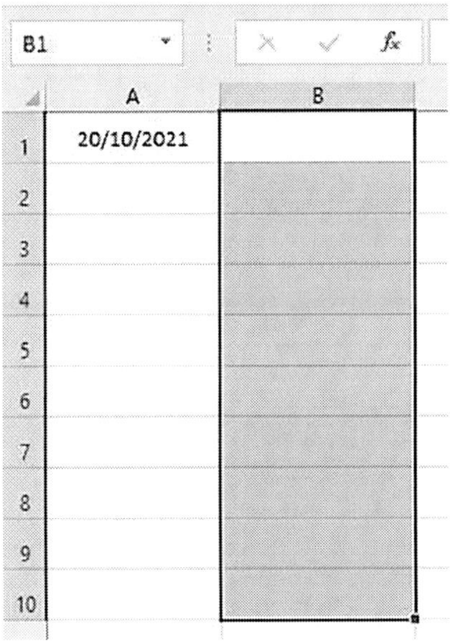

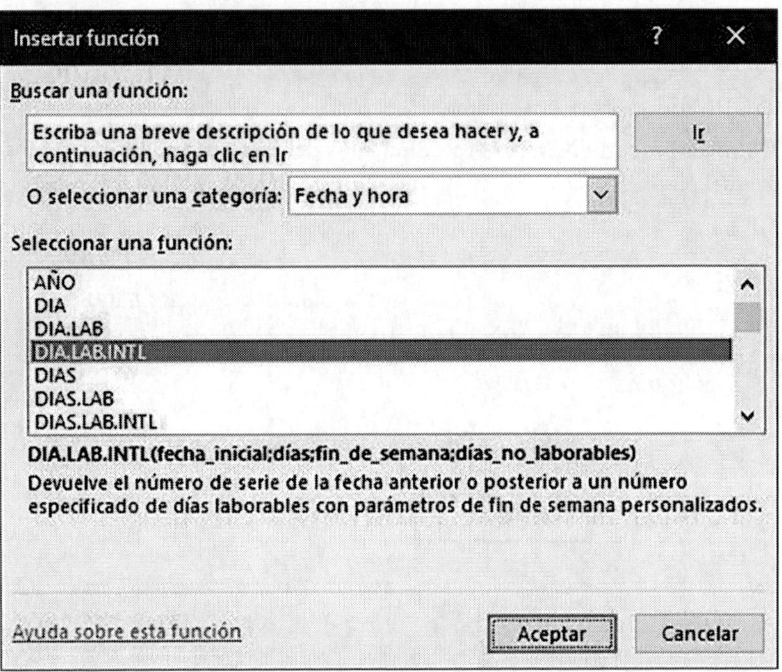
Insertar función
Buscar una función:
Escriba una breve descripción de lo que desea hacer y, a continuación, haga clic en Ir
Ir
O seleccionar una categoría: Fecha y hora
Seleccionar una función:
AÑO
DIA
DIA.LAB
DIA.LAB.INTL
DIAS
DIAS.LAB
DIAS.LAB.INTL
DIA.LAB.INTL(fecha_inicial;días;fin_de_semana;días_no_laborables)
Devuelve el número de serie de la fecha anterior o posterior a un número especificado de días laborables con parámetros de fin de semana personalizados.
Ayuda sobre esta función
Aceptar
Cancelar

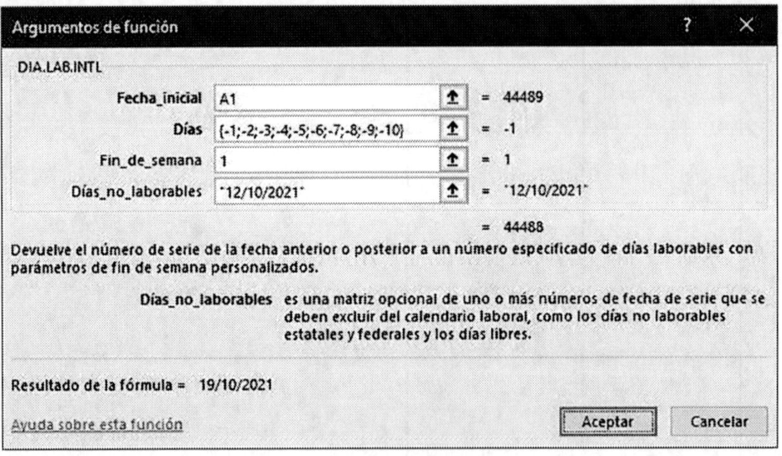
Argumentos de función
DIA.LAB.INTL
Fecha_inicial A1 = 44489
Días {-1;-2;-3;-4;-5;-6;-7;-8;-9;-10} = -1
Fin_de_semana 1 = 1
Días_no_laborables "12/10/2021" = "12/10/2021"
= 44488
Devuelve el número de serie de la fecha anterior o posterior a un número especificado de días laborables con parámetros de fin de semana personalizados.
Días_no_laborables es una matriz opcional de uno o más números de fecha de serie que se deben excluir del calendario laboral, como los días no laborables estatales y federales y los días libres.
Resultado de la fórmula = 19/10/2021
Ayuda sobre esta función
Aceptar
Cancelar

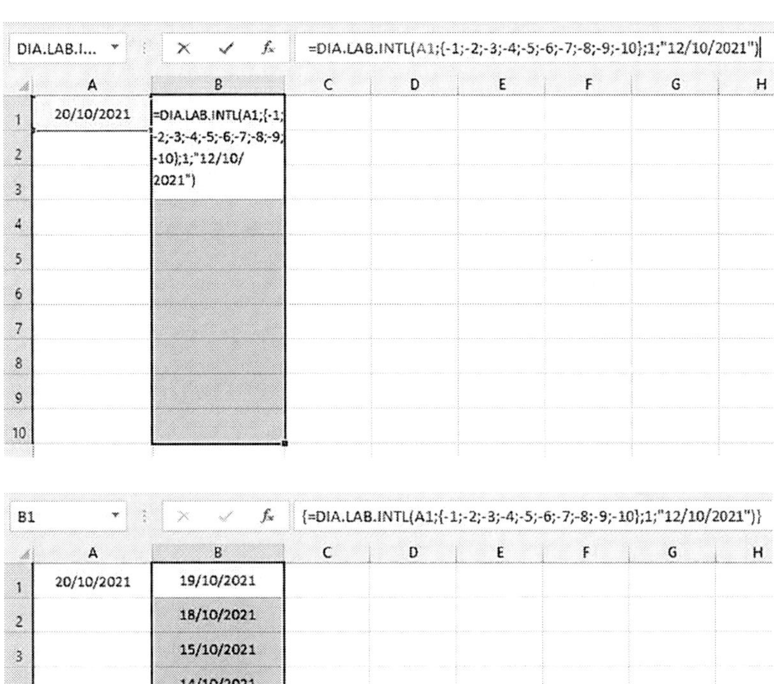

B1 {=DIA.LAB.INTL(A1;{-1;-2;-3;-4;-5;-6;-7;-8;-9;-10};1;"12/10/2021")}

	A	B	C	D	E	F	G	H
1	20/10/2021	19/10/2021						
2		18/10/2021						
3		15/10/2021						
4		14/10/2021						
5		13/10/2021						
6		11/10/2021						
7		08/10/2021						
8		07/10/2021						
9		06/10/2021						
10		05/10/2021						

*Los mismos comentarios del caso LAdH, solo que la cuenta cambia de dirección. Es hacia atrás.

*Por tanto, a fecha_inicial, se le restan los días del plazo.

*El *Dies a quo* es mayor que el *Dies ad quem.*

*El *Dies a quo* no se cuenta.

*El usuario pudiera aplicar los procedimientos del caso TAtH, por cada día. También la gran mayoría de sus comentarios.

*Sin embargo, sería más eficiente si empleara una fórmula matriz.

*Como la función DIA.LAB.INTL (), pero, en su segundo argumento, días, el rango o matriz constante estaría compuesto por números negativos.

TÉRMINO - HACIA ADELANTE - MESES (TAdM)

1. **Problema**: El censo electoral es permanente y su actualización es mensual, con referencia al día primero de cada mes.

Fecha del último censo electoral: 01/03/2021.

¿Cuándo debe actualizarse?

2. **Solución**: función **FECHA.MES** ()/función **FECHA** ().

01/04/2021.

3. **Procedimiento**:

3.1.

3.1.1. Ubíquese en la celda de resultado.

3.1.2. Escriba el signo **igual** (=).

3.1.3. Pulse el botón **Insertar funciones**.

3.1.4. Aparecerá el cuadro de diálogo con el mismo nombre.

3.1.5. En la sección **O seleccionar una categoría**, elija **Fecha y hora**.

3.1.6. Luego, en la sección **Seleccionar una función**, escoja **FECHA.MES** ().

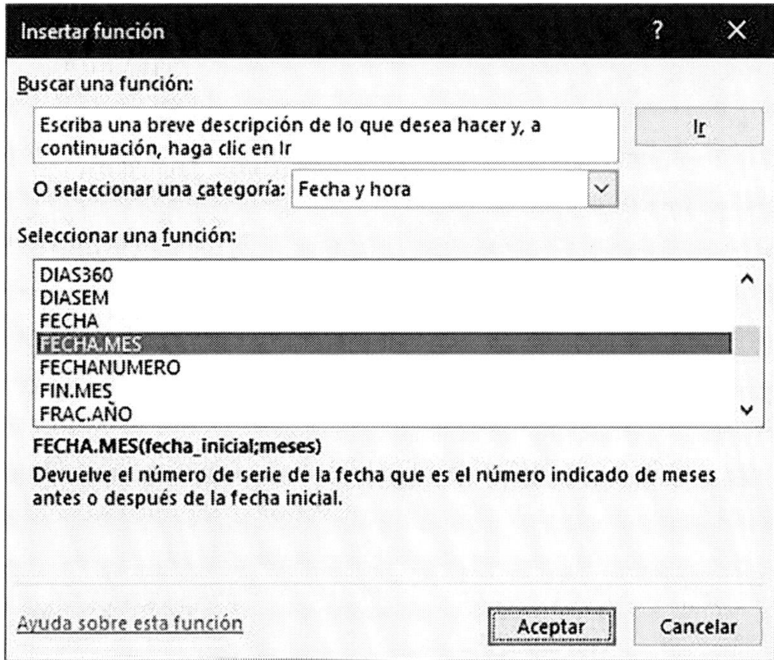

3.1.7. Pulse el botón **Aceptar**.

3.1.8. En el cuadro de diálogo **Argumentos de función**, cuadro **fecha_inicial**, escriba o seleccione la fecha del último censo: A1.

3.1.9. En el cuadro siguiente, **meses**, escriba los meses del plazo: 1.

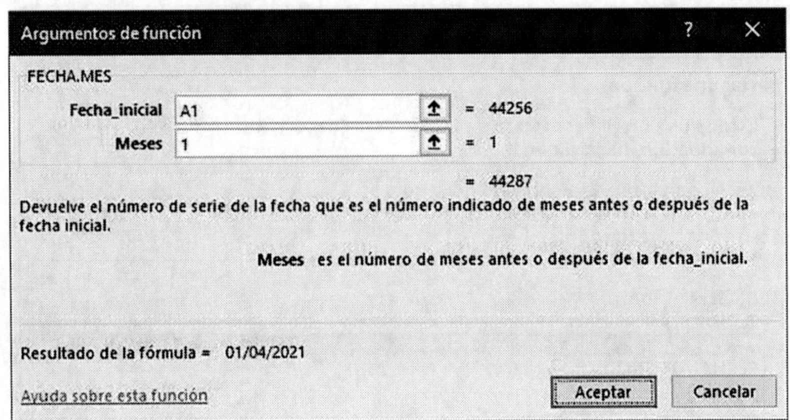

3.1.10. Pulse el botón **Aceptar**. Aparecerá en dicha celda el resultado de la operación.

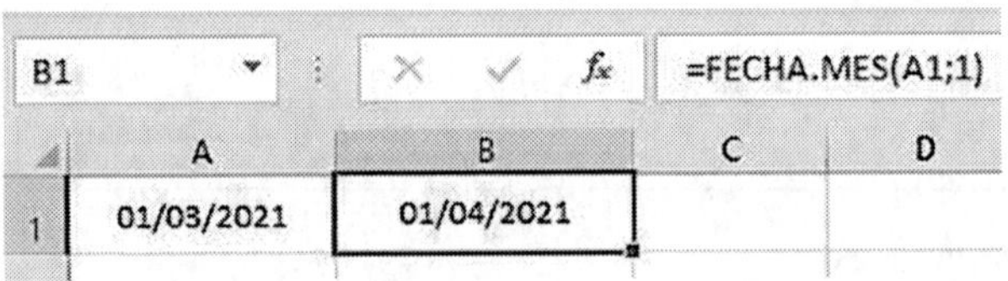

3.1.11. Verifique los pasos en la **Barra de fórmulas**.

3.2.

3.2.1. Ubíquese en la celda de resultado.

3.2.2. Escriba el signo **igual** (=).

3.2.3. Inserte la función **FECHA** ().

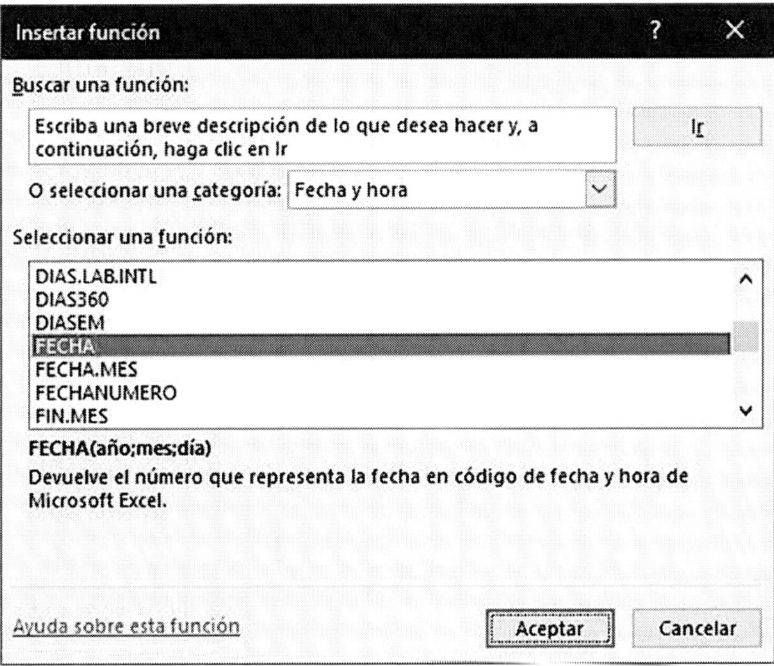

3.2.4. En el cuadro de diálogo **Argumentos de función**, cuadro **año**, escriba el año del último censo: 2021.

3.2.5. En el cuadro siguiente, **mes**, escriba el mes del último censo y súmele los meses del plazo: 03 + 1.

3.2.6. Y en el cuadro siguiente, **día**, escriba el día del último censo: 01.

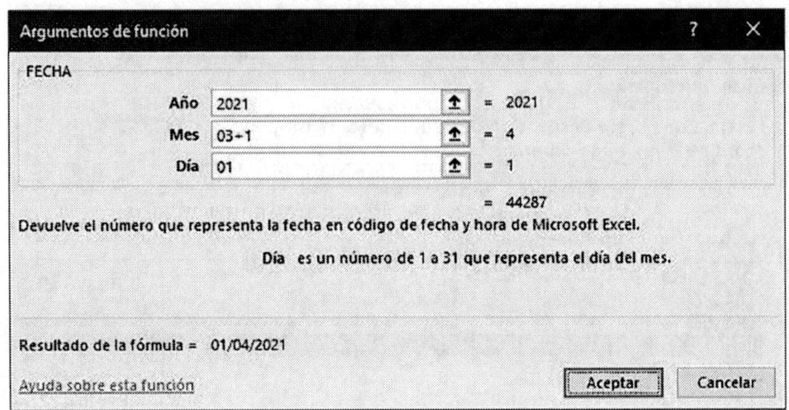

3.2.7. Pulse el botón **Aceptar**. Aparecerá en dicha celda el resultado de la operación.

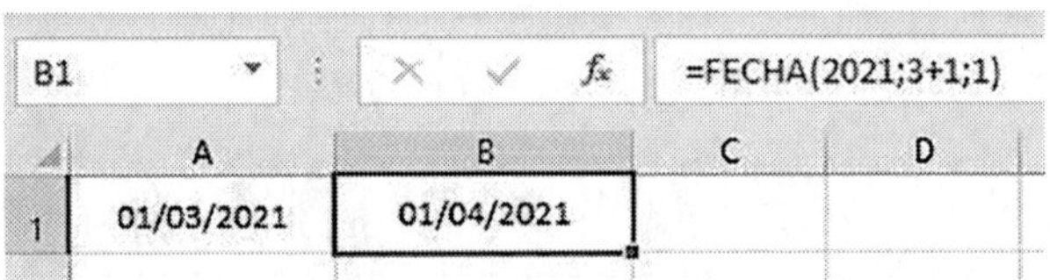

3.2.8. Verifique los pasos en la **Barra de fórmulas**.

*Se trata del término de un plazo.

*La cuenta es hacia adelante.

*La unidad de tiempo viene dada en meses.

*Meses civiles, es decir, aquellos que establece la ley.

*La mayoría de las legislaciones occidentales entienden por mes la doceava parte en que se divide un año según el calendario gregoriano.

*Por eso, también se le denomina mes calendario.

*Los días que lo integran son continuos o naturales.

*Pueden existir meses inhábiles. Por ejemplo, las vacaciones judiciales.

*La característica principal del mes calendario es su variabilidad. Puede ser de 28, 29[5], 30 o 31 días.

---

5 Solo febrero puede tener 28 o 29 días. Este último día se denomina bisiesto o intercalar.

*También existe el mes fijo de treinta días.

*La ley lo establece excepcionalmente para algunos cómputos que deben ser más seguros, como el tiempo de una condena penal.

*Hay legislaciones donde la regla es el mes de treinta días.

*Por lo general, para el cómputo en meses, que es civil, se utiliza el sistema fecha a fecha.

*Según este sistema, la fecha del hecho o acto jurídico[6] que da inicio al cómputo debe coincidir con la fecha de finalización del mismo.

*Por regla, el primer día que se cuenta es el siguiente al mencionado hecho o acto. Aunque, excepcionalmente, pudiera ser el mismo.

*Esto ha sido el centro de una larga polémica en algunos países. Se discute si debe contarse o no el *Dies a quo*, de lo cual depende, por supuesto, la determinación del *Dies ad quem*.

*La respuesta pareciera ser no, pues, a pesar de las diferencias entre sistemas, la misma razón que justifica esta regla en el cómputo de días, pudiera aplicarse en el cómputo de meses, es decir, la conveniencia de contar días enteros[7], incluso, meses o años enteros.

*Lo postura anterior no tiene por qué alterar el plazo[8], desvirtuando el sistema fecha a fecha, o dando nacimiento a un tipo de cómputo *sui generis*.

*Cuando la ley establece excepcionalmente meses fijos de treinta días o los acoge en general alguna legislación, estos suelen contarse por días continuos o naturales.

*Lo anterior aplica a la mayoría de las legislaciones occidentales.

---

6 Pudiera ser de su comunicación, notificación o publicación.

7 La fecha de inicio del cómputo o *Dies a quo* es la fecha del hecho o acto jurídico, o de su publicación. Ahora bien, si este día se contara entero, se tomaría en cuenta la fracción del mismo anterior al momento de su ocurrencia. Si se contara fraccionado, es decir, desde el momento preciso de su ocurrencia, el plazo debería terminar en ese mismo instante de la fecha final, es decir, se generaría un *Dies ad quem* fraccionado. Para facilitar el cómputo del plazo, así como su seguridad, los romanos y muchos legisladores modernos han optado por omitir este primer día, pero contar entero el último. En el fondo, se trata de una equivalencia compensatoria que atiende a los referidos principios.

8 Bien comenzando el cómputo el día anterior al hecho o acto, bien terminando el día posterior al día de la fecha final que coincide con el de su ocurrencia, bien cambiando tanto la fecha inicial como la final.

*El término pudiera caer en día inhábil o inexistente. Estos casos especiales se estudiarán en las variantes TInh y TInex, respectivamente.

*Los problemas de este caso se pueden resolver con varios procedimientos que permiten seguir las reglas anteriores. Por ejemplo, uno general: la función FECHA ().

*Sin embargo, Excel cuenta con una función específica: FECHA.MES ().

*Se trata del cálculo de fecha, fórmula del tipo fecha - número.

*En su primer argumento, fecha_inicial, se escribe o selecciona la fecha de origen del plazo.

*En su segundo argumento, meses, los meses del plazo. Si se usan números no enteros, los decimales no se consideran.

*Devuelve una fecha, bien sea antes o después de fecha_inicial. Ello dependerá de la dirección de la cuenta.

*Dicha fecha coincidirá con el día de fecha_inicial.

*Cuando se trabaja con fechas al final o próximas al fin de mes, el cálculo es muy exacto. Si el día del mes que hemos obtenido no existe, devuelve el último día del mes. También, existe una función que pudiera ayudar en este sentido: FIN.MES (). Se estudiará en la variante UM.

TÉRMINO - HACIA ATRÁS - MESES (TATM)

1. **Problema**: Cuando la relación de trabajo por tiempo indeterminado termine por retiro voluntario del trabajador o trabajadora, sin que haya causa legal que lo justifique, éste deberá dar al patrono o a la patrona un preaviso conforme a las reglas siguientes: ... c) Después de un año de trabajo ininterrumpido, con un mes de anticipación.

Tiempo de trabajo: 1 año.

Fecha del retiro voluntario: 19/11/2021.

¿Cuándo debe dar el preaviso el trabajador?

2. **Solución**: función **FECHA.MES** ()/función **FECHA** ().

19/10/2021.

3. **Procedimiento**: Mismos procedimientos del caso TAdM. Pero, reste los meses del plazo.

3.1.

Insertar función
Buscar una función:
Escriba una breve descripción de lo que desea hacer y, a continuación, haga clic en Ir
Ir
O seleccionar una categoría: Fecha y hora
Seleccionar una función:
DIAS360
DIASEM
FECHA
FECHA.MES
FECHANUMERO
FIN.MES
FRAC.AÑO
FECHA.MES(fecha_inicial;meses)
Devuelve el número de serie de la fecha que es el número indicado de meses antes o después de la fecha inicial.
Ayuda sobre esta función
Aceptar
Cancelar

Argumentos de función
FECHA.MES
Fecha_inicial A1 = 44519
Meses -1 = -1
= 44488
Devuelve el número de serie de la fecha que es el número indicado de meses antes o después de la fecha inicial.
Meses es el número de meses antes o después de la fecha_inicial.
Resultado de la fórmula = 19/10/2021
Ayuda sobre esta función
Aceptar
Cancelar

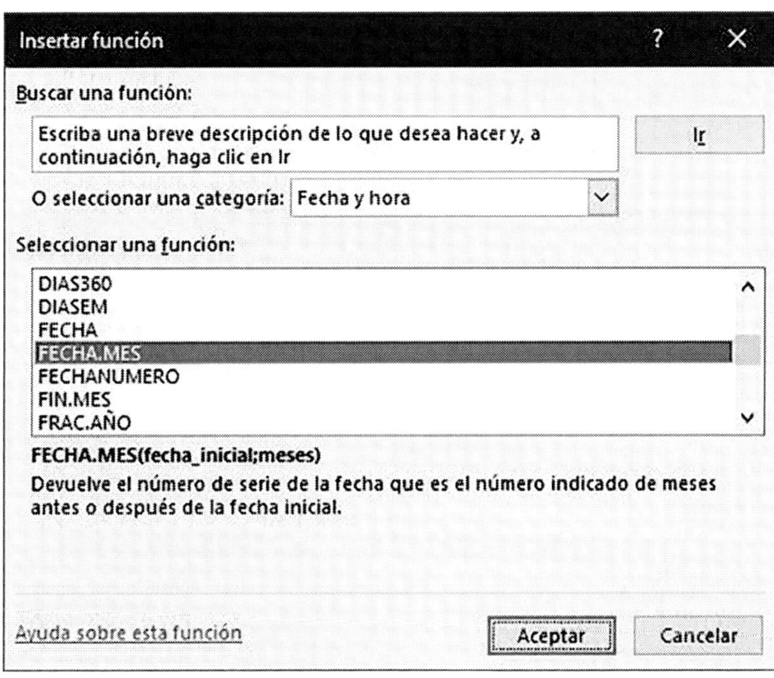

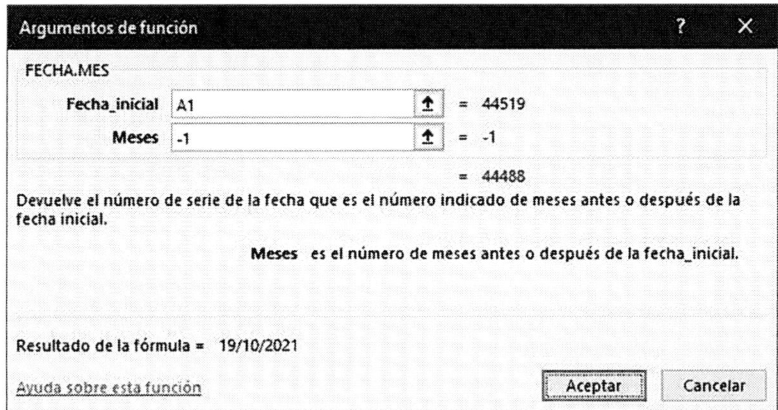

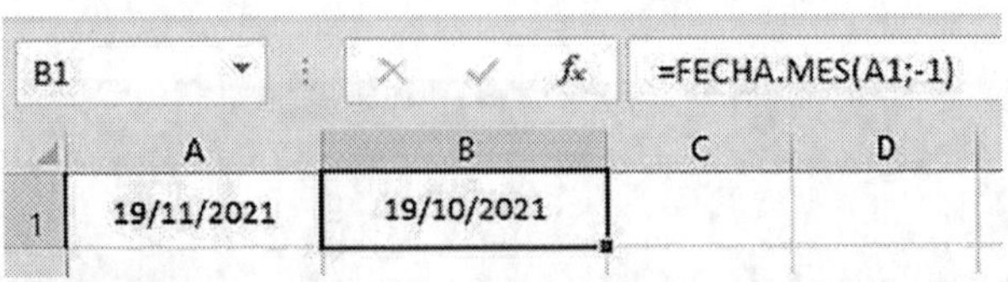

3.2.

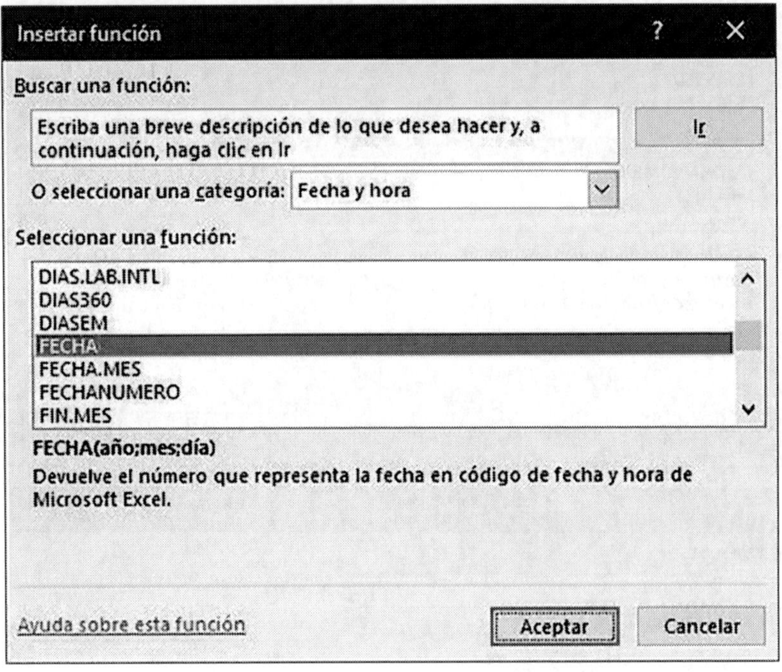

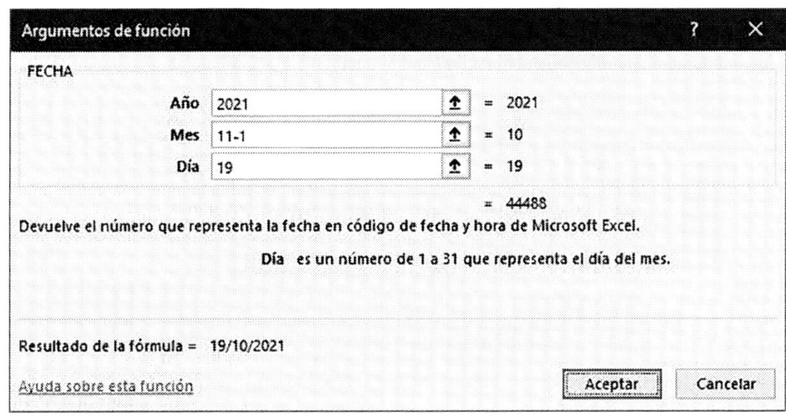

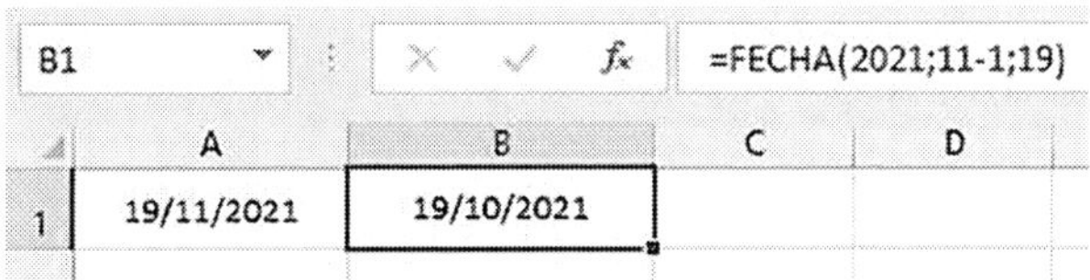

*Los mismos comentarios del caso TAdM, solo que la cuenta cambia de dirección. Es hacia atrás.

*Por tanto, a la fecha inicial, se le restan los meses del plazo.

*En este cálculo de fecha, fórmula del tipo fecha - número, el *Dies a quo* y el *Dies ad quem* coinciden en el día del mes. Aunque, el primero es mayor que el segundo.

*El *Dies a quo* no se cuenta.

*En la práctica, son inusuales.

LAPSO - HACIA ADELANTE - MESES (LAdM)

1. **Problema**: El plazo para la interposición del recurso de reposición será de dos meses[9], si el acto fuera expreso.

Fecha de notificación del acto administrativo: 11/01/2021.

[9] La norma original dice «un mes». Se cambió a «dos meses» para variar los plazos.

¿Cuándo se puede interponer el recurso de reposición?

2. **Solución**: función **FECHA.MES** ()/función **FECHA** ().

Entre el 11/01/2021[10] y el 11/03/2021[11].

3. **Procedimiento**:

3.1.

3.1.1. Ubíquese en la celda de resultado.

3.1.2. Escriba el signo **igual** (=).

3.1.3. Pulse el botón **Insertar funciones.**

3.1.4. Aparecerá el cuadro de diálogo con el mismo nombre.

3.1.5. En la sección **O seleccionar una categoría**, elija **Fecha y hora.**

3.1.6. Luego, en la sección **Seleccionar una función**, escoja **FECHA.MES** ().

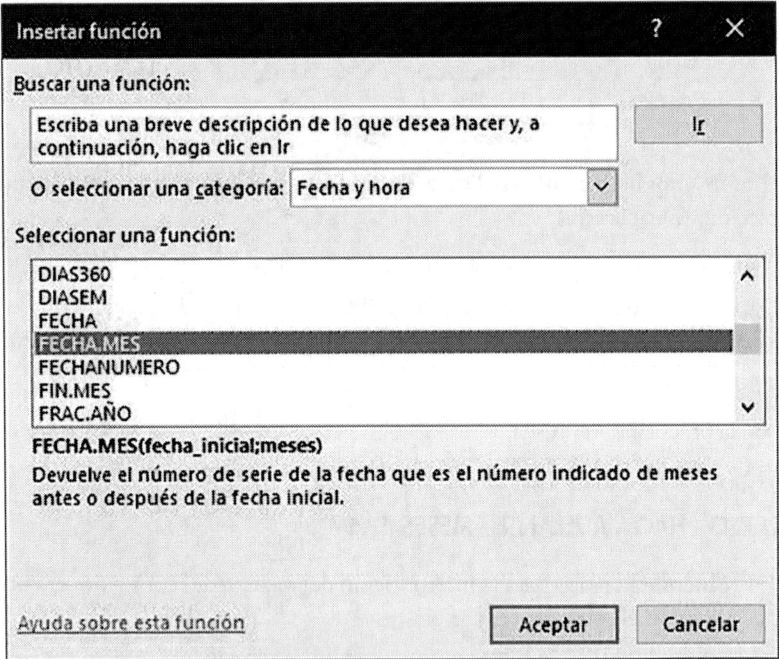

10 Este día no se cuenta.

11 Otra respuesta pudiera ser: desde el 12/01/2021 hasta el 11/03/2021, inclusive.

3.1.7. Pulse el botón **Aceptar**.

3.1.8. En el cuadro de diálogo **Argumentos de función**, cuadro **fecha_inicial**, escriba o seleccione la fecha de notificación del acto: A1.

3.1.9. En el cuadro siguiente, **meses**, escriba los meses del plazo: 2.

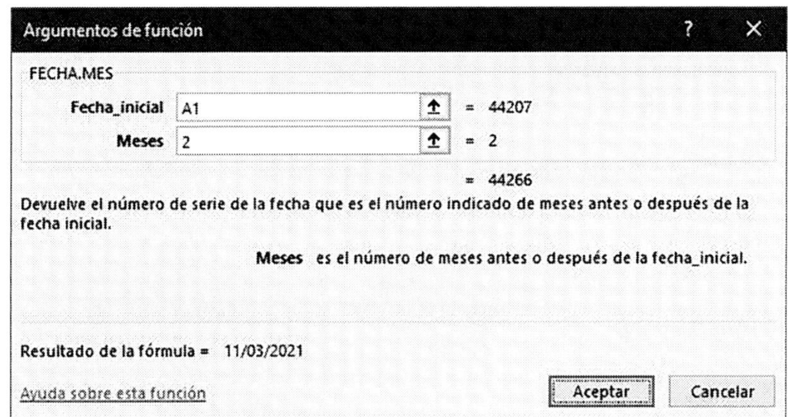

3.1.10. Pulse el botón **Aceptar**. Aparecerá en dicha celda el resultado de la operación.

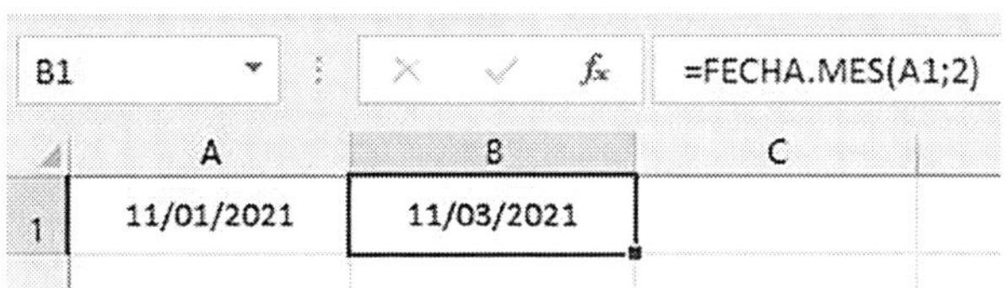

3.1.11. Verifique los pasos en la **Barra de fórmulas**.

3.2.

3.2.1. Ubíquese en la celda de resultado.

3.2.2. Escriba el signo **igual** (=).

3.2.3. Inserte la función **FECHA** ().

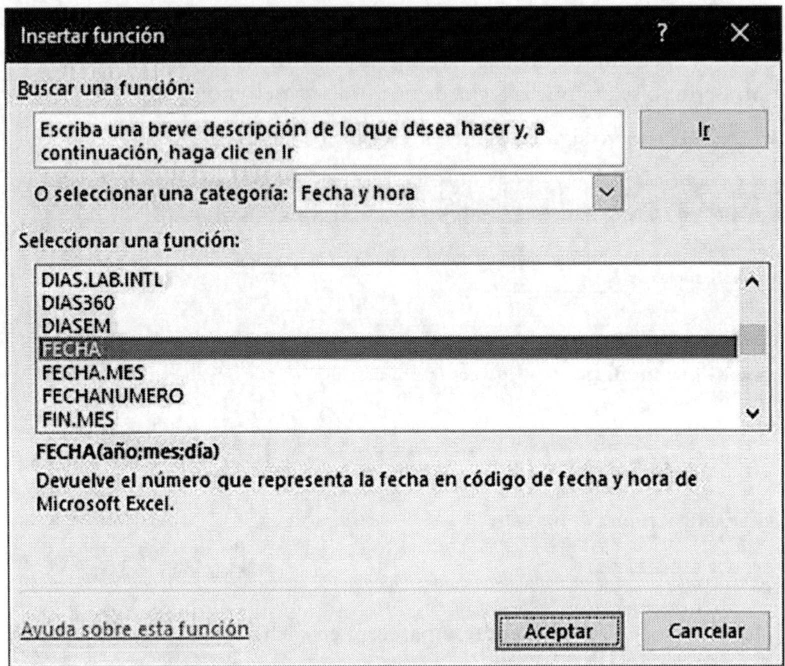

3.2.4. En el cuadro de diálogo **Argumentos de función**, cuadro **año**, escriba el año de notificación del acto: 2021.

3.2.5. En el cuadro siguiente, **mes**, escriba el mes de notificación del acto y súmele los meses del plazo: 01 + 2.

3.2.6. Y en el cuadro siguiente, **día**, escriba el día de notificación del acto: 11.

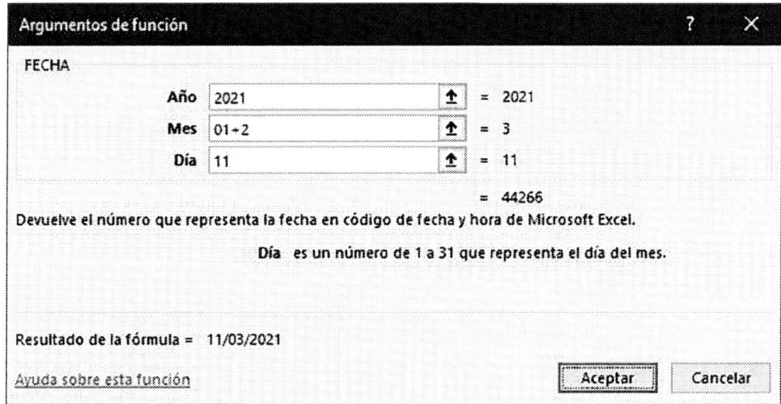

3.2.7. Pulse el botón **Aceptar**. Aparecerá en dicha celda el resultado de la operación.

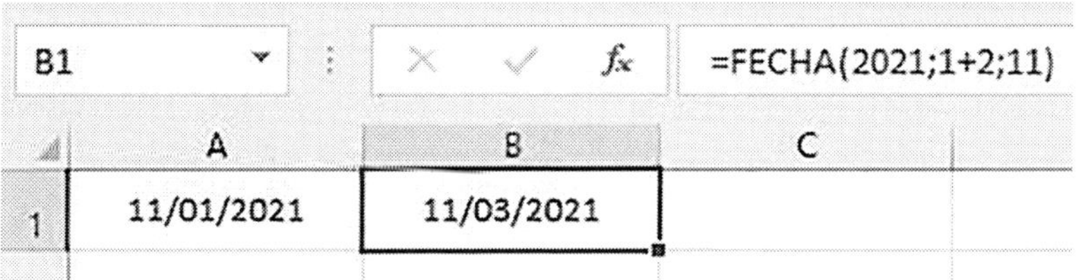

3.2.8. Verifique los pasos en la **Barra de fórmulas**.

*La cuenta es civil, hacia adelante y en meses.

*Pero, se trata de un lapso.

*El problema con estos plazos es que se deben calcular muchas fechas.

*En tal sentido, la operación más eficiente consiste en hallar el término. Luego, los días entre la fecha inicial y la fecha final.

*Para conseguir el término, basta con aplicar los procedimientos del caso TAdM.

*No es necesario calcular los días del plazo. Están comprendidos entre la fecha inicial y la fecha final. La primera coincide con el *Dies a quo*, por tanto, no se cuenta.

*Calcular los días del plazo requiere un procedimiento más complejo que aplicar la fórmula matriz propuesta en el caso LAdC. Además, el resultado pudiera implicar un considerable uso de memoria.

*Toda la operación anterior pudiera ser más eficiente si se automatizara a través de una macro o código de *Visual Basic for Applications* (VBA).

*Por lapso también puede entenderse cada uno de los meses del plazo.

*La operación consistiría en hallar el término mensual del plazo, con base en el sistema fecha a fecha.

*Para conseguirlo, bastaría con aplicar los procedimientos del caso TAdM, por mes. Si el usuario quisiera elevar el nivel de eficiencia de los mismos, pudiera emplear una fórmula matriz.

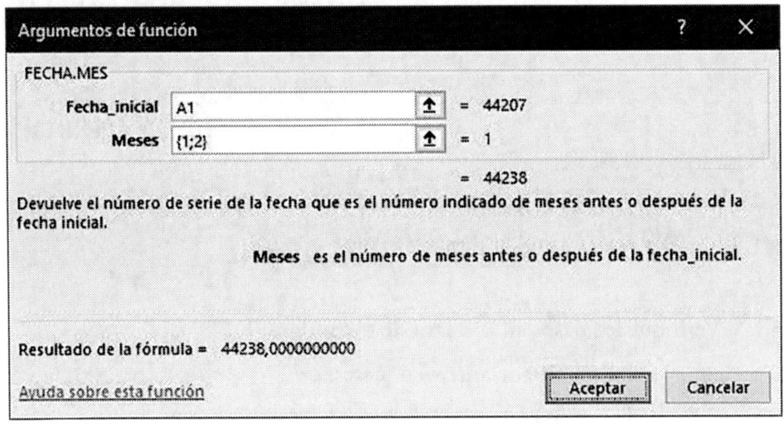

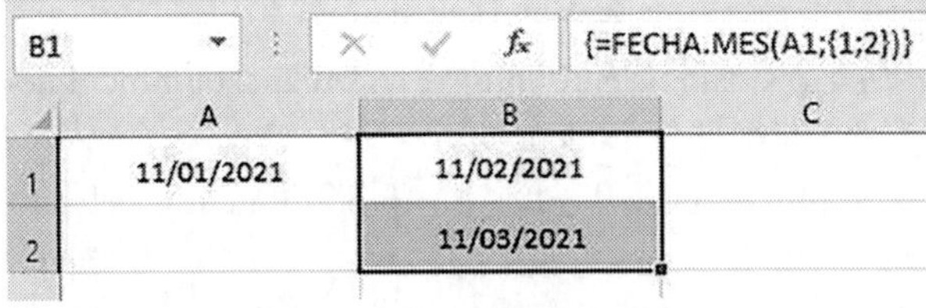

*El resultado consistiría en pocas fechas, las cuales indicarían que se trata de un plazo y su avance.

*Sin embargo, los días del plazo seguirían siendo necesarios para el usuario, aplicándose lo dicho al respecto. Con la salvedad de que esta forma de cálculo pudiera generar confusión. Se pudiera creer que al final de cada mes hay un corte, con su *Dies a quo* y *Dies ad quem* respectivo; cuando el plazo es continuo, con un solo *Dies a quo* y *Dies ad quem*. El único día que no se cuenta es el primero.

*Por otro lado, calcular los días por mes puede ser tan o más complejo que el procedimiento indicado anteriormente, incluso desde el punto de vista de su automatización.

*El resultado de la operación debe contener dos fechas: inicio y finalización del plazo.

*La caducidad es un ejemplo.

*Por tal se entiende un modo de extinguirse la relación procesal por la inactividad de las partes durante cierto período.

*También se le denomina perención o abandono de la instancia.

*No debe confundirse con la prescripción.

LAPSO - HACIA ATRÁS - MESES (LAtM)

1. **Problema**: La ley que regule los procesos electorales no podrá modificarse en forma alguna en el lapso comprendido entre el día de la elección y los seis meses inmediatamente anteriores a la misma.

Fecha de la elección: 07/12/2021.

¿Cuándo está prohibido modificar la ley que regula los procesos electorales?

2. **Solución**: función **FECHA.MES** ()/función **FECHA** ().

Entre el 07/12/2021[12] y el 07/06/2021[13].

3. **Procedimiento**: Mismos procedimientos del caso LAdM. Pero, reste los meses del plazo.

3.1.

12 Este día no se cuenta.

13 Otra respuesta pudiera ser: desde el 06/12/2021 hasta el 07/06/2021, inclusive.

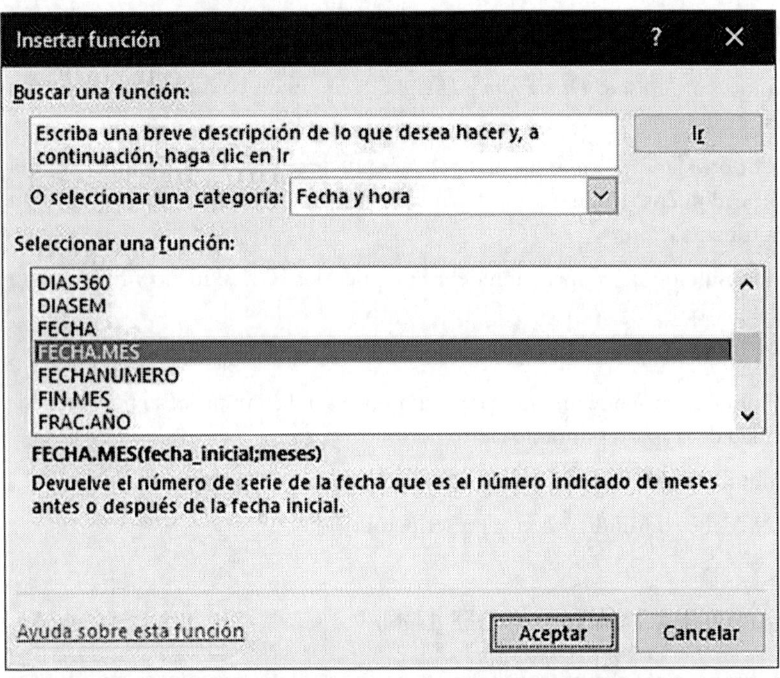
Insertar función
Buscar una función:
Escriba una breve descripción de lo que desea hacer y, a continuación, haga clic en Ir
Ir
O seleccionar una categoría: Fecha y hora
Seleccionar una función:
DIAS360
DIASEM
FECHA
FECHA.MES
FECHANUMERO
FIN.MES
FRAC.AÑO
FECHA.MES(fecha_inicial;meses)
Devuelve el número de serie de la fecha que es el número indicado de meses antes o después de la fecha inicial.
Ayuda sobre esta función
Aceptar
Cancelar

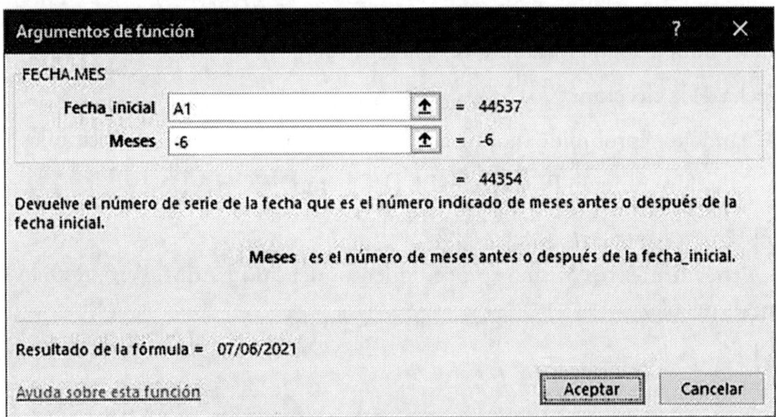
Argumentos de función
FECHA.MES
Fecha_inicial A1 = 44537
Meses -6 = -6
= 44354
Devuelve el número de serie de la fecha que es el número indicado de meses antes o después de la fecha inicial.
Meses es el número de meses antes o después de la fecha_inicial.
Resultado de la fórmula = 07/06/2021
Ayuda sobre esta función
Aceptar
Cancelar

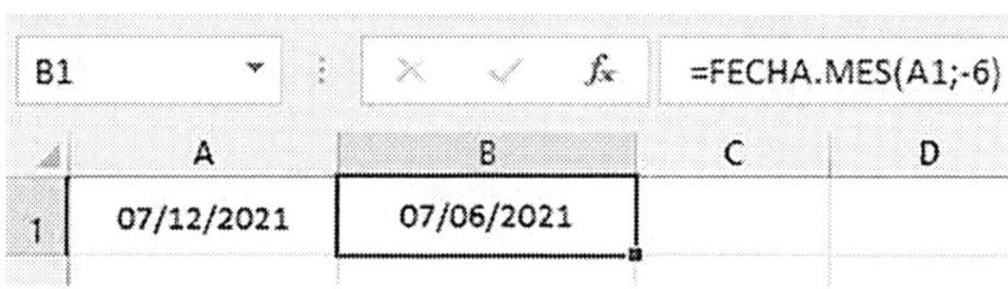

3.2.

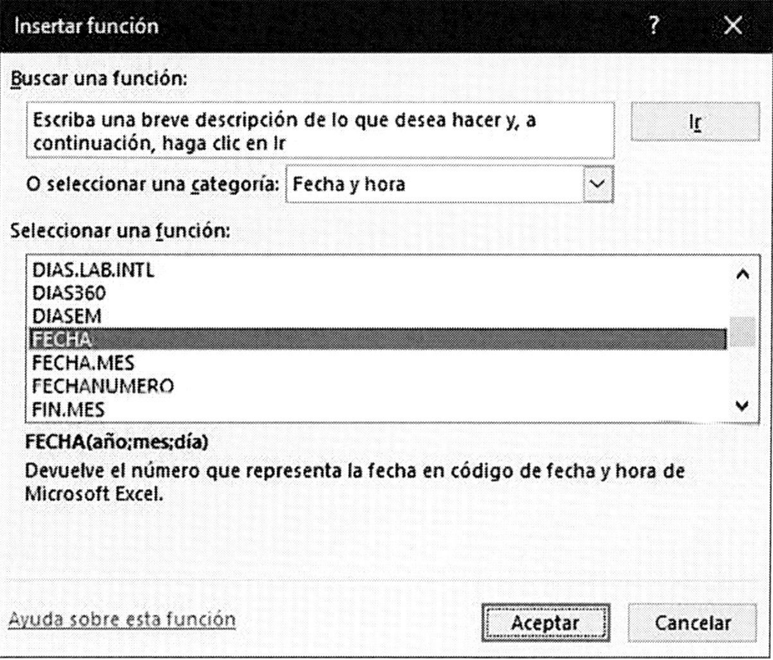

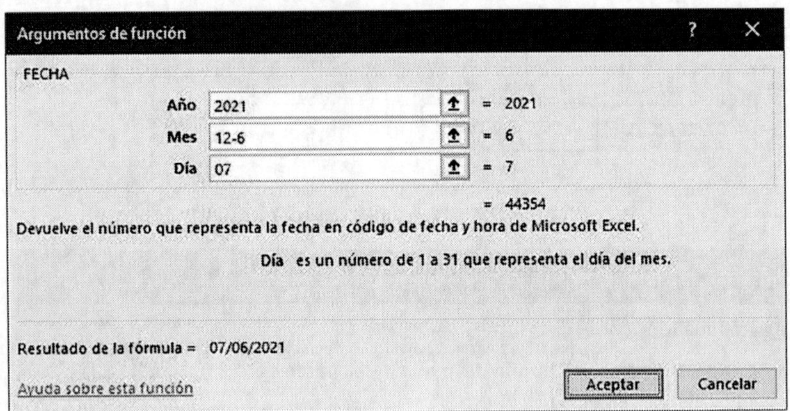

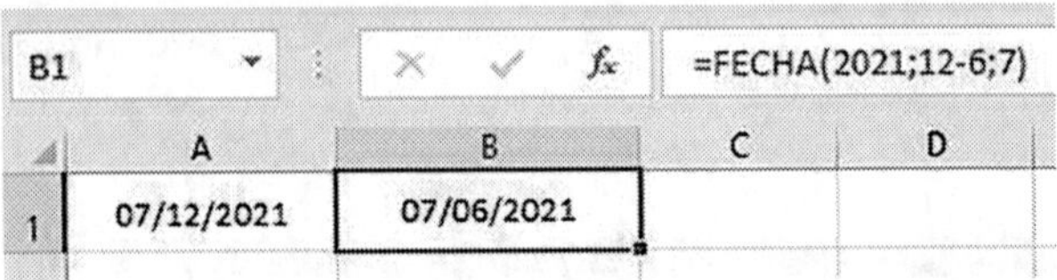

*Los mismos comentarios del caso LAdM, solo que la cuenta cambia de dirección. Es hacia atrás.

*Por tanto, a la fecha inicial, se le restan los meses del plazo.

*En este cálculo de fecha, fórmula del tipo fecha - número, el *Dies a quo* y el *Dies ad quem* coinciden en el día del mes. Aunque, el primero es mayor que el segundo.

*El *Dies a quo* no se cuenta.

*En la práctica, son inusuales.

TÉRMINO - HACIA ADELANTE - AÑOS (TAdA)

1. **Problema:** La Dirección Ejecutiva de la Magistratura efectuará el 31 de octubre[14], cada dos años, un sorteo de escabinos por cada circunscripción judicial.

Fecha del último sorteo de escabinos: 31/10/2022.

¿Cuándo debe efectuarse el próximo?

2. **Solución:** función **FECHA ()**/función **FECHA.MES ().**

31/10/2024.

3. **Procedimiento:**

3.1.

3.1.1. Ubíquese en la celda de resultado.

3.1.2. Escriba el signo **igual (=).**

3.1.3. Pulse el botón **Insertar funciones.**

3.1.4. Aparecerá el cuadro de diálogo con el mismo nombre.

3.1.5. En la sección **O seleccionar una categoría,** elija **Fecha y hora.**

3.1.6. Luego, en la sección **Seleccionar una función,** escoja **FECHA ().**

---

14 La norma original dice «antes del 31 de octubre». Para ajustarla al caso, se sustituyó dicha expresión por «el 31 de octubre».

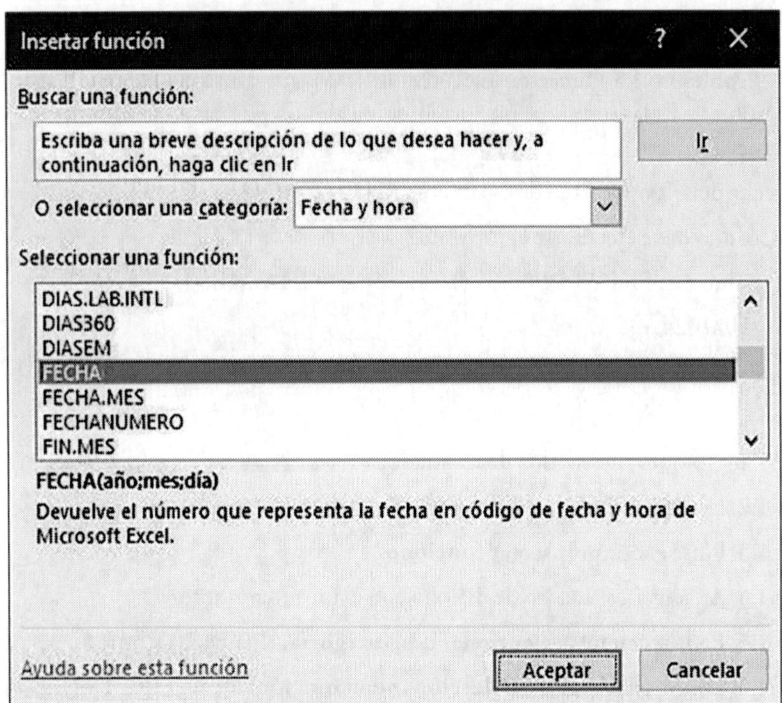

3.1.7. Pulse el botón **Aceptar**.

3.1.8. En el cuadro de diálogo **Argumentos de función**, cuadro **año**, escriba el año del último sorteo y súmele los años del plazo: 2022 + 2.

3.1.9. En el cuadro siguiente, **mes**, escriba el mes del último sorteo: 10.

3.1.10. Y en el cuadro siguiente, **día**, escriba el día del último sorteo: 31.

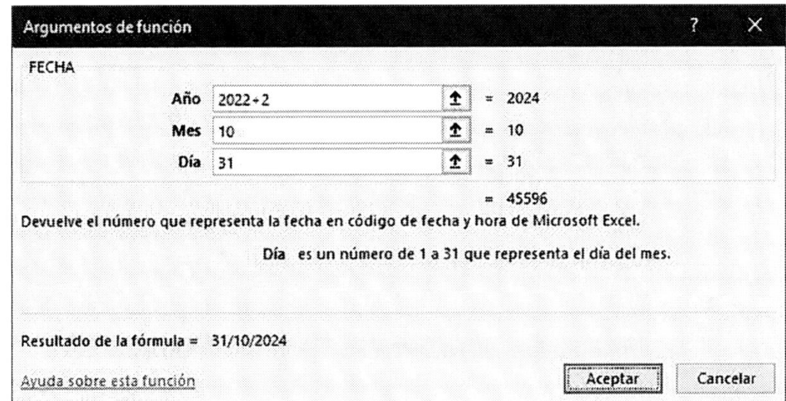

3.1.11. Pulse el botón **Aceptar.** Aparecerá en dicha celda el resultado de la operación.

B1 =FECHA(2022+2;10;31)

	A	B	C	D
1	31/10/2022	31/10/2024		
2				

3.1.12. Verifique los pasos en la **Barra de fórmulas.**

3.2.

3.2.1. Ubíquese en la celda de resultado.

3.2.2. Escriba el signo **igual** (=).

3.2.3. Pulse el botón **Insertar funciones.**

3.2.4. Aparecerá el cuadro de diálogo con el mismo nombre.

3.2.5. En la sección **O seleccionar una categoría,** elija **Fecha y hora**.

3.2.6. Luego, en la sección **Seleccionar una función**, escoja **FECHA.MES ().**

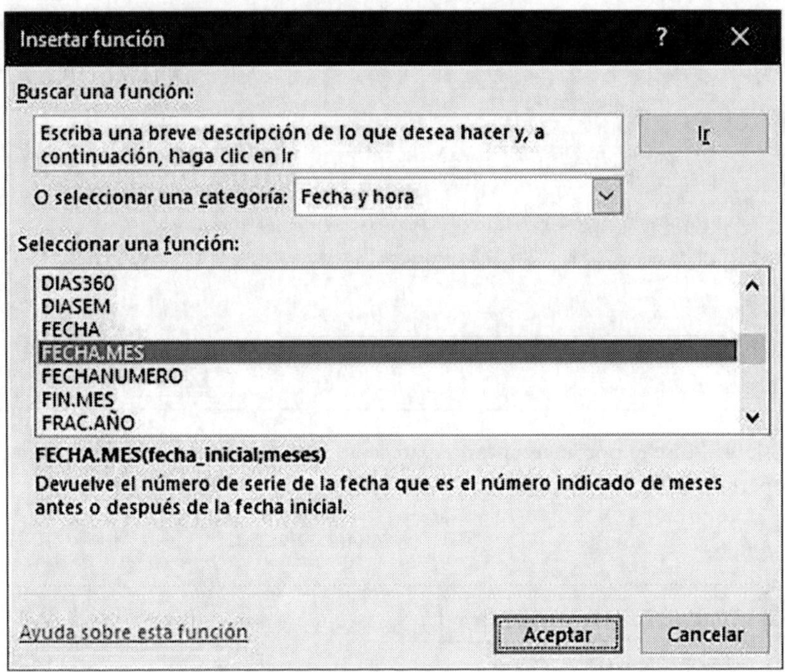

3.2.7. Pulse el botón **Aceptar.**

3.2.8. En el cuadro de diálogo **Argumentos de función,** cuadro **fecha_inicial**, escriba o seleccione la fecha del último sorteo: A1.

3.2.9. En el cuadro siguiente, **meses,** escriba los años del plazo multiplicados por los meses del año: 2 * 12.

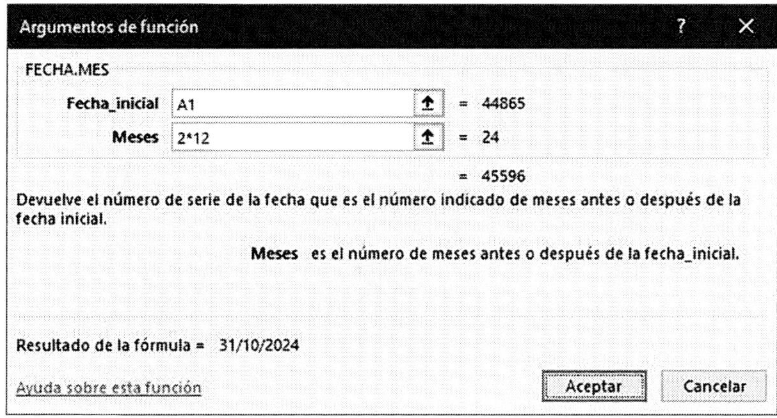

3.2.10. Pulse el botón **Aceptar**. Aparecerá en dicha celda el resultado de la operación.

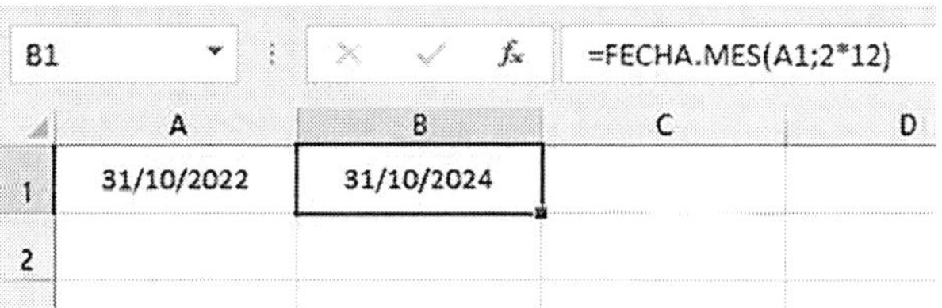

3.2.11. Verifique los pasos en la **Barra de fórmulas.**

*Se trata del término de un plazo.

*La cuenta es hacia adelante.

*La unidad de tiempo viene dada en años.

*El año físico o trópico es el tiempo de duración de la traslación de la tierra alrededor del sol. Inexacto, como se sabe. Poco más de 365 días[15].

*Existen métodos de cálculo que toman en cuenta este carácter inexacto. De allí el año solar, el sideral, etc.

*Sin embargo, el derecho necesita de una unidad de tiempo exacta, por seguridad jurídica. Este es el origen del año civil.

---

15 El valor actualmente aceptado como duración media es 365,24219 días.

*Por tal se entiende aquel que establece la ley.

*Las legislaciones suelen adoptar distintos tipos de años. Incluso, dentro de una misma legislación se pueden emplear varios, según la materia.

*La mayoría de las legislaciones occidentales adoptan el año del calendario gregoriano[16].

*A este año también se le denomina natural o calendario.

*Sus características son: 1) se ajusta a un entero, es decir, no se trata de una fracción; y 2) es variable, es decir, su duración básica es de 365 días, pero cada cierto tiempo es de 366[17]. Este último se denomina bisiesto[18].

*Algunas legislaciones eliminan este último carácter para una mayor seguridad jurídica, adoptando el año fijo de 365 días.

*Incluso, van más allá, establecimiento años de 360 días para facilitar las operaciones contables.

*Cabe destacar que no existen años inhábiles. Lo más parecido pudiera ser un año sabático.

*Para el cómputo en años se utiliza el sistema fecha a fecha.

*Como en el cómputo en meses, que es civil, por regla general, el *Dies a quo* no se cuenta y el *Dies ad quem* se cuenta entero.

*Caben excepciones, como aquella que establece que el *Dies a quo* se cuenta, con sus efectos sobre el *Dies ad quem*. La cual, incluso, en algunas legislaciones puede ser la regla.

*Postura que ha generado la misma polémica planteada en los comentarios del caso TMAd.

*Los días que lo integran son continuos o naturales.

---

16 Su valor es 365,24250 días.

17 Para cubrir la diferencia decimal del valor expresado en la nota anterior.

18 La duración básica del año es de 365 días; pero serán bisiestos (es decir tendrán 366 días) aquellos años cuyas dos últimas cifras son divisibles por 4, exceptuando los años que expresan el número exacto del siglo (100, 700, 1800, 1900...), de los que se exceptúan a su vez aquellos cuyo número de siglo sea divisible por 4 (400, 800, 2000...).

*El término pudiera caer en día inhábil o inexistente. Estos casos especiales se estudiarán en las variantes TInh y TInex, respectivamente.

*El presente caso se pudiera resolver a través de varios procedimientos.

*Excel no tiene una función específica.

*Siguiendo la función general FECHA (), el cálculo sería directo en años.

*Cálculo de fecha, fórmula del tipo fecha - número.

*En su primer argumento, año, se escribe o selecciona el año correspondiente a la fecha de origen y se le suman los años del plazo.

*Siguiendo la función FECHA.MES (), el cálculo sería indirecto, convirtiendo los años en meses.

*Cálculo de fecha, fórmula del tipo fecha - número.

*En su segundo argumento, meses, se escriben o seleccionan los años del plazo y se multiplican por 12 meses.

*En ambos procedimientos, si se usan números no enteros, los decimales no se consideran.

*Ambos devuelven una fecha, bien sea antes o después de la fecha de origen. Ello dependerá de la dirección de la cuenta.

*Dicha fecha coincidirá con el día y mes de la fecha de origen.

*Con la función FECHA.MES (), cuando se trabaja con fechas al final o próximas al fin de año, el cálculo es muy exacto. Se aplica lo dicho en los comentarios del caso TMAd.

TÉRMINO - HACIA ATRÁS - AÑOS (TAtA)

1. **Problema**: Para llevar a efecto la redención, el censatario deberá avisarlo al censualista con un año de antelación o anticiparle el pago de una pensión anual.

Fecha de la redención: 10/06/2021.

¿Cuándo debe dar aviso el censatario?

2. **Solución:** función **FECHA ()**/función **FECHA.MES ().**

10/06/2020.

3. **Procedimiento**: Mismos procedimientos del caso TAdA. Pero, reste los años del plazo.

3.1.

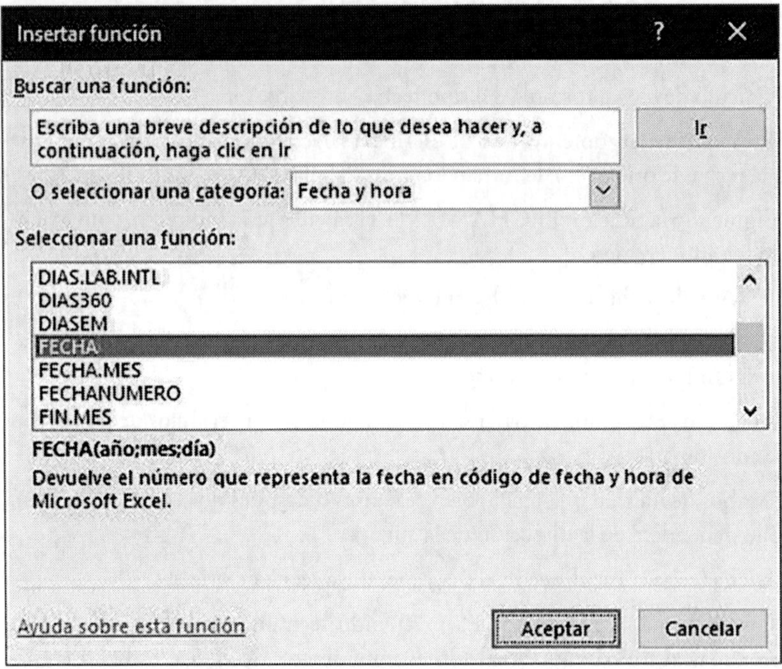

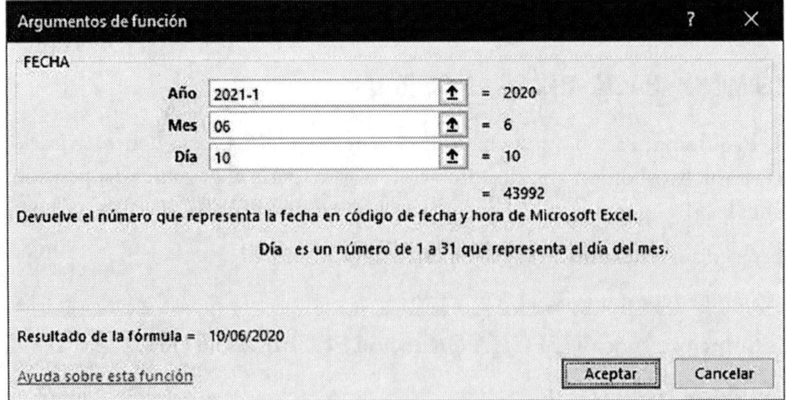

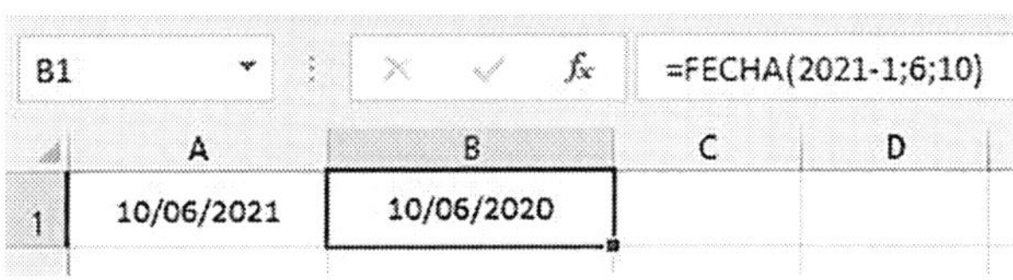

3.2.

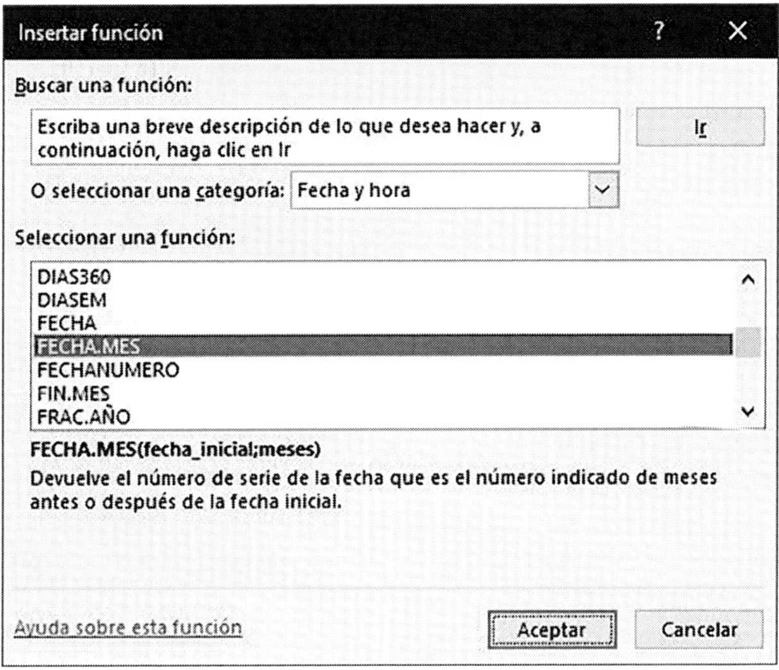

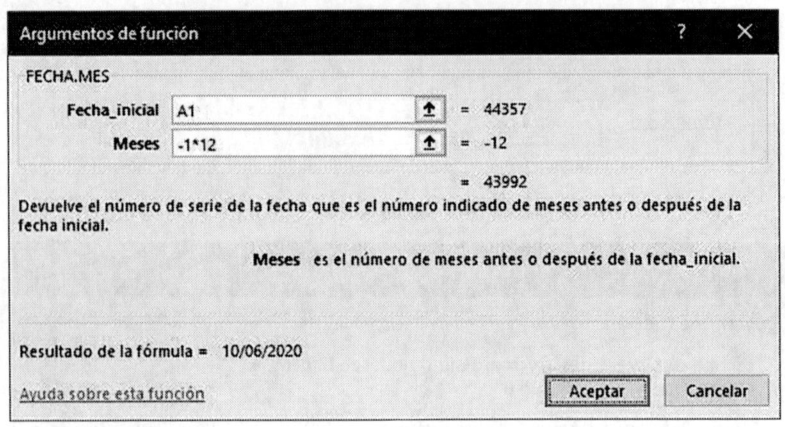

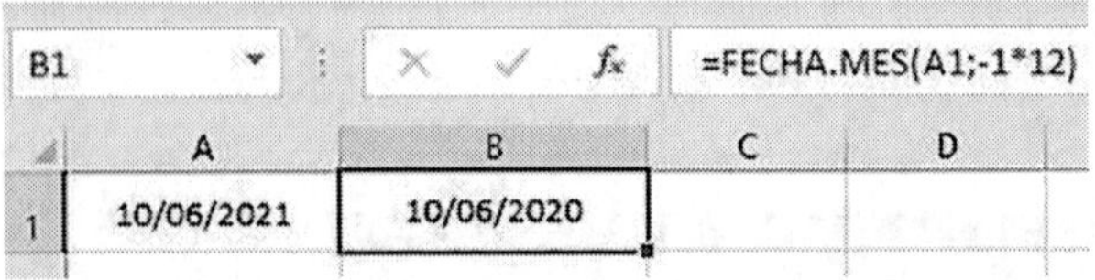

*Los mismos comentarios del caso TAdA, solo que la cuenta cambia de dirección. Es hacia atrás.

*Por tanto, a la fecha inicial, se le restan los años del plazo.

*En este cálculo de fecha, fórmula del tipo fecha - número, el *Dies a quo* y el *Dies ad quem* coinciden en el día y mes del año. Aunque, el primero es mayor que el segundo.

*El *Dies a quo* no se cuenta.

*Otro ejemplo pudiera ser el cumplimiento de una obligación contractual con 1 año de anticipación.

*En la práctica, son inusuales.

LAPSO - HACIA ADELANTE - AÑOS (LAdA)

1. **Problema**: La acción hipotecaria prescribe a los veinte años.

Fecha de vencimiento de la hipoteca: 29/03/2021.

¿Cuánto debe interponerse la acción de prescripción?

2. **Solución:** función **FECHA ()**/función **FECHA.MES ().**

Entre el 29/03/2021[19] y el 29/03/2041[20].

3. **Procedimiento:**

3.1.

3.1.1. Ubíquese en la celda de resultado.

3.1.2. Escriba el signo igual (=).

3.1.3. Pulse el botón **Insertar funciones.**

3.1.4. Aparecerá el cuadro de diálogo con el mismo nombre.

3.1.5. En la sección **O seleccionar una categoría**, elija **Fecha y hora.**

3.1.6. Luego, en la sección **Seleccionar una función,** escoja **FECHA ().**

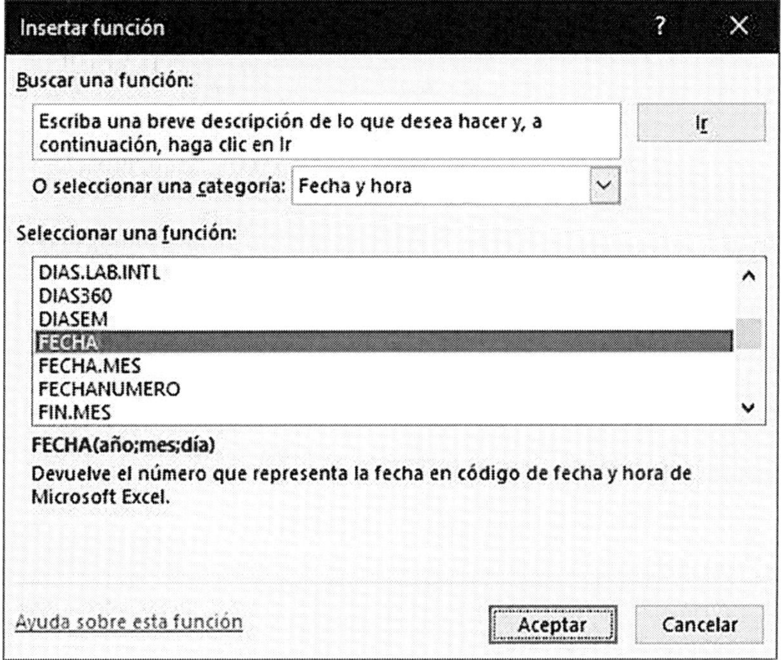

19 Este día no se cuenta.

20 Otra respuesta pudiera ser: desde el 30/03/2021 hasta el 29/03/2041, inclusive.

3.1.7. Pulse el botón **Aceptar**.

3.1.8. En el cuadro de diálogo **Argumentos de función**, cuadro **año**, escriba el año de vencimiento de la hipoteca y súmele los años del plazo: 2021 + 20.

3.1.9. En el cuadro siguiente, **mes**, escriba el mes de vencimiento de la hipoteca: 03.

3.1.10. Y en el cuadro siguiente, **día**, escriba el día de vencimiento de la hipoteca: 29.

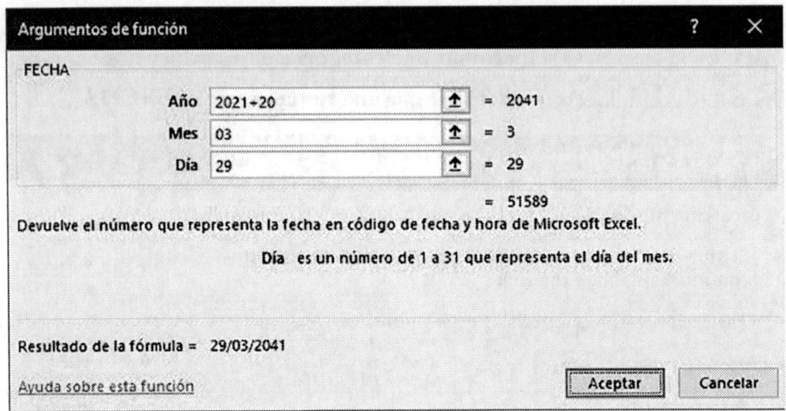

3.1.11. Pulse el botón **Aceptar**. Aparecerá en dicha celda el resultado de la operación.

B1 =FECHA(2021+20;3;29)

	A	B	C	D
1	29/03/2021	29/03/2041		

3.1.12. Verifique los pasos en la **Barra de fórmulas.**

3.2.

3.2.1. Ubíquese en la celda de resultado.

3.2.2. Escriba el signo **igual** (=).

3.2.3. Pulse el botón **Insertar funciones**.

3.2.4. Aparecerá el cuadro de diálogo con el mismo nombre.

3.2.5. En la sección **O seleccionar una categoría,** elija **Fecha y hora**.

3.2.6. Luego, en la sección **Seleccionar una función,** escoja **FECHA.MES ()**.

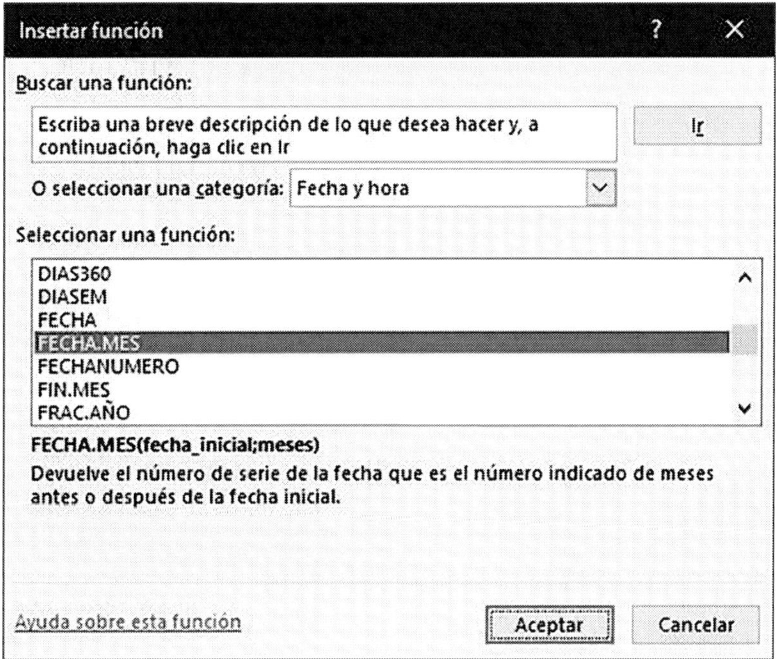

3.2.7. Pulse el botón **Aceptar**.

3.2.8. En el cuadro de diálogo **Argumentos de función**, cuadro **fecha_inicial**, escriba o seleccione la fecha de vencimiento de la hipoteca: A1.

3.2.9. En el cuadro siguiente, **meses**, escriba los años del plazo multiplicados por los meses del año: 20 * 12.

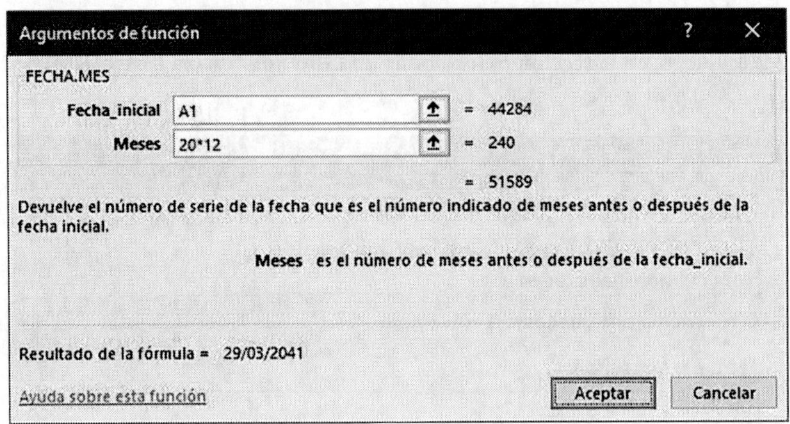

3.2.10. Pulse el botón **Aceptar.** Aparecerá en dicha celda el resultado de la operación.

B1 =FECHA.MES(A1;20*12)

	A	B	C	D
1	29/03/2021	29/03/2041		

3.2.11. Verifique los pasos en la **Barra de fórmulas.**

*La cuenta es civil, hacia adelante y en años.

*Pero, se trata de un lapso.

*El problema con estos plazos es que el usuario debe calcular muchas fechas.

*En tal sentido, la operación más eficiente consiste en hallar el término. Luego, los días entre la fecha inicial y la fecha final.

*Para conseguir el término, basta con aplicar los procedimientos del caso TAdA.

*No es necesario calcular los días del plazo. Están comprendidos entre la fecha inicial y la fecha final. La primera coincide con el *Dies a quo*, por tanto, no se cuenta.

*Calcular los días del plazo requiere un procedimiento más complejo que aplicar la fórmula matriz propuesta en el caso LAdC. Además, el resultado pudiera implicar un considerable uso de memoria.

*Toda la operación anterior pudiera ser más eficiente si se automatizara a través de una macro o código de *Visual Basic for Applications* (VBA).

*Por lapso también se puede entender cada uno de los años del plazo.

*La operación consistiría en hallar el término anual del plazo, con base en el sistema fecha a fecha.

*Para conseguirlo, bastaría con aplicar los procedimientos del caso TAdA, por año. Si el usuario quisiera elevar el nivel de eficiencia de los mismos, pudiera emplear una fórmula matriz.

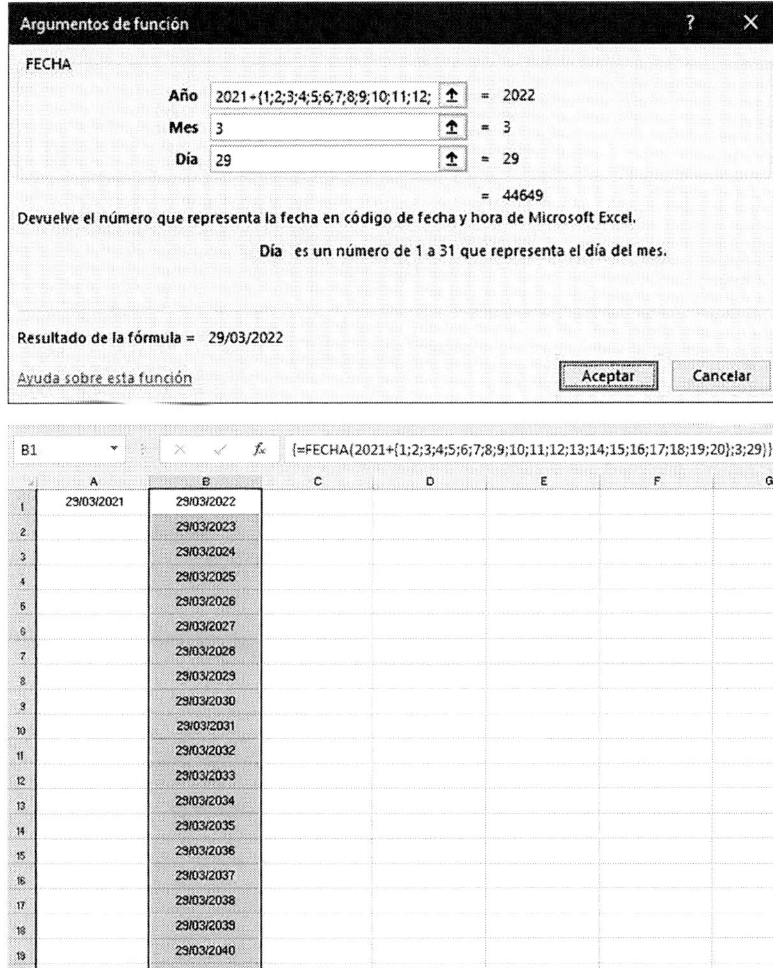

*El resultado consistiría en pocas fechas, la cuales indicarían que se trata de un plazo y su avance.

*Sin embargo, los días del plazo seguirían siendo necesarios para el usuario, aplicándose lo dicho al respecto. Con la salvedad de que esta forma de cálculo pudiera generar confusión. Se pudiera creer que al final de cada año hay un corte, con su *Dies a quo* y *Dies ad quem* respectivo; cuando el plazo es continuo, con un solo *Dies a quo* y *Dies ad quem*. El único día que no se cuenta es el primero.

*Por otro lado, calcular los días por año puede ser tan o más complejo que el procedimiento indicado anteriormente, incluso desde el punto de vista de su automatización.

*El resultado de la operación debe contener dos fechas: inicio y finalización del plazo.

*La prescripción es un ejemplo.

*Por tal se entiende el medio de adquirir un derecho o de liberarse de una obligación por el transcurso del tiempo.

*No debe confundirse con la caducidad.

*Otro ejemplo pudiera ser la *Vacatio legis.*

LAPSO - HACIA ATRÁS - AÑOS (LAtA)

1. **Problema**: Las sanciones tributarias se graduarán exclusivamente conforme a los siguientes criterios, en la medida en que resulten aplicables: a) Comisión repetida de infracciones tributarias. Se entenderá producida esta circunstancia cuando el sujeto infractor hubiera sido sancionado por una infracción de la misma naturaleza, ya sea leve, grave o muy grave, en virtud de resolución firme en vía administrativa dentro de los cuatro años anteriores a la comisión de la infracción.

Fecha de comisión de la infracción tributaria: 18/05/2021.

Para aplicar reincidencia, ¿cuándo debe haber sido sancionado el sujeto infractor?

2. **Solución:** función **FECHA** **()**/función **FECHA.MES ()**.

Entre el 18/05/2021[21] y el 18/05/2017[22].

---

21 Este día no se cuenta.

22 Otra respuesta pudiera ser: desde el 17/05/2021 hasta el 18/05/2017, inclusive.

3. **Procedimiento**: Mismos procedimientos del caso LAdA. Pero, reste los años del plazo.

3.1.

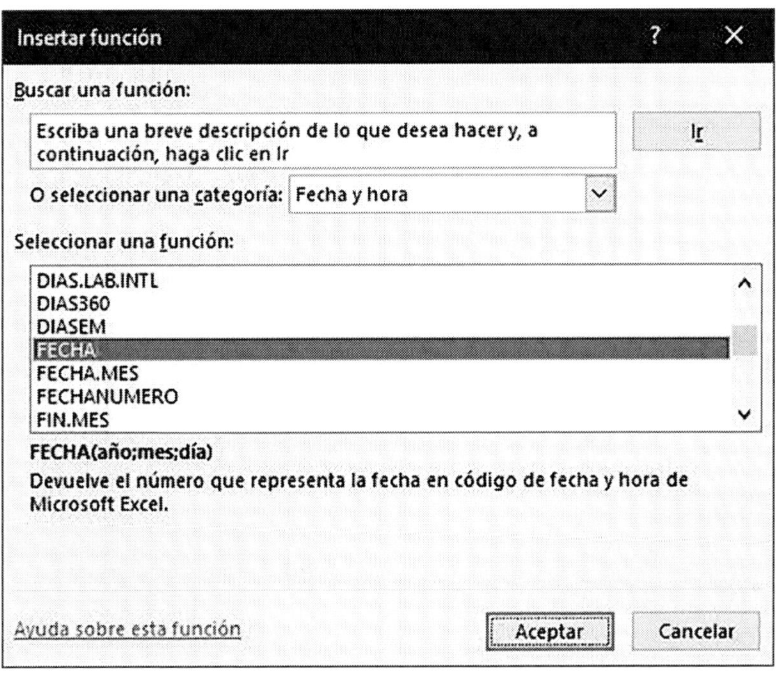

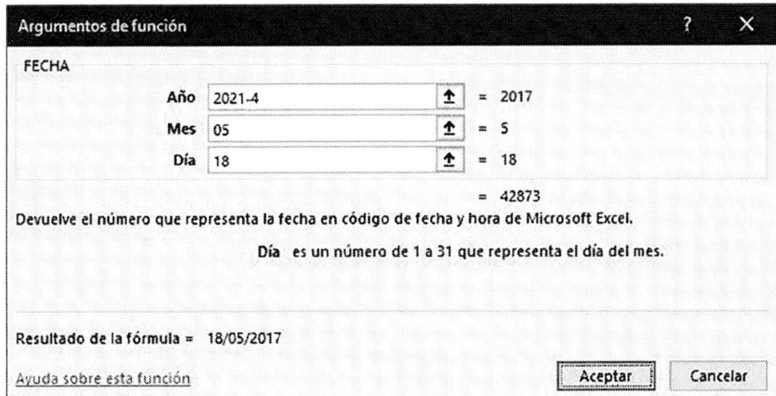

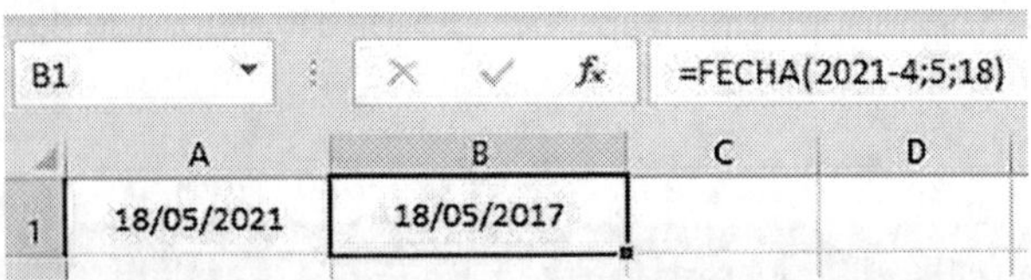

3.2.

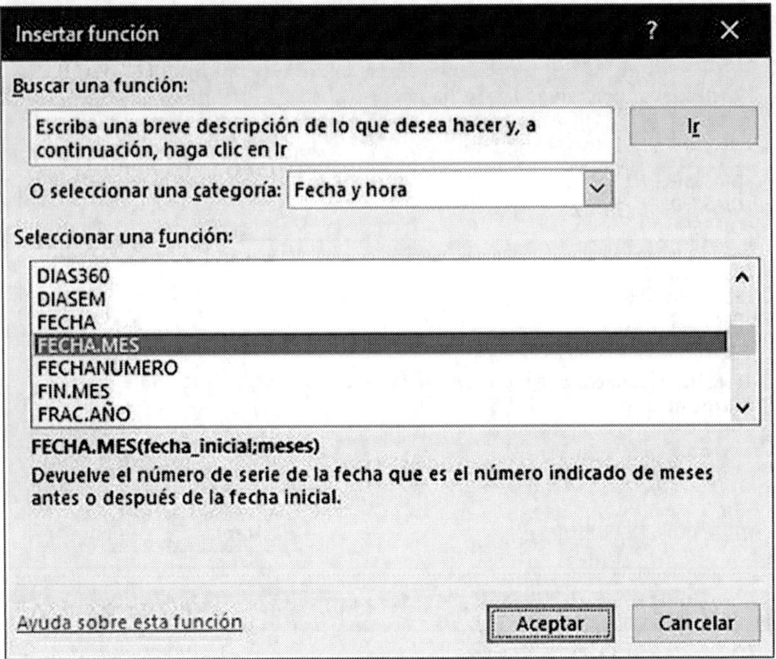

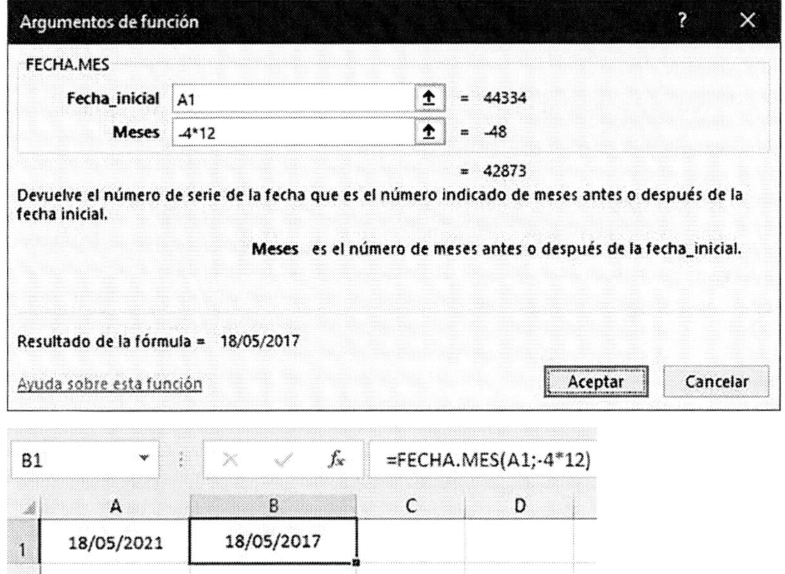

*Los mismos comentarios del caso LAdA, solo que la cuenta cambia de dirección. Es hacia atrás.

*Por tanto, a la fecha inicial, se le restan los años del plazo.

*En este cálculo de fecha, fórmula del tipo fecha - número, el *Dies a quo y el Dies ad quem* coinciden en el día y mes del año. Aunque, el primero es mayor que el segundo.

*El *Dies a quo* no se cuenta.

*Se asocia con la retroactividad de la ley.

*En la práctica, son inusuales.

DÍAS - HACIA ADELANTE - CONTINUOS (DAdC)

1. **Problema:** El comprador que no haya hecho reclamación alguna fundada en los vicios internos de la cosa vendida, dentro de los treinta días continuos siguientes a su entrega, perderá toda acción y derecho a repetir por esta causa contra el vendedor.

Fecha de la venta: 08/11/2021.

Fecha actual: 08/11/2021.

¿Puede reclamar el comprador?

¿Cuántos días del plazo han transcurrido?

¿Cuántos faltan?

2. **Solución**: fórmula **fecha actual - fecha inicial**/fórmula **días del plazo - días transcurridos.**

No.

Días continuos transcurridos: 0[23].

Días continuos que faltan: 30.

3. **Procedimiento**:

3.1.

3.1.1. Ubíquese en la celda de resultado.

3.1.2. Escriba el signo **igual (=).**

3.1.3. A la fecha actual, réstele la fecha inicial: A2 - A1.

3.1.4. Pulse la tecla **Enter**. Aparecerá en dicha celda el resultado de la operación. Días continuos transcurridos: 0.

B1 fx =A2-A1

	A	B	C
1	08/11/2021	0	
2	08/11/2021		

3.1.5. Verifique los pasos en la **Barra de fórmulas**.

3.2.

3.2.1. Ubíquese en la celda de resultado.

[23] Porque la fecha actual coincide con el *Dies a quo.*

3.2.2. Escriba el signo **igual (=).**

3.2.3. A los días del plazo, résteles los días transcurridos: A2 - A1.

3.2.4. Pulse la tecla **Enter**. Aparecerá en dicha celda el resultado de la operación. Días continuos que faltan: 30.

B1 | fx | =A2-A1

	A	B	C
1	0	30	
2	30		

3.2.5. Verifique los pasos en la **Barra de fórmulas.**

*Consiste en el cálculo civil de cantidad de tiempo.

*El abogado lo emplea frecuentemente para el control y seguimiento del plazo.

*Se cuentan los días entre fechas.

*Hacia adelante.

*Para ello, se restan fechas.

*El resultado se expresa en la misma unidad de tiempo que el plazo, es decir, días continuos o naturales.

*Luego, el usuario puede trabajar directamente con el resultado en días.

*Excel no tiene una función específica para atender estos casos.

*El usuario debe valerse de la fórmula: fecha actual - fecha inicial.

*Con ella se calcula cantidad de tiempo, fórmula del tipo fecha - fecha.

*El cálculo se lleva a cabo en función de días continuos o naturales.

*El primer argumento es la fecha actual. El usuario pudiera hallarla fácilmente anidando la función HOY (). Se estudiará en la variante FA.

*Se trata de un día en curso, movible, que pudiera estar fuera o dentro del plazo.

*Fuera del plazo, pudiera ser anterior o posterior al mismo. Estos supuestos no se desarrollan en este trabajo.

*Dentro del plazo, pudiera coincidir con la fecha inicial, el término o estar entre ambos.

*Cuando la fecha actual coincida con la fecha inicial, no se cuenta. Del resto, si. Aunque cayera en día inhábil.

*El problema pudiera presentarse si la fecha actual coincidiera con el término del plazo y este a su vez fuera inhábil. Se estudiará en la variante TInh.

*Pudiera ocurrir que la fecha actual coincidiera con un término inexistente. Se estudiará en la variante TInex.

*El segundo, la fecha inicial, es decir, la fecha de origen del control y seguimiento, la cual coincide con la fecha de origen del plazo.

*Se trata de un día fijo.

*No tiene relevancia si cae en día hábil o inhábil. Es a partir del día siguiente que empieza el cómputo. En palabras más técnicas, el *Dies a quo* no se cuenta.

*El resultado será un entero que corresponda a los días transcurridos.

*Se trata de una operación aritmética simple, la cual es posible porque, para Excel, las fechas son números consecutivos.

*Cuando el valor «días transcurridos» sea negativo, menor que «días del plazo», se podrán hallar «días previos». Cuando el valor «días transcurridos» sea positivo, mayor que «días del plazo», se podrán hallar «días vencidos». Estos supuestos no se desarrollan en este trabajo.

*Cuando el valor «días transcurrido» sea igual a cero o positivo, igual o menor que «días del plazo», se podrán hallar «días que faltan».

*El usuario debe valerse de la fórmula: días del plazo - días transcurridos.

*Con ella se calcula cantidad de tiempo, fórmula del tipo número - número.

*El resultado será un entero que corresponda a los días que faltan.

*Este último procedimiento implica operaciones aritméticas aún más sencillas.

*El problema con dicho procedimiento es que, en el presente caso, no toma en cuenta la variante TInh. En este sentido, pudiera sustituirlo por uno igual al primero, según se explicará en las variantes AMDAd, TInh y TInex.

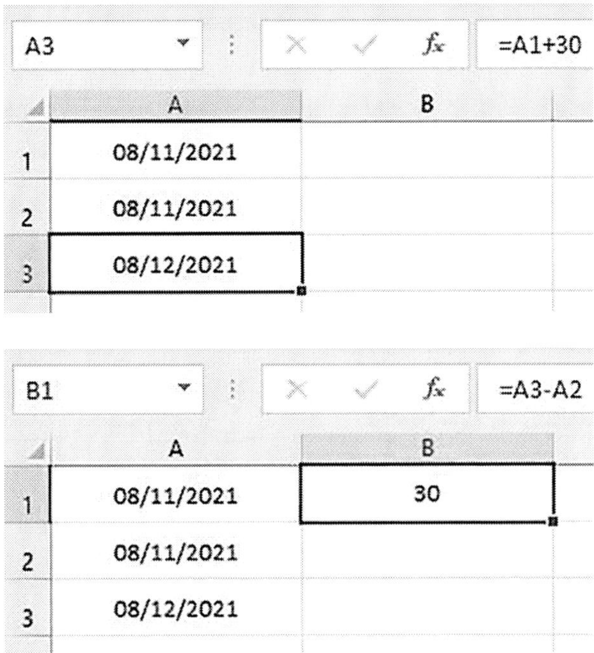

*Lo dicho anteriormente se aplica por igual si el plazo fuera un lapso o un término.

*Sin embargo, el usuario debe recordar que, en un lapso, la validez de la fecha actual dependerá de su coincidencia con cualquiera de los días del plazo. Mas, en un término, dicha validez dependerá de su coincidencia solo con el último día del mismo.

*Por eso, se recomienda hacer la distinción conceptual a la hora de presentar el resultado o dar una respuesta del caso. En el primer supuesto, se trata de los días transcurridos o días que faltan del lapso. En el segundo, del término.

*El presente caso se trata de un lapso hacia adelante, cuyo cálculo empezó, pero aún no se apuntan días, pues la fecha actual y la fecha de origen del plazo coinciden, es decir, la primera cayó en *Dies a quo.*

*La fecha actual no es válida, pues no coincide con alguno de los días siguientes que integran el plazo.

*Tiende a aplicarse para el control y seguimiento de plazos sustantivos.

*Es importante emplear el formato de celdas según el procedimiento, sea fecha o sea número.

*Si las operaciones se efectúan con números que representan a las fechas, el resultado será exactamente el mismo. Se estudiará en la variante CFN.

*El usuario pudiera escribir directamente las fechas y números en las fórmulas, o introducir estos datos mediante referencias de celda. Se estudiará en la variante AF.

DÍAS - HACIA ADELANTE - HÁBILES (DAdH)

1. **Problema**: Alegadas las cuestiones previas a que se refiere el ordinal 1° del artículo 346, el Juez decidirá sobre las mismas en el quinto día hábil siguiente al vencimiento del lapso del emplazamiento, ateniéndose únicamente a lo que resulte de los autos y de los documentos presentados por las partes.

Fecha de vencimiento del lapso de emplazamiento: 22/07/2021.

Fecha actual: 29/07/2021.

Días feriados: 05/07/2021 y 24/07/2021.

¿Puede decidir las cuestiones previas el juez?

¿Cuántos días del plazo han transcurrido?

¿Cuántos faltan?

2. **Solución:** función **DIAS.LAB.INTL** ()/fórmula **días del plazo - días transcurridos.**

Si.

Días hábiles transcurridos: 5[24].

Días hábiles que faltan: 0.

3. **Procedimiento**

3.1.

3.1.1. Ubíquese en la celda de resultado.

---

[24] Porque la fecha actual coincide con el *Dies ad quem.*

3.1.2. Escriba el signo **igual (=).**

3.1.3. Pulse el botón **Insertar funciones.**

3.1.4. Aparecerá el cuadro de diálogo con el mismo nombre.

3.1.5. En la sección **O seleccionar una categoría,** elija **Fecha y hora**.

3.1.6. Luego, en la sección **Seleccionar una función,** escoja **DIAS.LAB. INTL ().**

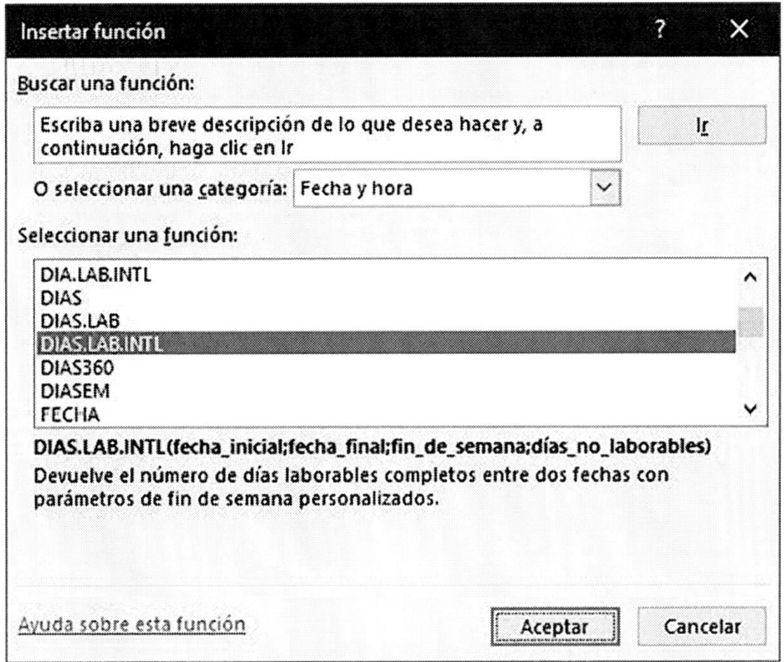

3.1.7. Pulse el botón **Aceptar**.

3.1.8. En el cuadro de diálogo **Argumentos de función**, cuadro **fecha _inicial,** escriba o seleccione la fecha de vencimiento del lapso de emplazamiento: A1.

3.1.9. En el cuadro siguiente, **fecha_final,** escriba o seleccione la fecha actual: A2.

3.1.10. En el cuadro siguiente, **fin_de_semana,** escriba una de las opciones de días de descanso en fin de semana de Excel. En concreto, la 1, la cual equivale a no contar ni sábado ni domingo.

3.1.11. Y, en el último cuadro, **días_no_laborables**, escriba o seleccione la fecha de inicio del plazo y las fechas correspondientes a los días feriados, entre comillas, separadas por punto y coma, y toda la expresión entre llaves: {"22/07/2021"; "05/07/2021"; "24/07/2021"}.

Argumentos de función ? ×

DIAS.LAB.INTL

Fecha_inicial A1 = 44399

Fecha_final A2 = 44406

Fin_de_semana 1 = 1

Días_no_laborables {"22/07/2021";"05/07/2021";"24/(= {"22/07/2021";"05/07/2021";"24/07/202

= 5

Devuelve el número de días laborables completos entre dos fechas con parámetros de fin de semana personalizados.

Días_no_laborables es un conjunto opcional de uno o más números de fecha de serie que se deben excluir del calendario laboral, como los días no laborables estatales y federales, y los días libres.

Resultado de la fórmula = 5

Ayuda sobre esta función Aceptar Cancelar

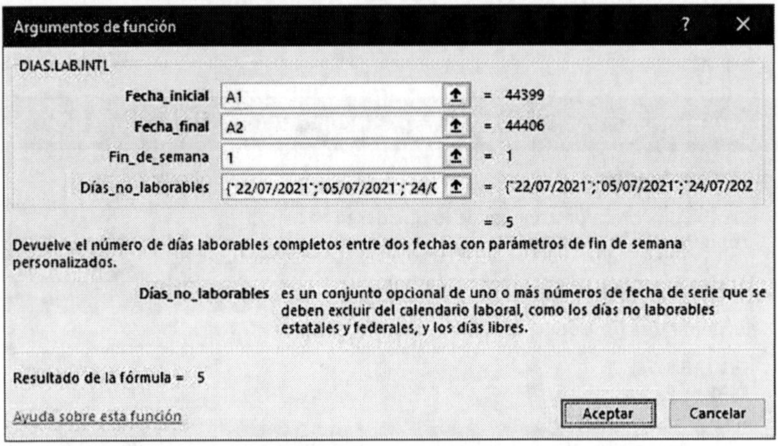

3.1.12. Pulse el botón **Aceptar**. Aparecerá en dicha celda el resultado de la operación. Días hábiles transcurridos: 5.

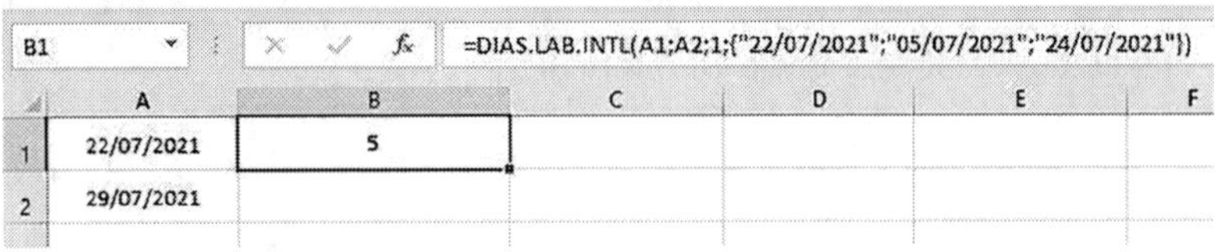

B1 =DIAS.LAB.INTL(A1;A2;1;{"22/07/2021";"05/07/2021";"24/07/2021"})

	A	B	C	D	E	F
1	22/07/2021	5				
2	29/07/2021					

3.1.13. Verifique los pasos en la **Barra de fórmulas**.

3.2.

3.2.1. Ubíquese en la celda de resultado.

3.2.2. Escriba el signo **igual (=).**

3.2.3. A los días del plazo, résteles los días transcurridos: A2 - A1.

3.2.4. Pulse la tecla **Enter**. Aparecerá en dicha celda el resultado de la operación. Días hábiles que faltan: 0.

B1 | fx | =A2-A1

	A	B	C
1	5	0	
2	5		

3.2.5. Verifique los pasos en la **Barra de fórmulas.**

*En general, se aplican los mismos comentarios del caso DAdC, solo que se trata de días hábiles.

*Con respecto al primer procedimiento, Excel cuenta con una función específica.

*Es la función DIAS.LAB.INTL ().

*Con ella se calcula cantidad de tiempo, fórmula del tipo fecha - fecha.

*El cálculo se lleva a cabo en días hábiles.

*En el primer argumento, fecha_inicial, se escribe o selecciona la fecha de origen del control y seguimiento, la cual coincide con la fecha de origen del plazo.

*Se trata de un día fijo.

*La función incluye esta fecha a efectos del cálculo.

*Para ajustar el cálculo a lo estipulado en la mayoría de las legislaciones occidentales, el usuario pudiera incluirla en el cuarto argumento, días_no_laborables[25].

*De esta manera, sea fecha_inicial un día hábil o sea uno inhábil, la función no lo considerará. Será a partir del día hábil siguiente cuando empezará el cómputo. En palabras más técnicas, no cuenta el *Dies a quo.*

*En el segundo argumento, fecha_ final, se escribe o selecciona la fecha actual. El usuario pudiera hallarla fácilmente anidando la función HOY (). Se estudiará en la variante FA.

*Se trata de un día en curso, movible, que pudiera estar fuera o dentro del plazo.

25 También, en el primer argumento, pudiera sumarle 1 día.

*Fuera del plazo, pudiera ser anterior o posterior al mismo. Estos supuestos no se desarrollan en este trabajo.

*Dentro del plazo, pudiera coincidir con la fecha inicial, el término o estar entre ambos.

*Cuando la fecha actual coincida con la fecha inicial, hechos los ajustes mencionados, no se cuenta. Del resto, sí, siempre que el día de coincidencia sea hábil.

*Existen procedimientos para saber si cae en día inhábil. Este punto se estudiará en la variante DH-DI.

*También, por la naturaleza del plazo, solo podría coincidir con el término en día hábil.

*Pudiera ocurrir que la fecha actual coincidiera con un término inexistente. Se aplicará lo establecido en la variante TInex.

*Para los dos últimos argumentos, fin_de_semana y días_no_laborables, se aplica lo dicho sobre los dos últimos argumentos de la función DIA.LAB. INTL (), en los comentarios tanto del caso TAdH como LAdH. Con la salvedad de que, en estos casos, se emplean fórmulas del tipo fecha - número.

*Sin embargo, para ajustar el cómputo a lo estipulado en la mayoría de las legislaciones occidentales, es decir, que no se cuente el *Dies a quo*, como ya se indicó, se puede optar por incluir la fecha de origen en el cuarto argumento, dias_no_laborables.

*El resultado será un entero que corresponda a los días transcurridos.

*Mismos comentarios sobre «días previos», «días vencidos» y «días que faltan» del caso DAdC.

*Este último procedimiento pudiera sustituirse por otro igual al primero, calculando previamente el término[26].

26 Donde fecha_inicial será la fecha actual y fecha_final será el término del plazo. Incluya la primera en el cuarto argumento, dias_no_laborables. Igualmente, pudiera sumarle 1 día.

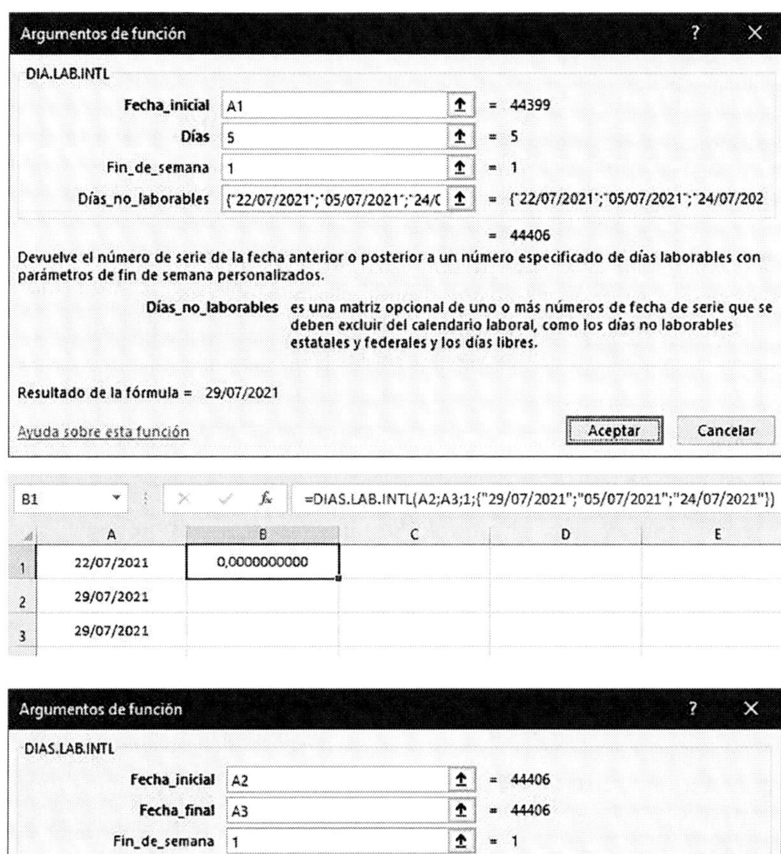
Argumentos de función
DIA.LAB.INTL
Fecha_inicial A1 = 44399
Días 5 = 5
Fin_de_semana 1 = 1
Días_no_laborables {"22/07/2021";"05/07/2021";"24/0 = {"22/07/2021";"05/07/2021";"24/07/202
= 44406
Devuelve el número de serie de la fecha anterior o posterior a un número especificado de días laborables con parámetros de fin de semana personalizados.
Días_no_laborables es una matriz opcional de uno o más números de fecha de serie que se deben excluir del calendario laboral, como los días no laborables estatales y federales y los días libres.
Resultado de la fórmula = 29/07/2021
Ayuda sobre esta función
Aceptar
Cancelar
B1
=DIAS.LAB.INTL(A2;A3;1;{"29/07/2021";"05/07/2021";"24/07/2021"})
A B C D E
1 22/07/2021 0,0000000000
2 29/07/2021
3 29/07/2021

Argumentos de función
DIAS.LAB.INTL
Fecha_inicial A2 = 44406
Fecha_final A3 = 44406
Fin_de_semana 1 = 1
Días_no_laborables {"29/07/2021";"05/07/2021";"24/0 = {"29/07/2021";"05/07/2021";"24/07/202
= 0
Devuelve el número de días laborables completos entre dos fechas con parámetros de fin de semana personalizados.
Días_no_laborables es un conjunto opcional de uno o más números de fecha de serie que se deben excluir del calendario laboral, como los días no laborables estatales y federales, y los días libres.
Resultado de la fórmula = 0,0000000000
Ayuda sobre esta función
Aceptar
Cancelar

A3 =DIA.LAB.INTL(A1;5;1;{"22/07/2021";"05/07/2021";"24/07/2021"})

	A	B	C	D	E
1	22/07/2021				
2	29/07/2021				
3	29/07/2021				

*También se aplica lo dicho cuando el plazo fuera un lapso o un término.

*El presente caso se trata de un término hacia adelante, cuyo cálculo finalizó, contándose todos los días del plazo, pues la fecha actual y el último día del mismo coinciden, es decir, la primera cayó en *Dies ad quem.*

*No está vencido. Recuerde que por fecha actual se entiende un día en curso.

*La fecha actual es válida, pues coincide con el último día del plazo, único válido.

*Tiende a aplicarse para el control y seguimiento de plazos procesales. Por ejemplo, promoción de pruebas.

DÍAS - HACIA ATRÁS - CONTINUOS (DAtC)

1. **Problema**: El décimo día continuo antes de la celebración de las elecciones, el organismo electoral correspondiente deberá obligatoriamente elaborar un Acta en la cual se deje constancia del número e identificación de todas y cada una de las sustituciones y modificaciones de postulaciones que le hubiesen sido presentadas, así como la decisión adoptada en cada caso.

Fecha de las elecciones: 24/01/2021.

Fecha actual: 18/01/2021.

¿Puede elaborar el acta de sustitución y modificación de postulaciones el organismo electoral?

¿Cuántos días del plazo han transcurrido?

¿Cuántos faltan?

2. **Solución**: fórmula **(fecha actual + 1) - fecha inicial**/fórmula **días del plazo - días transcurridos.**

No[27].

Días continuos transcurridos: 5.

Días continuos que faltan: 5[28].

3. **Procedimiento**:

3.1.1. Calcule el término del plazo.

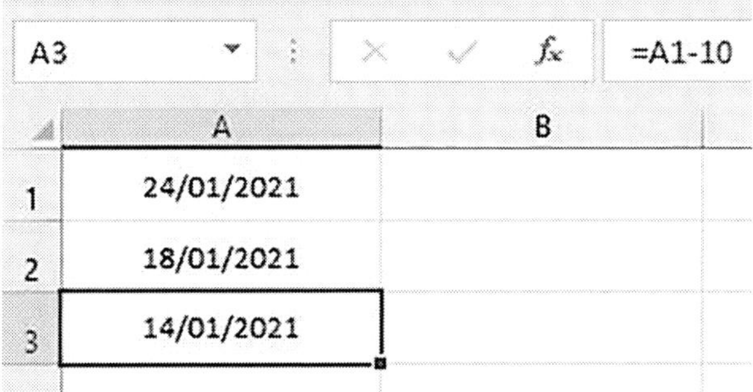

3.1.2. Ubíquese en la celda de resultado.

3.1.3. Escriba el signo **igual** (=).

3.1.4. A la fecha actual, súmele 1 día. A toda la expresión, réstele el término del plazo: (A2 + 1) - A3.

3.1.5. Pulse la tecla **Enter**. Aparecerá en dicha celda el resultado de la operación. Días transcurridos: 5.

---

27 Porque el plazo venció.

28 Pudiera omitirse este valor, pues solo reafirma dicho vencimiento.

B1 | fx =(A2+1)-A3

	A	B
1	24/01/2021	5
2	18/01/2021	
3	14/01/2021	

3.1.6. Verifique los pasos en la **Barra de fórmulas**.

3.2.

3.2.1. Ubíquese en la celda de resultado.

3.2.2. Escriba el signo **igual** (=).

3.2.3. A los días del plazo, résteles los días transcurridos: A2 - A1.

3.2.4. Pulse la tecla **Enter.** Aparecerá en dicha celda el resultado de la operación. Días que faltan: 5.

B1 | fx =A2-A1

	A	B
1	5	5
2	10	

3.2.5. Verifique los pasos en la **Barra de fórmulas**.

*Básicamente, se aplican los mismos comentarios del caso DAdC, solo que la cuenta cambia de dirección. Es hacia atrás.

*Sin embargo, el control y seguimiento es diferente. Sigue siendo hacia adelante, cual es la dirección natural del tiempo.

*Lo anterior implica: 1) Que empiece por el término del plazo; y 2) Que ese día, el día 1 del control y seguimiento, se cuente.

*En otras palabras, se genera una versión hacia adelante del plazo para trabajar en lo sucesivo.

*La fórmula del primer procedimiento es la siguiente: (fecha actual + 1) - fecha inicial.

*Donde, el primer argumento, fecha actual, es la fecha corriente.

*Es movible. Pudiera estar fuera o dentro del plazo.

*Fuera, pudiera ser anterior o posterior al mismo. Estos supuestos no se desarrollan en este trabajo.

*Dentro, pudiera coincidir con la fecha inicial o la fecha final del control y seguimiento, o estar entre ambas.

*En cualquiera de estos supuestos, se cuenta.

*La fórmula propuesta no cuenta la fecha actual desde el principio. Para incluirla, debe sumarle 1 día.

*El segundo, la fecha inicial, es la fecha de origen del control y seguimiento. Esta, a su vez, es la fecha final del original plazo hacia atrás, *Dies ad quem.*

*Se trata de un día fijo.

*Se cuenta.

*La fórmula propuesta no cuenta la fecha inicial. Para incluirla, debe restarle 1 día.

*De ajustar la fecha actual, no es necesario hacerlo con la fecha inicial.

*Otra fórmula válida pudiera ser la siguiente: (fecha actual - fecha inicial) + 1.

*El resultado será un entero positivo que corresponda a los días transcurridos.

*El resultado siempre será exacto por tratarse de la mínima unidad de tiempo.

*Si el usuario quisiera un resultado en números negativos, para indicar que se trata de un plazo hacia atrás, puede optar por transponer los argumentos de la fórmula propuesta. La fecha actual por la fecha inicial y viceversa.

B1 =A3-(A2+1)

	A	B
1	24/01/2021	-5
2	18/01/2021	
3	14/01/2021	

*El resultado será un entero negativo que corresponda a los días transcurridos.

*Cuando el valor «días transcurridos» sea negativo, menor que «días del plazo», se podrán hallar los «días previos». Cuando el valor «días transcurridos» sea positivo, mayor que «días del plazo», se podrán hallar los «días vencidos». Estos supuestos no se desarrollan en este trabajo.

*Cuando el valor «días transcurridos» sea igual a cero o positivo, igual o menor que «días del plazo», se podrán hallar «días que faltan».

*Se invierte lo anterior cuando se trabaja con números negativos.

*En el segundo procedimiento, para obtener los días que faltan, el usuario debe valerse de la fórmula: días del plazo - días transcurridos.

*Con ella se calcula cantidad de tiempo, fórmula del tipo número - número.

*El resultado será un entero positivo que corresponda a los días que faltan.

*Este último procedimiento implica operaciones aritméticas sencillas.

*Si el usuario optó desde un principio por trabajar con números negativos, deberá continuar de la misma forma en este segundo procedimiento.

B1 =A2-A1

	A	B
1	-5	-5
2	-10	

*El resultado será un entero negativo que corresponda a los días que faltan.

*Este último procedimiento puede sustituirse por otro igual al primero, como se expresó en los comentarios del caso DAdC[29].

*Lo dicho anteriormente se aplica por igual si el plazo fuera un lapso o un término.

*Sin embargo, el usuario debe recordar que, en un lapso, la validez de la fecha actual dependerá de su coincidencia con cualquiera de los días del plazo. Mas, en un término, dicha validez dependerá de su coincidencia solo con el día 1 del control y seguimiento, equivalente al último día, *Dies ad quem*, del original plazo hacia atrás.

*Por eso, se recomienda hacer la distinción conceptual a la hora de presentar el resultado o dar una respuesta del caso. En el primer supuesto, se trata de los días transcurridos o días que faltan del lapso. En el segundo, del término.

*El presente caso se trata del control y seguimiento de un término hacia atrás, cuyo cálculo arroja 5 días transcurridos de los 10 totales del plazo.

*La fecha actual no es válida, pues no coincide con el día 1 del control y seguimiento, único válido.

*Por tanto, se encuentra vencido.

*Bastaría dar respuesta al caso con los días transcurridos. Los días que faltan rematan dicho vencimiento.

*El procedimiento arriba descrito es largo. Se debe calcular primero el término del original plazo hacia atrás, luego se procede a realizar el control y seguimiento en la dirección contraria.

*Dominaron razones didácticas para su escogencia. Simplicidad y claridad, especialmente.

*Sin embargo, el usuario pudiera optar por un cálculo corto. Complejo, aunque más rápido. Consiste en trabajar con datos conocidos. Los días que faltan, por ejemplo. Luego, hallar los días transcurridos.

*Es una cuenta inusual en derecho.

---

29 Donde fecha_inicial será la fecha actual y fecha_final será la fecha inicial del original plazo hacia atrás, con los ajustes pertinentes.

DÍAS - HACIA ATRÁS - HÁBILES (DAtH)

1. **Problema**: Hasta cinco días hábiles antes del vencimiento del plazo fijado para la celebración de la audiencia preliminar, el Fiscal, la víctima, siempre que se haya querellado o haya presentado una acusación particular propia, y el imputado, podrán realizar por escrito los actos siguientes: ... 7. Promover las pruebas que producirán en el juicio oral, con indicación de su pertinencia y necesidad...

Fecha de la audiencia preliminar: 15/10/2021.

Fecha actual: 11/10/2021.

Días de descanso semanal: sábado y domingo.

Días feriados: 12/10/2021.

¿Pueden promover pruebas el Fiscal, la víctima y el imputado?

¿Cuántos días han transcurrido?

¿Cuántos faltan?

2. **Solución**: fórmula **DIAS.LAB.INTL** ()/fórmula **días del plazo - días transcurridos.**

Si.

Días hábiles transcurridos: 2.

Días hábiles que faltan: 3.

3. **Procedimiento**:

3.1.

3.1.1. Calcule el término del plazo.

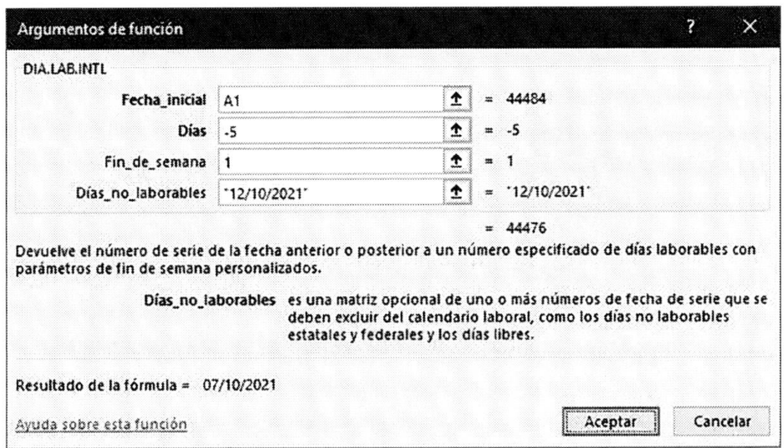

A3 =DIA.LAB.INTL(A1;-5;1;"12/10/2021")

	A	B	C	D
1	15/10/2021			
2	11/10/2021			
3	07/10/2021			

3.1.2. Ubíquese en la celda de resultado.

3.1.3. Escriba el signo **igual** (=).

3.1.4. Pulse el botón **Insertar funciones.**

3.1.5. Aparecerá el cuadro de diálogo con el mismo nombre.

3.1.6. En la sección **O seleccionar una categoría**, elija **Fecha y hora**.

3.1.7. Luego, en la sección **Seleccionar una función,** escoja **DIAS.LAB. INTL ().**

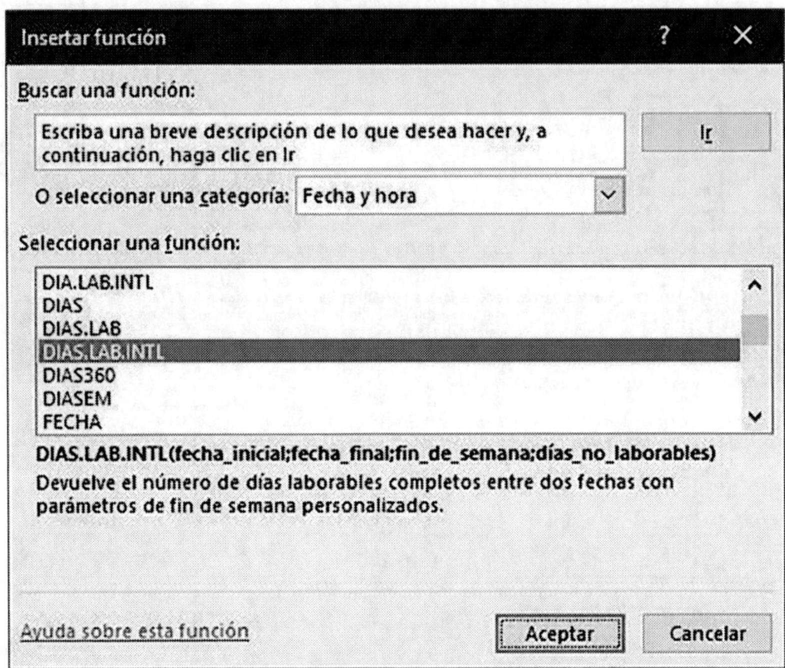

3.1.8. Pulse el botón **Aceptar**.

3.1.9. En el cuadro de diálogo **Argumentos de función,** cuadro **fecha _inicial**, escriba o seleccione la fecha de inicio del control y seguimiento y réstele 1 día: A1 -1.

3.1.10. En el cuadro siguiente, **fecha_final,** escriba o seleccione la fecha actual: A2.

3.1.11. En el cuadro siguiente, **fin_de_semana,** escriba una de las opciones de días de descanso en fin de semana de Excel. En concreto, la 1, la cual equivale a no contar ni sábado ni domingo.

3.1.12. Y, en el último cuadro, **días_no_laborables**, escriba o seleccione el resultado de fecha_inicial y las fechas correspondientes a los días feriados, entre comillas, separadas por punto y coma, y toda la expresión entre llaves: {"06/10/2021"; "12/10/2021"}.

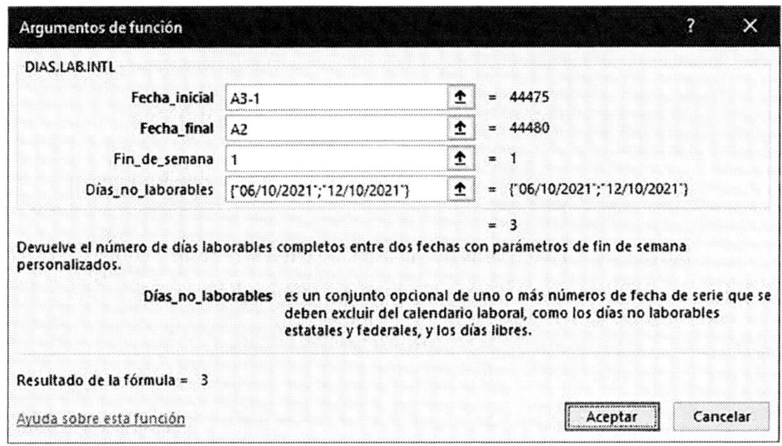

B1 =DIAS.LAB.INTL(A3-1;A2;1;{"06/10/2021";"12/10/2021"})

	A	B	C	D
1	15/10/2021	3		
2	11/10/2021			
3	07/10/2021			

3.1.13. Pulse el botón **Aceptar**. Aparecerá en dicha celda el resultado de la operación. Días hábiles transcurridos: 3.

3.1.14. Verifique los pasos en la **Barra de fórmulas**.

3.2.

3.2.1. Ubíquese en la celda de resultado.

3.2.2. Escriba el signo **igual (=).**

3.2.3. A los días del plazo, résteles los días transcurridos: A2 - A1.

3.2.4. Pulse la tecla **Enter.** Aparecerá en dicha celda el resultado de la operación. Días hábiles que faltan: 2.

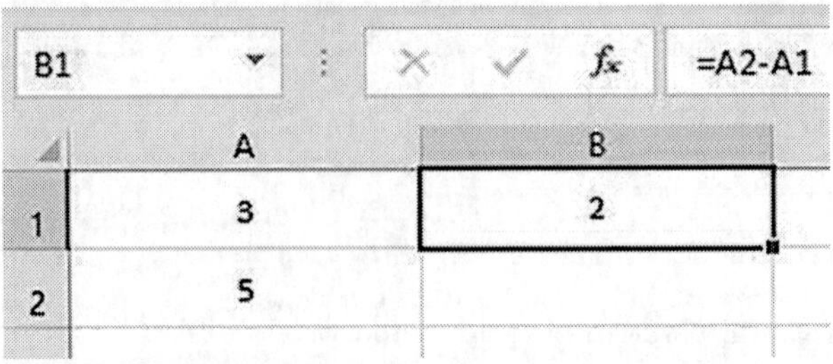

B1 =A2-A1

	A	B
1	3	2
2	5	

3.2.5. Verifique los pasos en la **Barra de fórmulas.**

*Básicamente, se aplican los mismos comentarios del caso DAdH, solo que la cuenta cambia de dirección. Es hacia atrás.

*Sin embargo, el control y seguimiento es diferente. Sigue siendo hacia adelante, cual es la dirección natural del tiempo.

*Lo anterior implica: 1) Que empiece por el término del plazo; y 2) Que ese día, el día 1 del control y seguimiento, se cuente.

*En otras palabras, se genera una versión hacia adelante del plazo para trabajar en lo sucesivo.

*El primer procedimiento tiene una función específica.

*Se trata de la función DIAS.LAB.INTL ().

*Donde, el primer argumento, fecha_inicial, es la fecha de origen del control y seguimiento. Esta, a su vez, es la fecha final del original plazo hacia atrás, *Dies ad quem*.

*Se trata de un día fijo.

*Por la naturaleza del plazo, siempre caerá en día hábil. Por tanto, se cuenta.

*La función DIAS.LAB.INTL () cuenta la fecha inicial. Es suficiente.

*Sin embargo, para ser consecuentes con la recta de tiempo que se viene aplicando en los casos anteriores, genere el día 0. Para ello, a la fecha de inicio del control y seguimiento, réstele 1 día y excluya el resultado de la cuenta, considerándolo día no laborable.

*El usuario pudiera omitir este paso y trabajar con números negativos.

*El segundo, fecha_ final, es la fecha actual.

*Es movible. Pudiera estar fuera o dentro del plazo.

*Fuera del plazo, pudiera ser anterior o posterior al mismo. Estos supuestos no se desarrollan en este trabajo.

*Dentro, pudiera coincidir con la fecha inicial o la fecha final del control y seguimiento, o estar entre ambas.

*En cualquiera de estos supuestos, solo se cuenta si cae en día hábil.

*La función DIAS.LAB.INTL (), sola o con los ajustes mencionados, cuenta la fecha actual desde el principio.

*Para los dos últimos argumentos, fin_de_semana y días_no_laborables, se aplica lo dicho al respecto en los comentarios del caso DAdH.

*Pudieran crearse fórmulas con el mismo resultado.

*El resultado será un entero positivo que corresponda a los días transcurridos.

*El resultado siempre será exacto por tratarse de la mínima unidad de tiempo.

*Si el usuario quisiera un resultado en números negativos, para indicar que se trata de un plazo hacia atrás, puede optar por transponer los argumentos de la función propuesta. La fecha actual por la fecha inicial y viceversa.

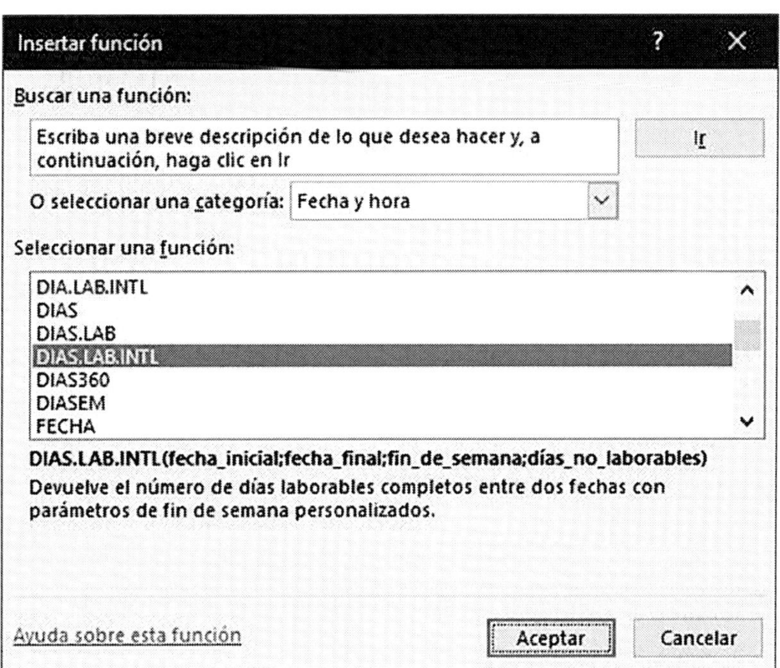

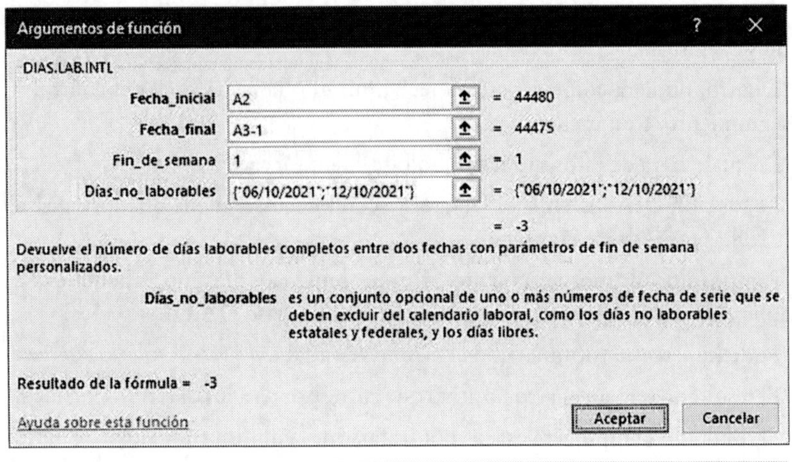

B1 =DIAS.LAB.INTL(A2;A3-1;1;{"06/10/2021";"12/10/2021"})

	A	B	C	D
1	15/10/2021	-3		
2	11/10/2021			
3	07/10/2021			

*El resultado será un entero negativo que corresponda a los días transcurridos.

*Cuando el valor «días transcurridos» sea negativo, menor que «días del plazo», se podrán hallar los «días previos». Cuando el valor «días transcurridos» sea positivo, mayor que «días del plazo», se podrán hallar los «días vencidos». Estos supuestos no se desarrollan en este trabajo.

*Cuando el valor «días transcurridos» sea igual a cero o positivo, igual o menor que «días del plazo», se podrán hallar «días que faltan».

*Se invierte lo anterior cuando se trabaja con números negativos.

*En el segundo procedimiento, para obtener los días que faltan, el usuario debe valerse de la fórmula: días del plazo - días transcurridos.

*Con ella se calcula cantidad de tiempo, fórmula del tipo número - número.

*El resultado será un entero positivo que corresponda a los días que faltan.

*Este último procedimiento implica operaciones aritméticas sencillas.

*Si el usuario optó desde un principio por trabajar con números negativos, deberá continuar de la misma forma en este segundo procedimiento.

B1 | fx =A2-A1

	A	B
1	-3	-2
2	-5	

*El resultado será un entero negativo que corresponda a los días que faltan.

*Este último procedimiento puede sustituirse por otro igual al primero, como se expresó en los comentarios del caso DAdH[30].

*Lo dicho anteriormente se aplica por igual si el plazo fuera un lapso o un término.

*Sin embargo, el usuario debe recordar que, en un lapso, la validez de la fecha actual dependerá de su coincidencia con cualquiera de los días del plazo. Mas, en un término, dicha validez dependerá de su coincidencia solo con el día 1 del control y seguimiento, equivalente al último día, *Dies ad quem*, del original plazo hacia atrás.

*Por eso, se recomienda hacer la distinción conceptual a la hora de presentar el resultado o dar una respuesta del caso. En el primer supuesto, se trata de los días transcurridos o días que faltan del lapso. En el segundo, del término.

*El presente caso se trata del control y seguimiento de un lapso hacia atrás, cuyo cálculo arroja 3 días transcurridos de los 5 totales del plazo.

*La fecha actual es válida, pues coincide con un día del plazo. Cualquiera puede ser válido.

*Por tanto, no se encuentra vencido.

---

30 Donde fecha_inicial será la fecha actual y fecha_final será la fecha inicial del original plazo hacia atrás, con los ajustes pertinentes.

*El procedimiento arriba descrito es largo. Se debe calcular primero el término del original plazo hacia atrás, luego se procede a realizar el control y seguimiento en la dirección contraria.

*Dominaron razones didácticas para su escogencia. Simplicidad y claridad, especialmente.

*Sin embargo, el usuario pudiera optar por un cálculo corto. Complejo, aunque más rápido. Consiste en trabajar con datos conocidos. Los días que faltan, por ejemplo. Luego, hallar los días transcurridos.

*Es una cuenta inusual en derecho.

MESES - HACIA ADELANTE (MAd)

1. **Problema**: El Poder Ejecutivo, dentro de los seis meses posteriores al vencimiento del ejercicio anual, presentará a la Asamblea Nacional la rendición de cuentas y el balance de la ejecución presupuestaria correspondiente a dicho ejercicio.

Fecha de vencimiento del ejercicio anual: 31/12/2021.

Fecha actual: 31/03/2022.

¿Puede presentar la rendición de cuentas el Poder Ejecutivo?

¿Cuántos meses del plazo han transcurrido?

¿Cuántos faltan?

2. **Solución**: fórmula **(AÑO () - AÑO ()) * 12 meses + (MES () - MES ()) + (DIA () - DIA ())/30 días**/fórmula **DIAS360 ()/30 días**/fórmula **meses del plazo - meses transcurridos.**

Si.

Meses transcurridos: 3.

Meses que faltan: 3.

3. **Procedimiento**:

3.1.

3.1.1. Ubíquese en la celda de resultado.

3.1.2. Escriba el signo **igual** (=).

3.1.3. Inserte la función **AÑO ()** y en su único argumento, núm_de_serie, escriba o seleccione la fecha actual: A2.

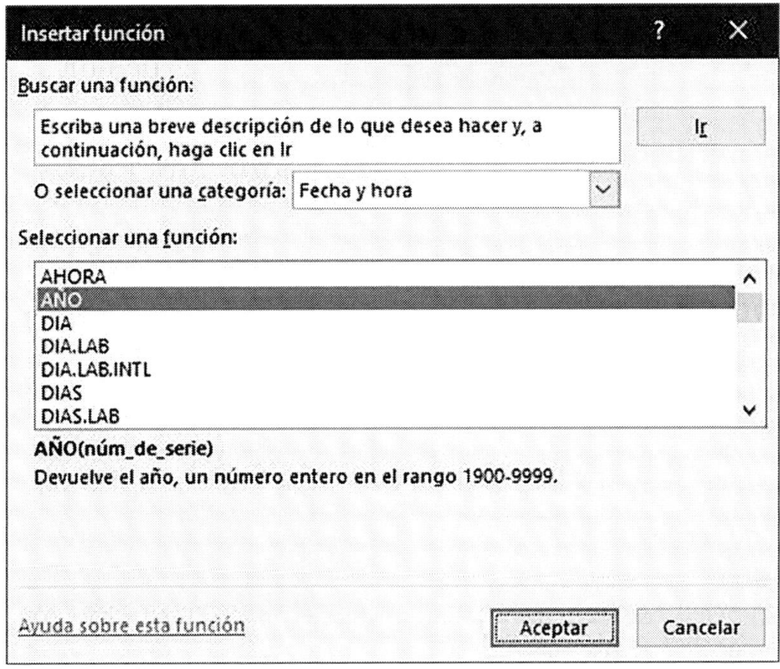

Argumentos de función

AÑO

Núm_de_serie A2 = 44651

= 2022

Devuelve el año, un número entero en el rango 1900-9999.

Núm_de_serie es un número en el código de fecha y hora usado por Microsoft Excel.

Resultado de la fórmula = 2022

Ayuda sobre esta función Aceptar Cancelar

3.1.4. Repita el paso anterior con la fecha de vencimiento del ejercicio anual: A1.

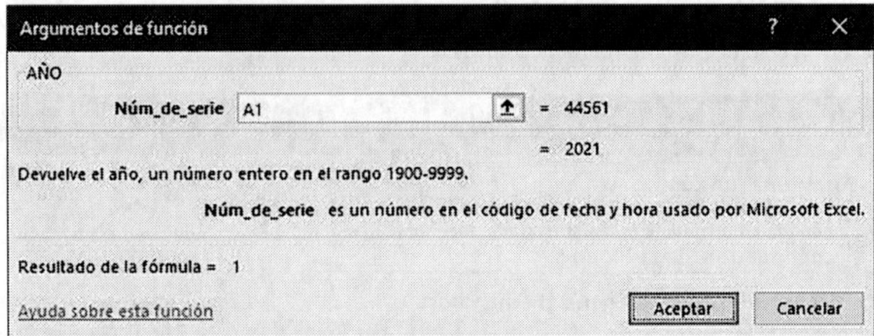

3.1.5. Al primer año que se obtuvo, réstele el segundo: AÑO (A2) - AÑO (A1).

3.1.6. Multiplique el resultado por doce meses: * 12 meses.

B1 =(AÑO(A2)-AÑO(A1))*12

	A	B	C	D
1	31/12/2021	12		
2	31/03/2022			

3.1.7. A la expresión anterior, súmele la función **MES ()** y en el único argumento de la misma, núm_de_serie, escriba o seleccione la fecha actual: A2.

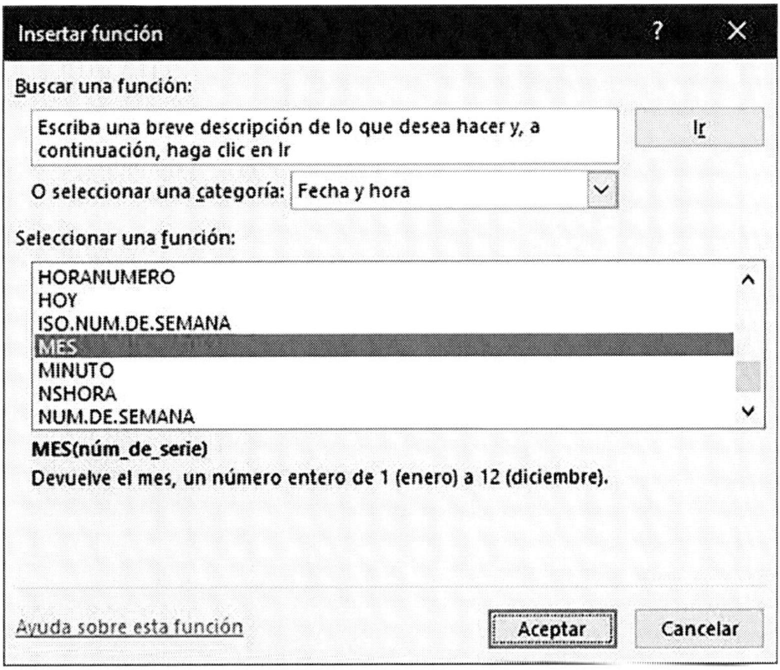

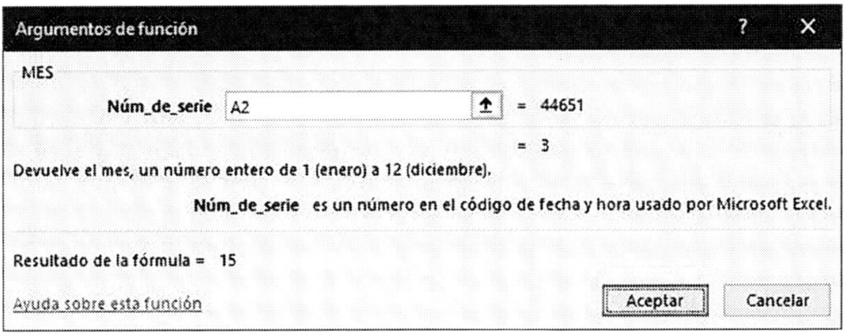

Insertar función ? X

Buscar una función:

Escriba una breve descripción de lo que desea hacer y, a continuación, haga clic en Ir | Ir

O seleccionar una categoría: Fecha y hora

Seleccionar una función:

HORANUMERO
HOY
ISO.NUM.DE.SEMANA
MES
MINUTO
NSHORA
NUM.DE.SEMANA

MES(núm_de_serie)

Devuelve el mes, un número entero de 1 (enero) a 12 (diciembre).

Ayuda sobre esta función | Aceptar | Cancelar

Argumentos de función ? X

MES

Núm_de_serie A2 = 44651

= 3

Devuelve el mes, un número entero de 1 (enero) a 12 (diciembre).

Núm_de_serie es un número en el código de fecha y hora usado por Microsoft Excel.

Resultado de la fórmula = 15

Ayuda sobre esta función | Aceptar | Cancelar

3.1.8. Repita el paso anterior con la fecha de vencimiento del ejercicio anual: A1.

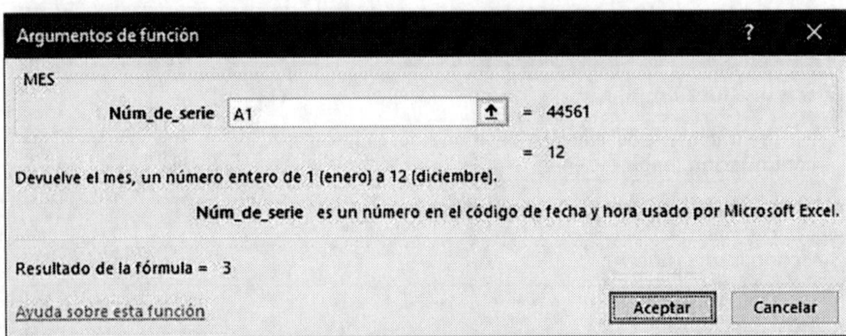

3.1.9. Al primer mes que se obtuvo, réstele el segundo: MES (A2) - MES (A1).

B1 =(AÑO(A2)-AÑO(A1))*12+(MES(A2)-MES(A1))

	A	B	C	D	E	F
1	31/12/2021	3				
2	31/03/2022					

3.1.10. A la expresión anterior, súmele la función **DIA ()** y en el único argumento de la misma, núm_de_serie, escriba o seleccione la fecha actual: A2.

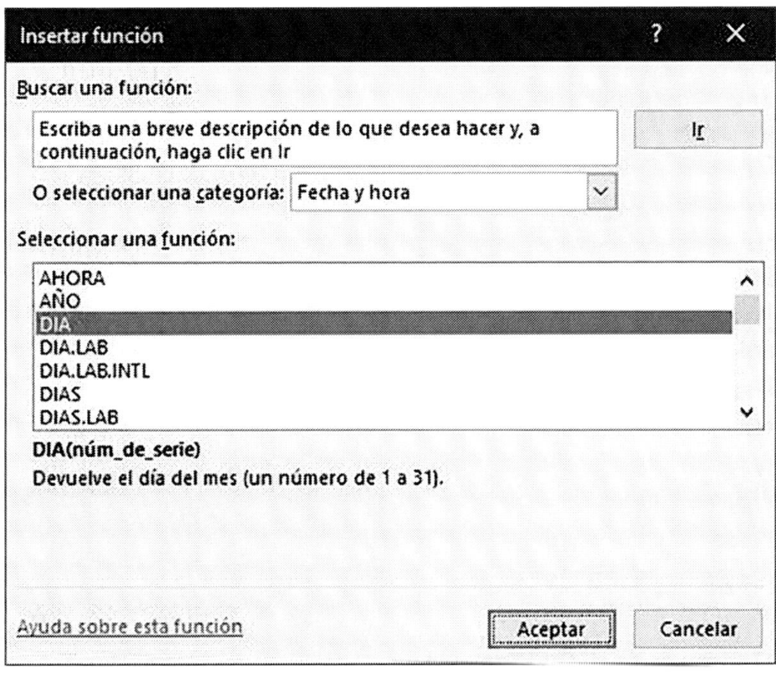

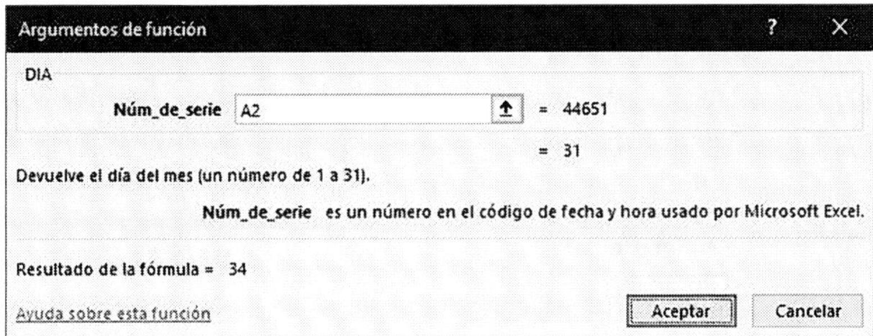

3.1.11. Repita el paso anterior con la fecha de vencimiento del ejercicio anual: A1.

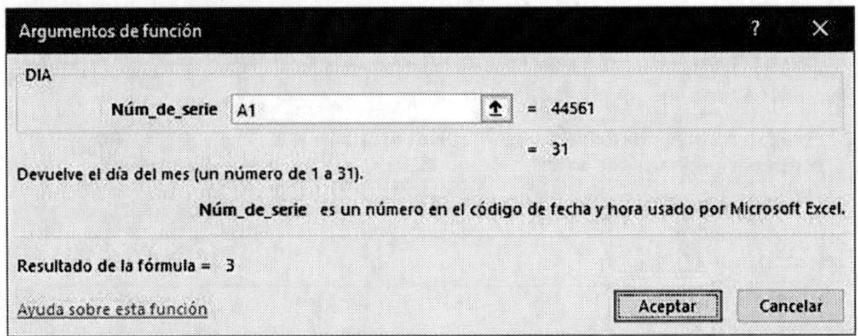

3.1.12. Al primer día que se obtuvo, réstele el segundo: DIA (A2) - DIA (A1).

3.1.13. Divida el resultado entre treinta días:/30 días.

B1 =(AÑO(A2)-AÑO(A1))*12+(MES(A2)-MES(A1))+(DIA(A2)-DIA(A1))/30

	A	B	C	D	E	F	G
1	31/12/2021	3					
2	31/03/2022						

3.1.14. Sume los resultados de años, meses y días.

3.1.15. Pulse la tecla **Enter.** Aparecerá en dicha celda el resultado de la operación. Meses transcurridos: 3.

3.1.16. Verifique los pasos en la **Barra de fórmulas**.

3.2.

3.2.1. Ubíquese en la celda de resultado.

3.2.2. Escriba el signo **igual** (=).

3.2.3. Pulse el botón **Insertar funciones**.

3.2.4. Aparecerá el cuadro de diálogo con el mismo nombre.

3.2.5. En la sección **O seleccionar una categoría**, elija **Fecha y hora.**

3.2.6. Luego, en la sección **Seleccionar una función**, escoja **DIAS360 ().**

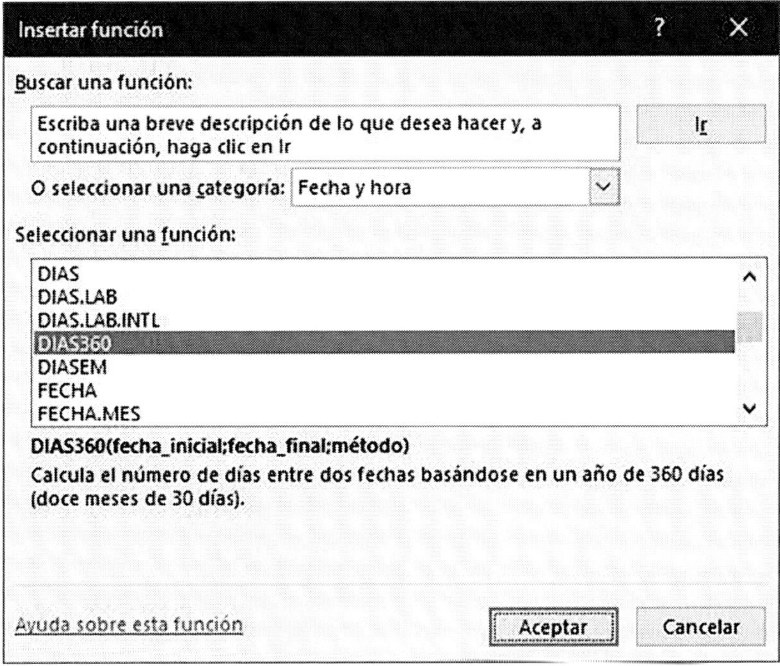

3.2.7. Pulse el botón **Aceptar**.

3.2.8. En el cuadro de diálogo **Argumentos de función,** cuadro **fecha_inicial,** escriba o seleccione la fecha de vencimiento del ejercicio anual: A1.

3.2.9. En el cuadro siguiente, **fecha_final**, escriba o seleccione la fecha actual: A2.

3.2.10. En el cuadro siguiente, **método**, coloque algunas de las opciones de Excel. En concreto, 0, que es el método por defecto.

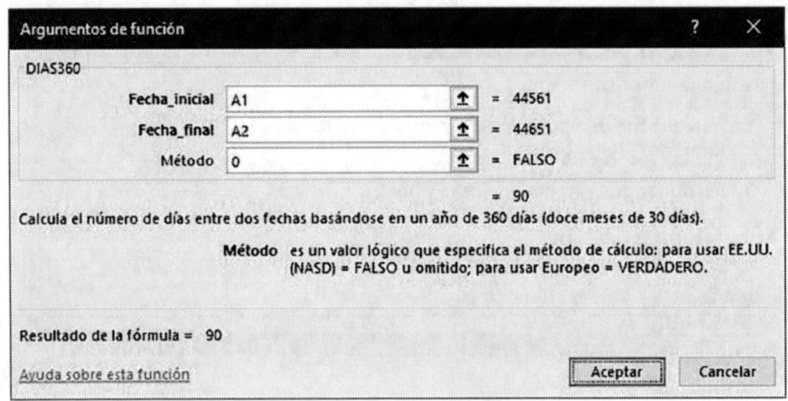

3.2.11. Pulse el botón **Aceptar.** Aparecerá en dicha celda el resultado de la operación. Días transcurridos: 90.

B1 =DIAS360(A1;A2;0)

	A	B	C	D
1	31/12/2021	90		
2	31/03/2022			

3.2.12. Luego, desde la **Barra de fórmulas**, divida el resultado entre treinta días:/30 días.

B1 =DIAS360(A1;A2;0)/30

	A	B	C	D
1	31/12/2021	3		
2	31/03/2022			

3.2.13. Pulse la tecla **Enter**. Aparecerá en dicha celda el resultado de la operación. Meses transcurridos: 3.

3.2.14. Verifique los pasos en la **Barra de fórmulas**.

3.3.

3.3.1. Ubíquese en la celda de resultado.

3.3.2. Escriba el signo **igual (=).**

3.3.3. A los meses del plazo, résteles los meses transcurridos: A2 - A1.

3.3.4. Pulse la tecla **Enter**. Aparecerá en dicha celda el resultado de la operación. Meses que faltan: 3.

B1 =A2-A1

	A	B	C
1	3	3	
2	6		

*Consiste en el cálculo civil de cantidad de tiempo.

*El abogado lo emplea frecuentemente para el control y seguimiento del plazo.

*Se cuentan los meses entre fechas.

*Hacia adelante.

*Para ello, se restan fechas.

*El resultado se expresa en la misma unidad de tiempo que el plazo, es decir, meses.

*Luego, el usuario puede trabajar directamente con el resultado en meses.

*Como ya se estudió, tanto el cálculo del término en días como de días entre fechas se basa en días continuos o hábiles.

*El cálculo del término en meses es diferente. Es fecha a fecha.

*Además, tiene una función propia: FECHA.MES ().

*Aunque el segundo argumento de la misma, meses, contenga decimales, a efectos del resultado, tomará en cuenta solo el entero.

*Mas, en el cálculo de meses entre fechas, para el control y seguimiento de un plazo, si que importan estos decimales.

*En este capítulo, solo se plantea trabajar con meses enteros o redondos.

*Para resolver el problema del caso, Excel cuenta con una función específica. Se trata de SIFECHA (). Quizá la mejor opción que tiene el usuario.

*Sin embargo, por su capacidad para efectuar cálculos en distintas unidades de tiempo, se estudiará en los casos AMDAd y AMDAt.

*Por otro lado, el usuario también puede valerse de fórmulas.

*Una de ella es la siguiente: (AÑO () - AÑO ()) * 12 meses + (MES () - MES ()) + (DIA () - DIA ())/30 días.

*Con ella se calcula cantidad de tiempo, fórmula del tipo fecha - fecha.

*Sus argumentos son las funciones AÑO (), MES () y DIA ().

*Se resta año con año, mes con mes y día con día de la fecha actual y de la fecha de origen, respectivamente.

*El resultado en años se multiplica por 12, para convertirlo a la unidad de tiempo base, es decir, meses.

*Los meses no requieren conversión.

*El resultado en días también debe convertirse a meses.

*Facilita la conversión anterior, trabajar con meses de 30 días. Los más comunes. Se divide el resultado por dicha cantidad.

*Si la resta de días es igual a cero, el resultado de la fórmula será exacto. Un entero.

*De lo contrario, será inexacto. Contendrá decimales que representan la fracción de un mes o su equivalente en días.

*Luego, se suman los resultados anteriores.

*Otra opción es emplear la fórmula DIAS360 ()/30 días.

*Con ella se calcula cantidad de tiempo, fórmula del tipo fecha - fecha.

*La función DIAS360 () permite calcular los días entre fechas.

*Pero, el cálculo se sustenta en años de 360 días y meses de 30.

*Al uniformarse estas unidades de tiempo, pareciera posible el cómputo fecha a fecha.

*El primer argumento, fecha_inicial, es la fecha de origen del control y seguimiento, la cual coincide con la fecha de origen del plazo.

*El segundo, fecha_ final, es la fecha actual.

*En cuanto al tercer argumento: por un lado, si fecha_inicial cayera el 31 del mes, la función la llevaría al 30 del mismo mes. Si fecha_final cayera el 31 del mes y fecha_inicial fuera menor que el 30 del mes, fecha_final se pasaría al primer día del mes siguiente. Este es el método norteamericano. Se utiliza por defecto. 0 = FALSO.

*Por otro, si fecha_inicial o fecha_final cayera el 31 del mes, se cambiaría al 30 del mismo mes. Este es el método europeo. 1 = VERDADERO.

*Luego, se divide el resultado anterior entre 30 días.

*Cuando fecha_inicial y fecha_final coincidan en el mismo día, el resultado de la función dividido entre 30 será exacto. Un entero.

*Caso contrario, por lo general, será inexacto. Contendrá decimales que representan la fracción de un mes o su equivalente en días.

*También, el usuario pudiera usar la fórmula (fecha actual - fecha inicial)/30 días. Aunque, es la menos precisa.

*En las fórmulas propuestas se aplica lo dicho sobre la fecha actual y la fecha de origen en los comentarios del caso DAdC.

*También lo dicho sobre el término.

*En principio, no existen meses inhábiles. Lo más parecido son las vacaciones judiciales.

*Estas fórmulas tienen algunas ventajas. Como la función SIFECHA (), pueden calcular los meses de varios años. Pero, a diferencia de ella, cuando el resultado es inexacto, pueden reflejarlo completo en la misma unidad de tiempo, meses.

*Esta última característica es precisamente su principal desventaja. A la hora de convertir los decimales de dicho resultado a la unidad de tiempo inmediata inferior, días, suelen presentarse pequeños márgenes de error con relación al calendario[31].

*Según las pruebas que se llevaron a cabo, todas estas fórmulas coincidieron en el entero. De hecho, las dos fórmulas principales propuestas también coincidieron en los decimales.

*A pesar de lo anterior, siguen siendo viables a los efectos de este trabajo, puesto que el control y seguimiento de un plazo en meses no exige ser exac-

[31] Porque las fórmulas propuestas operan con meses fijos de 30 días.

to[32], sino aproximado[33], lo más preciso posible. Además, la diferencia decimal entre resultados no pareciera ser de peso.

*El usuario puede redondear el resultado con ayuda de la función REDONDEAR ().

*El resultado será un número que corresponda a los meses transcurridos.

*Cuando el valor «meses transcurridos» sea negativo, menor que «meses del plazo», se podrán hallar «meses previos». Cuando el valor «meses transcurridos» sea positivo, mayor que «meses del plazo», se podrán hallar «meses vencidos». Estos supuestos no se desarrollan en este trabajo.

*Cuando el valor «meses transcurridos» sea igual a cero o positivo, igual o menor que «meses del plazo», se podrán hallar «meses que faltan».

*El usuario debe valerse de la fórmula: meses del plazo - meses transcurridos.

*Con ella se calcula cantidad de tiempo, fórmula del tipo número - número.

*El resultado será un número que corresponda a los meses que faltan.

*Este último procedimiento implica operaciones aritméticas sencillas.

*En lugar de este último procedimiento pudiera emplearse cualquiera de los anteriores, calculando previamente el término.

32 Al menos en este primer trabajo, suerte de ensayo general o experimento.

33 La función DIAS360 () es esencialmente de carácter financiero y contable. Usada sola o en fórmula, su resultado siempre será preciso cuando calcule plazos jurídicos sujetos al año comercial o fiscal. Caso contrario, no.

Argumentos de función
FECHA.MES
Fecha_inicial A1 = 44561
Meses 6 = 6
= 44742
Devuelve el número de serie de la fecha que es el número indicado de meses antes o después de la fecha inicial.
Meses es el número de meses antes o después de la fecha_inicial.
Resultado de la fórmula = 30/06/2022
Ayuda sobre esta función
Aceptar
Cancelar

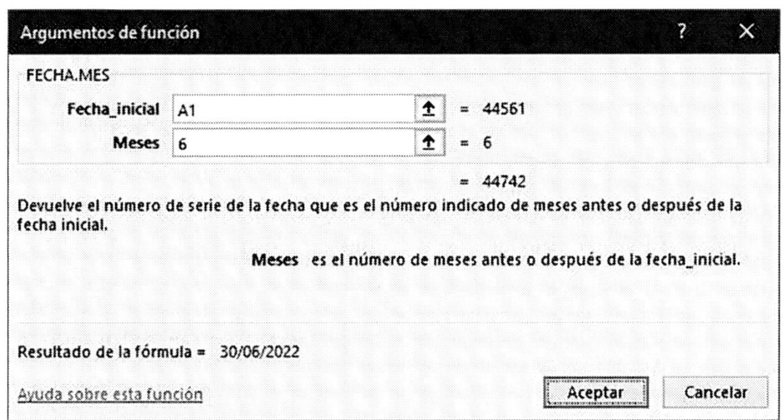

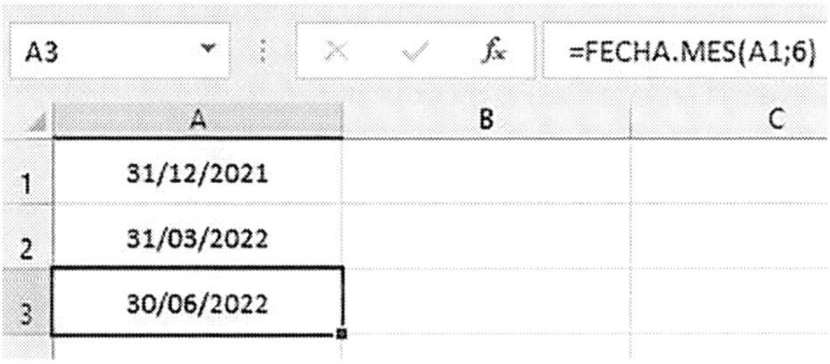

A3
=FECHA.MES(A1;6)
A
B
C
1 31/12/2021
2 31/03/2022
3 30/06/2022

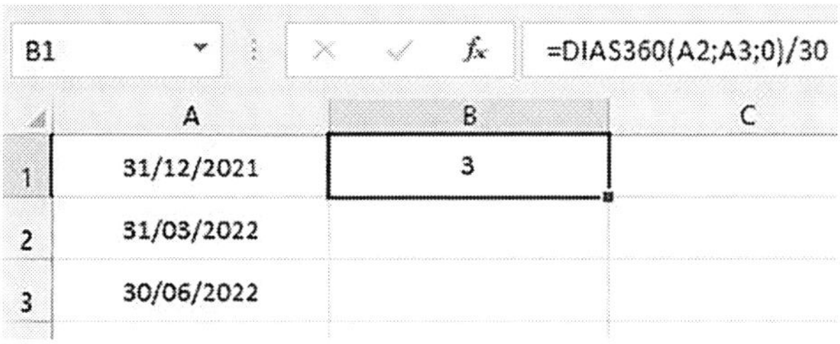

B1
=DIAS360(A2;A3;0)/30
A
B
C
1 31/12/2021 3
2 31/03/2022
3 30/06/2022

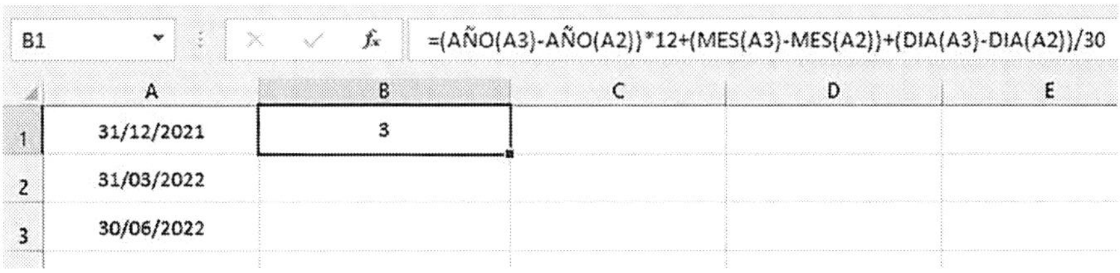

B1
=(AÑO(A3)-AÑO(A2))*12+(MES(A3)-MES(A2))+(DIA(A3)-DIA(A2))/30
A
B
C
D
E
1 31/12/2021 3
2 31/03/2022
3 30/06/2022

*La ventaja de proceder de esta forma es que se toma en cuenta la variante TInh.

*Lo dicho anteriormente se aplica por igual si el plazo fuera un lapso o un término.

*Sin embargo, el usuario debe recordar que, en un lapso, la validez de la fecha actual dependerá de su coincidencia con cualquiera de los días del plazo. Mas, en un término, dicha validez dependerá de su coincidencia solo con el último día del mismo.

*Por eso, se recomienda hacer la distinción conceptual a la hora de presentar el resultado o dar una respuesta del caso. En el primer supuesto, se trata de los meses transcurridos o meses que faltan del lapso. En el segundo, del término.

*El presente caso se trata de un lapso hacia adelante, cuyo cálculo arroja 3 meses transcurridos de los 6 totales del plazo.

*No está vencido, porque la fecha actual es menor que la fecha final del plazo, *Dies ad quem.*

*La fecha actual es válida, pues coincide con uno de los días que integran el plazo.

*Tiende a aplicarse para el control y seguimiento de plazos procesales.

*Es importante emplear el formato de celdas según el procedimiento, sea fecha o sea número.

*Si las operaciones se efectúan con números que representan a las fechas, el resultado será exactamente el mismo. Se estudiará en la variante CFN.

*El usuario pudiera escribir directamente las fechas y números en las fórmulas, o introducir estos datos mediante referencias de celda. Se estudiará en la variante AF.

MESES - HACIA ATRÁS (MAt)

1. **Problema**: Para cada elección el Censo Electoral vigente será el cerrado el día primero del segundo mes anterior a la convocatoria.

Fecha de la convocatoria a elecciones: 01/04/2021.

Fecha actual: 01/03/2021.

¿Puede modificarse el censo electoral?

¿Cuántos meses del plazo han transcurrido?

¿Cuántos faltan?

2. **Solución**: fórmula **(AÑO () - AÑO ()) * 12 meses + (MES () - MES ()) + ((DIA () + 1) - DIA ())/30 días**/fórmula **DIAS360 ()/30 días**/fórmula **meses del plazo - meses transcurridos.**

No[34].

Meses transcurridos: 1,0333333333[35].

Meses que faltan[36]: 0,9666666667[37].

3. **Procedimiento**:

3.1.

3.1.1. Calcule el término del plazo.

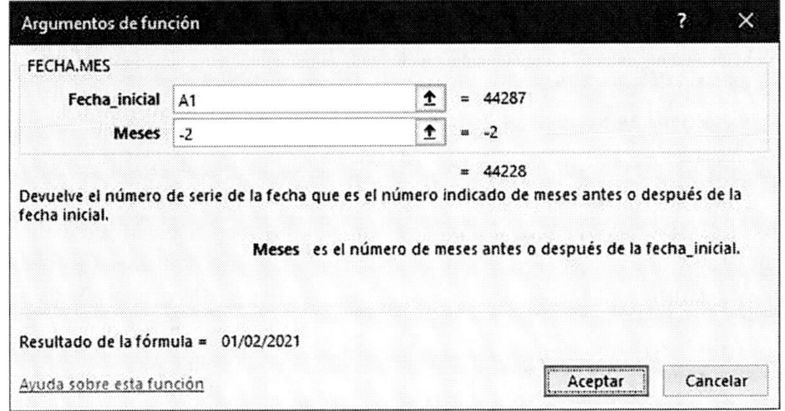

34 Porque el plazo venció.

35 Otra respuesta pudiera ser: meses transcurridos: 1, sin la inclusión de la fecha inicial.

36 Pudiera omitirse este valor, pues solo reafirma el vencimiento del plazo.

37 Otra respuesta pudiera ser: meses que faltan: 1, sin la exclusión de la fecha final.

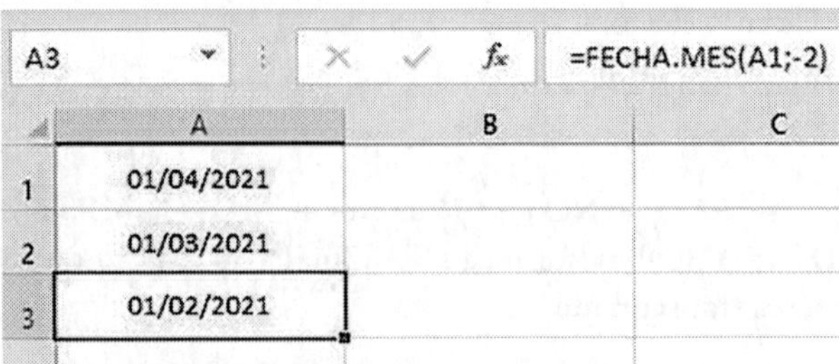

3.1.2. Ubíquese en la celda de resultado.

3.1.3. Escriba el signo **igual (=).**

3.1.4. Inserte la función **AÑO** () y en su único argumento, núm_de_serie, escriba o seleccione la fecha actual: A2.

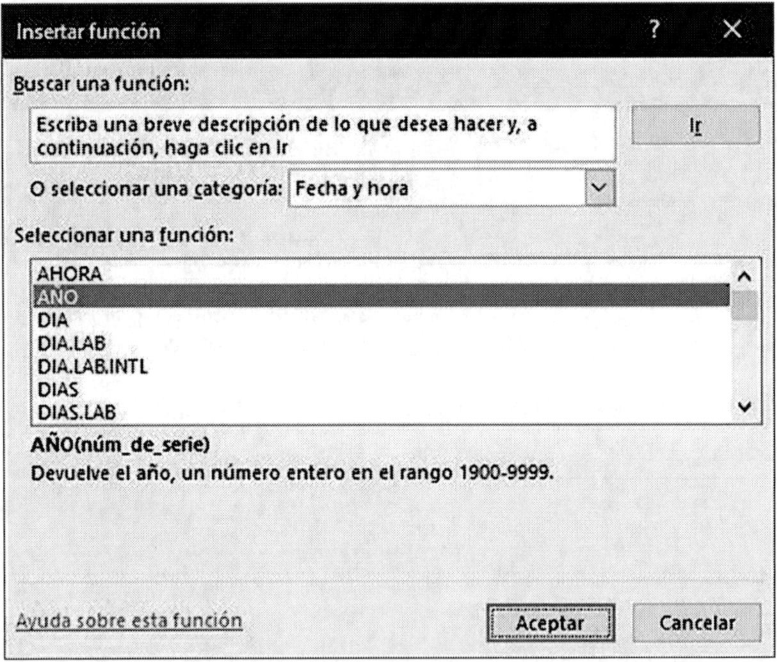

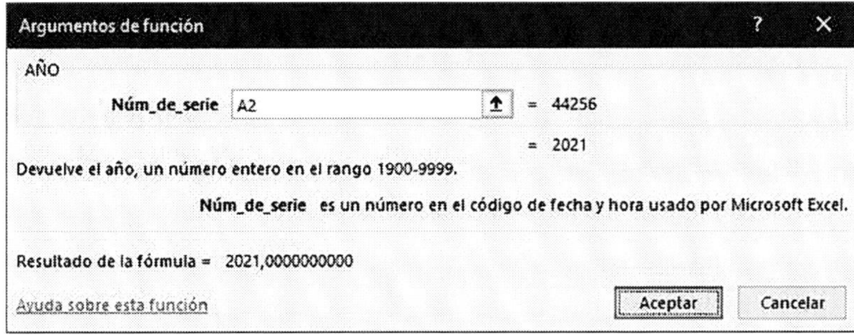

3.1.5. Repita el paso anterior con el término del plazo: A3.

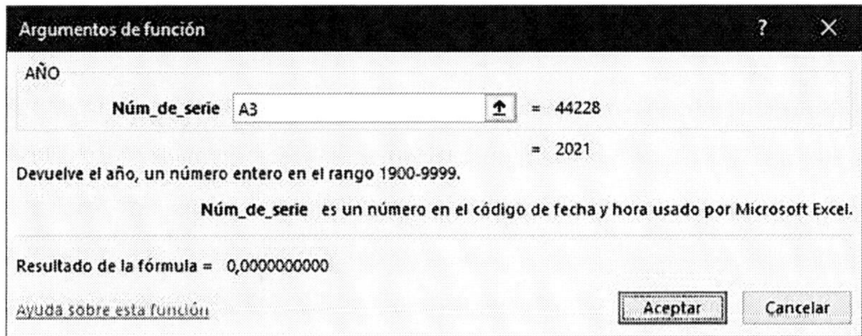

3.1.6. Al primer año que se obtuvo, réstele el segundo: AÑO (A2) - AÑO (A3).

3.1.7. Multiplique el resultado por doce meses: * 12 meses.

B1 =(AÑO(A2)-AÑO(A3))*12

	A	B	C
1	01/04/2021	0,0000000000	
2	01/03/2021		
3	01/02/2021		

3.1.8. A la expresión anterior, súmele la función **MES ()** y en el único argumento de la misma, núm_de_serie, escriba o seleccione la fecha actual: A2.

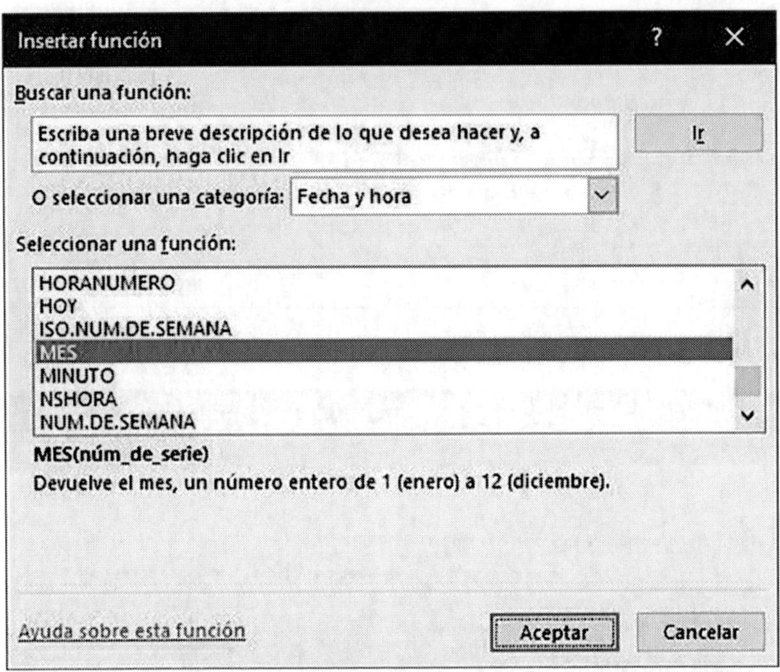

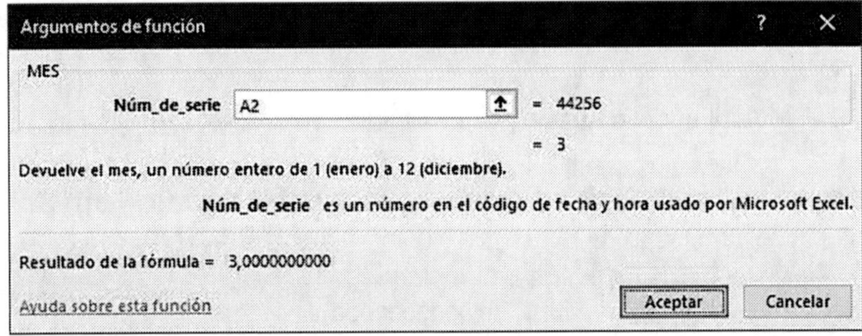

3.1.9. Repita el paso anterior con el término del plazo: A3.

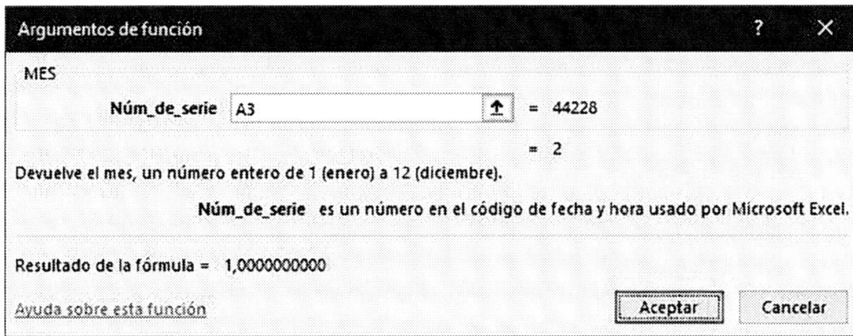

3.1.10. Al primer mes que se obtuvo, réstele el segundo: MES (A2) - MES (A3).

B1 =(AÑO(A2)-AÑO(A3))*12+(MES(A2)-MES(A3))

	A	B	C	D
1	01/04/2021	1,0000000000		
2	01/03/2021			
3	01/02/2021			

3.1.11. A la expresión anterior, súmele la función **DIA** () y en el único argumento de la misma, núm_de_serie, escriba o seleccione la fecha actual. Al resultado de la función, súmele 1 día: DIA (A2) + 1.

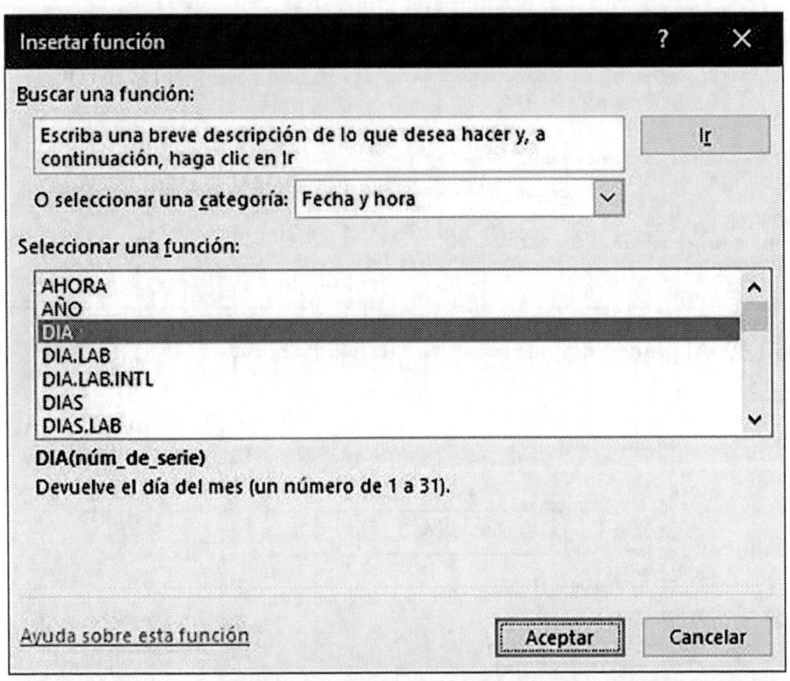

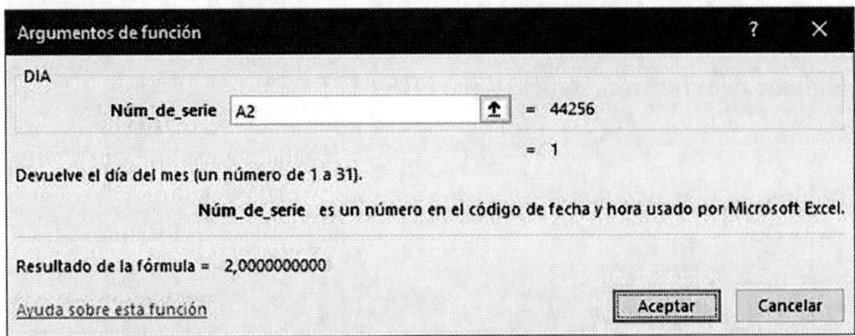

B1 =(AÑO(A2)-AÑO(A3))*12+(MES(A2)-MES(A3))+((DIA(A2)+1))

	A	B	C	D	E
1	01/04/2021	3,0000000000			
2	01/03/2021				
3	01/02/2021				

3.1.12. Repita el paso anterior con el término del plazo, sin el añadido del día adicional: A3.

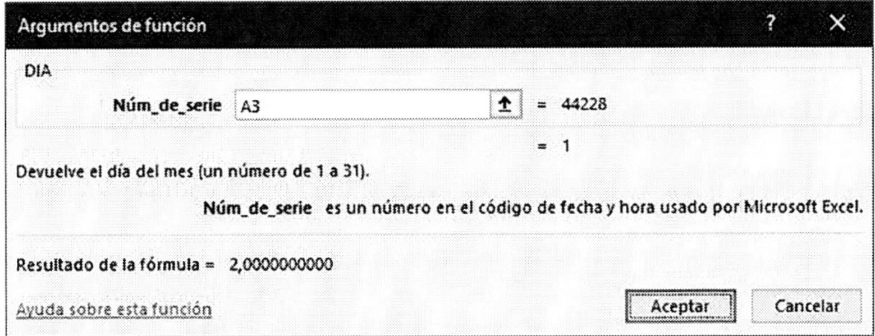

3.1.13. Al primer día que se obtuvo, réstele el segundo: (DIA (A2) + 1) - DIA (A3).

3.1.14. Divida el resultado entre treinta días:/30 días.

B1 =(AÑO(A2)-AÑO(A3))*12+(MES(A2)-MES(A3))+((DIA(A2)+1)-DIA(A3))/30

	A	B	C	D	E
1	01/04/2021	1,0333333333			
2	01/03/2021				
3	01/02/2021				

3.1.15. Pulse la tecla **Enter.** Aparecerá en dicha celda el resultado de la operación. Meses transcurridos: 1,0333333333.

3.1.16. Verifique los pasos en la **Barra de fórmulas.**

3.2.

3.1.1. Calcule el término del plazo.

3.2.2. Ubíquese en la celda de resultado.

3.2.3. Escriba el signo **igual (=).**

3.2.4. Pulse el botón **Insertar funciones.**

3.2.5. Aparecerá el cuadro de diálogo con el mismo nombre.

3.2.6. En la sección **O seleccionar una categoría,** elija **Fecha y hora**.

3.2.7. Luego, en la sección **Seleccionar una función,** escoja **DIAS360 ().**

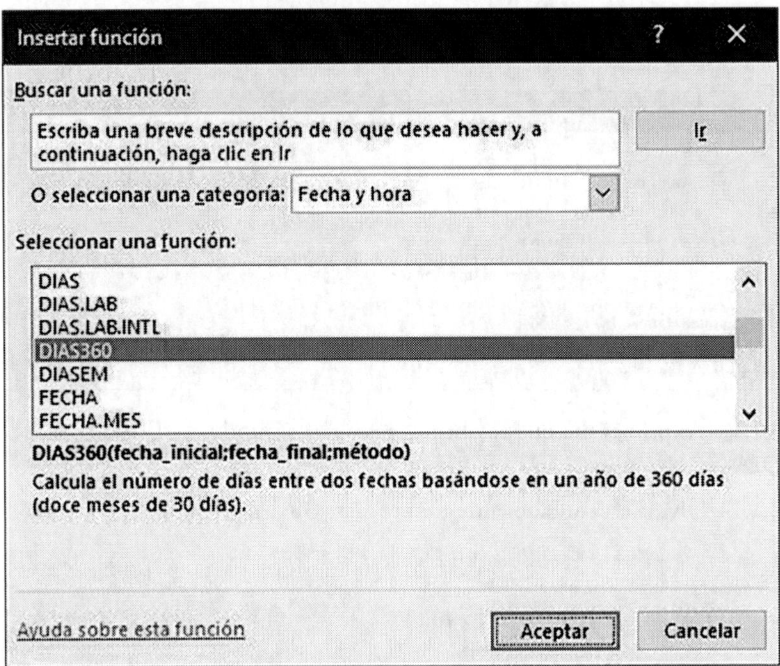

3.2.8. Pulse el botón **Aceptar**.

3.2.9. En el cuadro de diálogo **Argumentos de función**, cuadro **fecha_inicial**, escriba o seleccione el término del plazo: A3.

3.2.10. En el cuadro siguiente**, fecha_final,** escriba o seleccione la fecha actual y súmele 1 día: A2 + 1.

3.2.11. En el cuadro siguiente, **método**, coloque algunas de las opciones de Excel. En concreto, 0, que es el método por defecto.

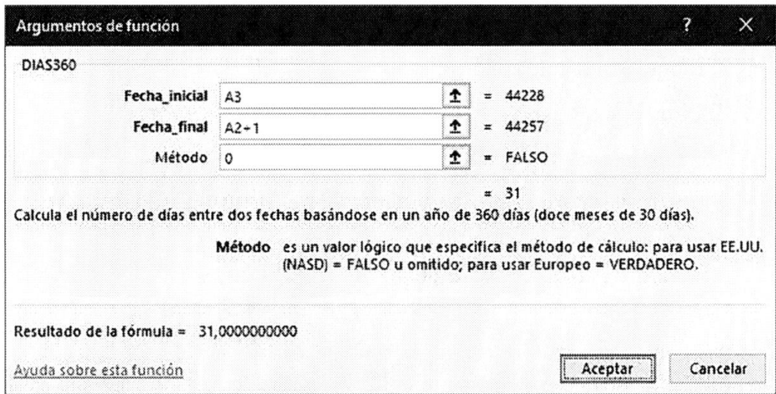

3.2.12. Pulse el botón **Aceptar.** Aparecerá en dicha celda el resultado de la operación. Días transcurridos: 31,0000000000.

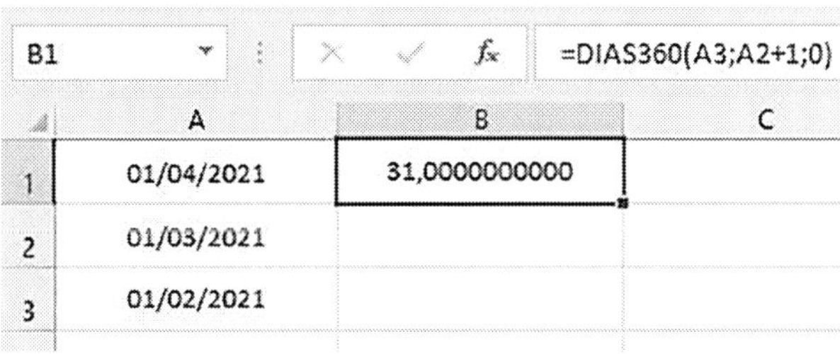

3.2.13. Luego, desde la **Barra de fórmulas**, divida el resultado entre treinta días:/30 días.

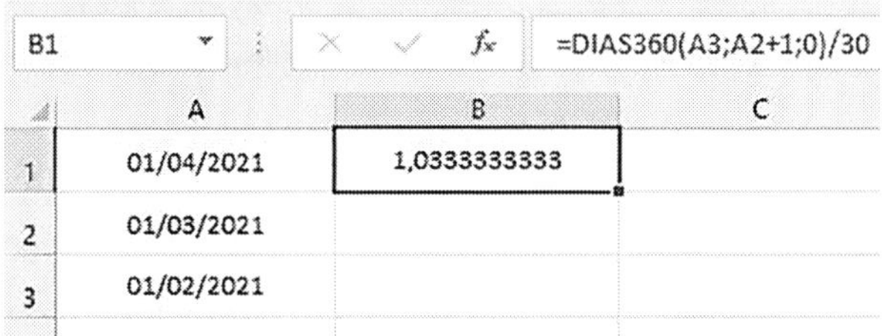

3.2.14. Pulse la tecla **Enter**. Aparecerá en dicha celda el resultado de la operación. Meses transcurridos: 1,0333333333.

3.2.15. Verifique los pasos en la **Barra de fórmulas.**

3.3.

3.3.1. Ubíquese en la celda de resultado.

3.3.2. Escriba el signo **igual** (=).

3.3.3. A los meses del plazo, résteles los meses transcurridos: A2 - A1.

3.3.4. Pulse la tecla **Enter**. Aparecerá en dicha celda el resultado de la operación. Meses que faltan: 0,9666666667.

B1 | fx =A2-A1

	A	B
1	1,0333333333	0,9666666667
2	2,0000000000	

*Básicamente, se aplican los mismos comentarios del caso MAd, solo que la cuenta cambia de dirección. Es hacia atrás.

*Sin embargo, el control y seguimiento es diferente. Sigue siendo hacia adelante, cual es la dirección natural del tiempo.

*Lo anterior implica: 1) Que empiece por el término del plazo; y 2) Que ese día, el día 1 del control y seguimiento, se cuente.

*En otras palabras, se genera una versión hacia adelante del plazo para trabajar en lo sucesivo.

*La fórmula del primer procedimiento es la siguiente: (AÑO () - AÑO ()) * 12 meses + (MES () - MES ()) + ((DIA () + 1) - DIA ())/30 días.

*Sus argumentos son las funciones AÑO (), MES () y DIA ().

*Se resta año con año, mes con mes y día con día de la fecha actual y de la fecha de origen, respectivamente.

*La fecha de origen del control y seguimiento es la fecha final del original plazo hacia atrás, *Dies ad quem*.

*El resultado en años se multiplica por 12, para convertirlo a la unidad de tiempo base, es decir, meses.

*Los meses no requieren conversión.

*El resultado en días también se debe convertir a meses.

*Facilita la conversión anterior, trabajar con meses de 30 días. Los más comunes. Se divide el resultado por dicha cantidad.

*La fórmula propuesta no cuenta la fecha actual desde el principio. Para incluirla, debe sumar 1 día al argumento día de la fecha actual.

*La fórmula propuesta no cuenta la fecha inicial. Para incluirla, debe restar 1 día al argumento día de la fecha inicial.

*De ajustar la fecha actual, no es necesario hacerlo con la fecha inicial.

*Si la resta de días, previo ajuste, es igual a cero, el resultado de la fórmula será exacto. Un entero.

*De lo contrario, será inexacto. Contendrá decimales que representan la fracción de un mes o su equivalente en días.

*Luego, se suman los resultados anteriores.

*La fórmula del segundo procedimiento es la siguiente: DIAS360 ()/30 días.

*Donde, el primer argumento, fecha_inicial, es la fecha de origen del control y seguimiento. Esta, a su vez, es la fecha final del original plazo hacia atrás, *Dies ad quem.*

*Se trata de un día fijo.

*Por la naturaleza del plazo, se cuenta.

*La fórmula propuesta no cuenta la fecha inicial. Para incluirla, debe restarle 1 día.

*El segundo, fecha_ final, es la fecha actual.

*Es movible. Pudiera estar fuera o dentro del plazo.

*Fuera, pudiera ser anterior o posterior al mismo. Estos supuestos no se desarrollan en este trabajo.

*Dentro, pudiera coincidir con la fecha inicial o la fecha final del control y seguimiento, o estar entre ambas.

*En cualquiera de estos supuestos, se cuenta.

*La fórmula propuesta no cuenta la fecha actual desde el principio. Para incluirla, debe sumarle 1 día.

*De ajustar la fecha actual, no es necesario hacerlo con la fecha inicial.

*Luego, se divide el resultado anterior entre 30 días.

*Solo si el día de fecha_final, previo ajuste, coincide con el día de fecha_inicial, el resultado de la función dividido entre 30 será exacto. Un entero.

*Caso contrario, por lo general, será inexacto. Contendrá decimales que representan la fracción de un mes o su equivalente en días.

*El usuario pudiera usar otras fórmulas.

*En este tipo de cómputo se aplica el sistema fecha a fecha modificado un día.

*Por supuesto que el usuario pudiera emplear el sistema fecha a fecha original, pero deberá ser consciente de la inversión *Dies a quo - Dies ad quem*[38].

*El resultado será un número positivo que corresponda a los meses transcurridos.

*Si el usuario quisiera un resultado en números negativos, para indicar que se trata de un plazo hacia atrás, puede optar por transponer los argumentos de la fórmula o función propuesta. La fecha actual por la fecha inicial y viceversa.

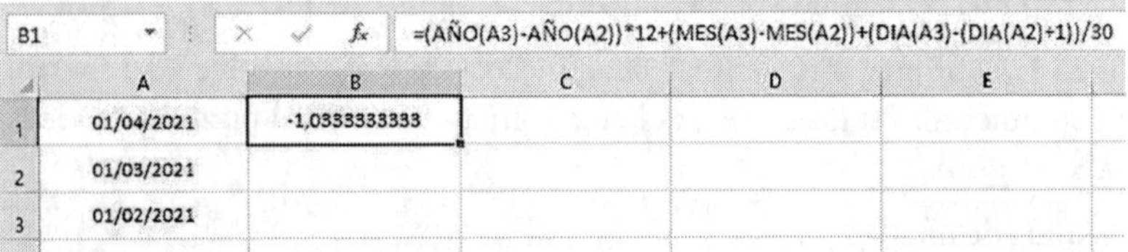

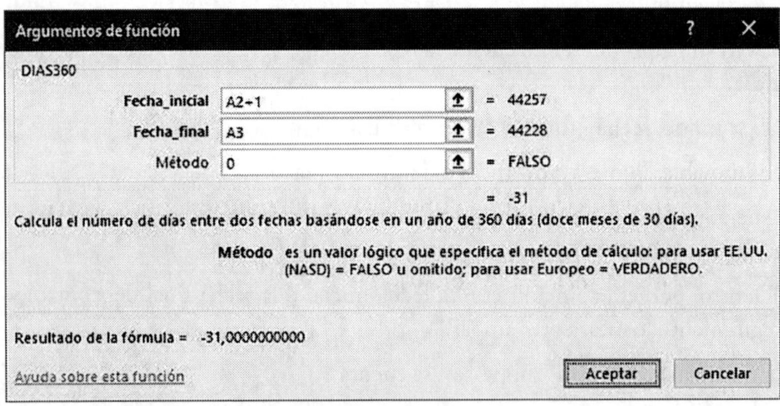

38 La fecha inicial del control y seguimiento se cuenta, la final no.

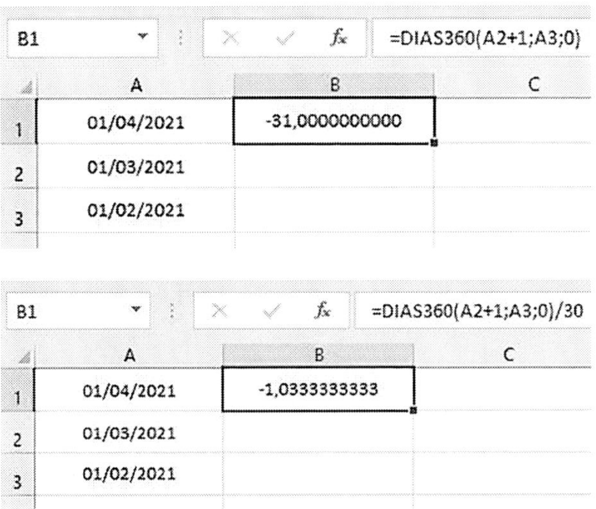

*El resultado será un número negativo que corresponda a los meses transcurridos.

*Cuando el valor «meses transcurridos» sea negativo, menor que «meses del plazo», se podrán hallar los «meses previos». Cuando el valor «meses transcurridos» sea positivo, mayor que «meses del plazo», se podrán hallar los «meses vencidos». Estos supuestos no se desarrollan en este trabajo.

*Cuando el valor «meses transcurridos» sea igual a cero o positivo, igual o menor que «meses del plazo», se podrán hallar «meses que faltan».

*Se invierte lo anterior cuando se trabaja con números negativos.

*En el tercer procedimiento, para obtener meses que faltan, el usuario debe valerse de la fórmula: meses del plazo - meses transcurridos.

*Con ella se calcula cantidad de tiempo, fórmula del tipo número - número.

*El resultado será un número positivo que corresponda a los meses que faltan.

*Este último procedimiento implica operaciones aritméticas sencillas.

*Si el usuario optó desde un principio por trabajar con números negativos, deberá continuar de la misma forma en este segundo procedimiento.

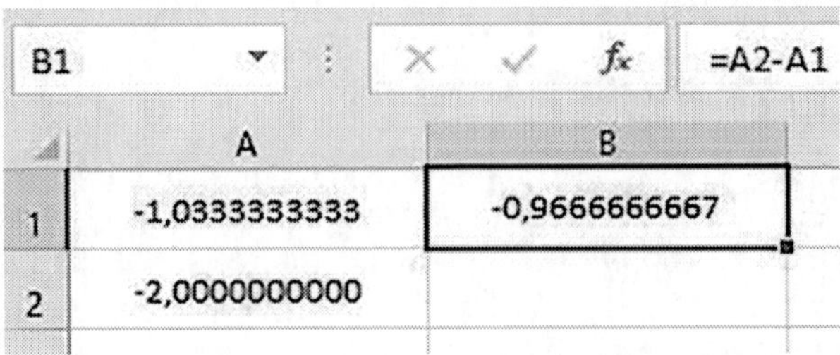

B1 =A2-A1

	A	B
1	-1,0333333333	-0,9666666667
2	-2,0000000000	

*El resultado será un número negativo que corresponda a los meses que faltan.

*Pudiera sustituirlo por cualquier de los procedimientos anteriores, como se expresó en los comentarios del caso MAd.

*Lo dicho anteriormente se aplica por igual si el plazo fuera un lapso o un término.

*Sin embargo, el usuario debe recordar que, en un lapso, la validez de la fecha actual dependerá de su coincidencia con cualquiera de los días del plazo. Mas, en un término, dicha validez dependerá de su coincidencia solo con el día 1 del control y seguimiento, equivalente al último día, *Dies ad quem*, del original plazo hacia atrás.

*Por eso, se recomienda hacer la distinción conceptual a la hora de presentar el resultado o dar una respuesta del caso. En el primer supuesto, se trata de los meses transcurridos o meses que faltan del lapso. En el segundo, del término.

*El presente caso se trata del control y seguimiento de un término hacia atrás, cuyo cálculo arroja 1,0333333333 meses transcurridos de los 2,0000000000 totales del plazo.

*La fecha actual no es válida, pues no coincide con el día 1 del control y seguimiento, único válido.

*Por tanto, se encuentra vencido.

*Bastaría dar respuesta al caso con los meses transcurridos. Los meses que faltan rematan dicho vencimiento.

*Los procedimientos arriba descritos son largos. Se debe calcular primero el término del original plazo hacia atrás, luego se procede a realizar el control y seguimiento en la dirección contraria.

*Dominaron razones didácticas para su escogencia. Simplicidad y claridad, especialmente.

*Sin embargo, el usuario pudiera optar por un cálculo corto. Complejo, aunque más rápido. Consiste en trabajar con datos conocidos. Los meses que faltan, por ejemplo. Luego, hallar los meses transcurridos.

*Mientras más decimales tengan los números, el cálculo será más preciso.

*Otros ejemplos: plazos anticipados, emplazamientos, anuncios, etc.

*Es una cuenta inusual en derecho.

AÑOS - HACIA ADELANTE (AAd)

1. **Problema**: ... todas las entidades integrantes del sector público institucional estatal contarán, en el momento de su creación, con un plan de actuación, que contendrá las líneas estratégicas en torno a las cuales se desenvolverá la actividad de la entidad, que se revisarán cada tres años, y que se completará con planes anuales que desarrollarán el de creación para el ejercicio siguiente.

Fecha del plan de actuación: 10/11/2021.

Fecha actual: 10/11/2023.

¿Se pueden revisar las líneas estratégicas del plan de actuación?

¿Cuántos años del plazo han transcurrido?

¿Cuántos faltan?

2. **Solución**: función **FRAC.AÑO** ()/fórmula **DIAS360** ()/**360**/fórmula **años del plazo - años transcurridos.**

No.

Años transcurridos: 2.

Años que faltan: 1.

3. **Procedimiento**:

3.1.

3.1.1. Ubíquese en la celda de resultado.

3.1.2. Escriba el signo **igual (=).**

3.1.3. Pulse el botón **Insertar funciones.**

3.1.4. Aparecerá el cuadro de diálogo con el mismo nombre.

3.1.5. En la sección **O seleccionar una categoría**, elija **Fecha y hora**.

3.1.6. Luego, en la sección **Seleccionar una función,** escoja **FRAC.AÑO ()**.

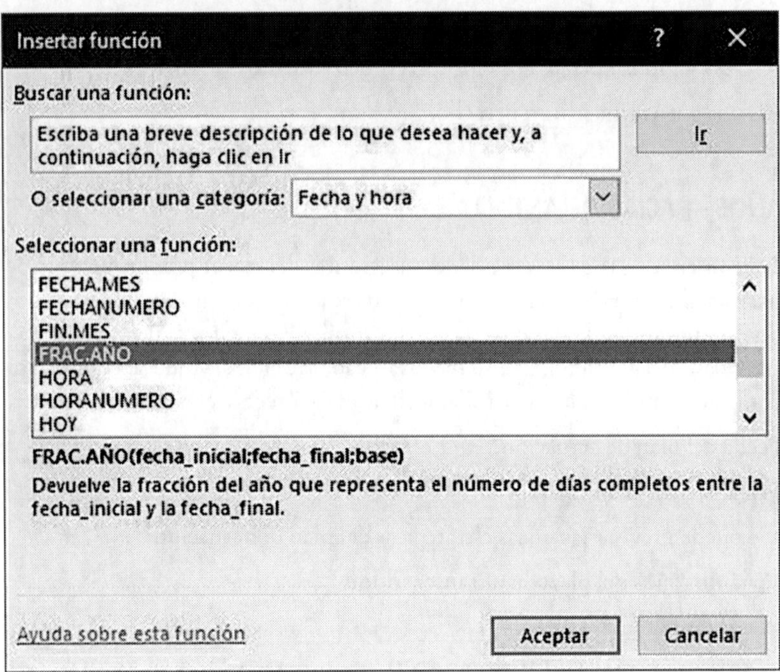

3.1.7. Pulse el botón **Aceptar**.

3.1.8. En el cuadro de diálogo **Argumentos de función,** cuadro **fecha_inicial**, escriba o seleccione la fecha del plan de actuación: A1.

3.1.9. En el cuadro siguiente**, fecha_final,** escriba o seleccione la fecha actual: A2.

3.1.10. Y en el cuadro siguiente, **base**, escoja algunas de las opciones de Excel. En concreto, 0.

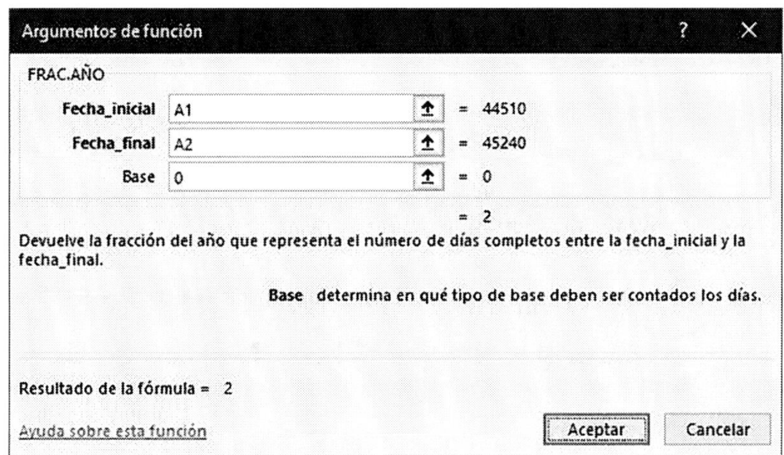

3.1.11. Pulse el botón **Aceptar**. Aparecerá en dicha celda el resultado de la operación. Años transcurridos: 2.

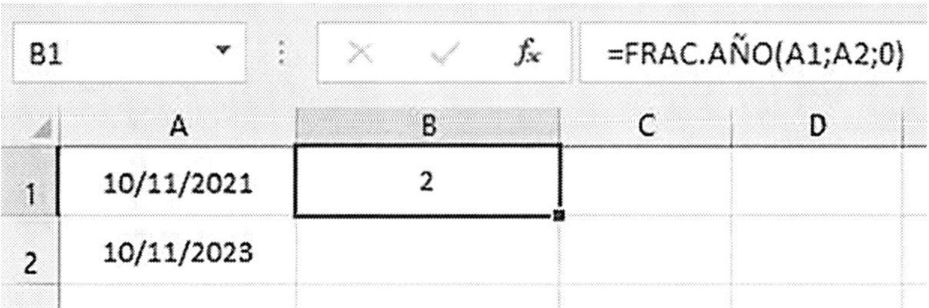

3.1.12. Verifique los pasos en la **Barra de fórmulas**.

3.2.

3.2.1. Ubíquese en la celda de resultado.

3.2.2. Escriba el signo **igual (=).**

3.2.3. Pulse el botón **Insertar funciones.**

3.2.4. Aparecerá el cuadro de diálogo con el mismo nombre.

3.2.5. En la sección **O seleccionar una categoría,** elija **Fecha y hora.**

3.2.6. Luego, en la sección **Seleccionar una función,** escoja **DIAS360** ().

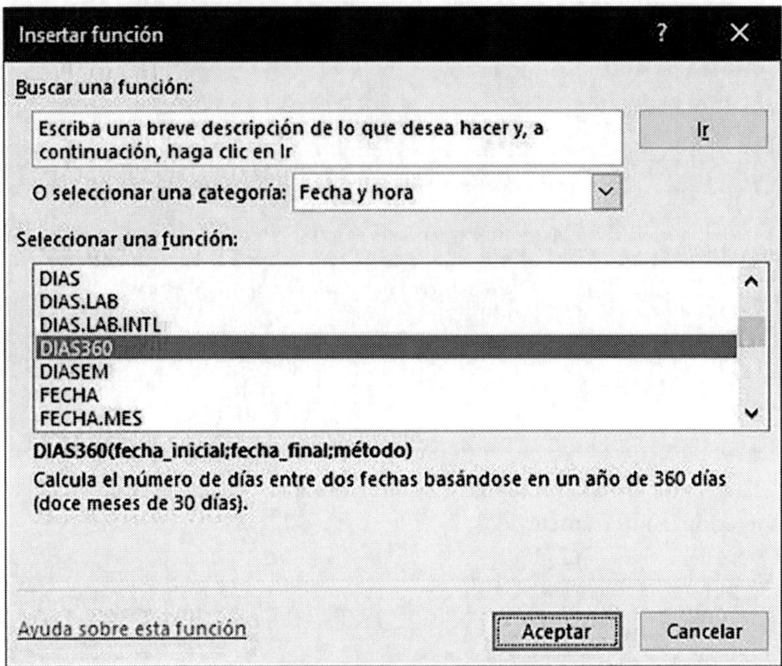

3.2.7. Pulse el botón **Aceptar**.

3.2.8. En el cuadro de diálogo **Argumentos de función,** cuadro **fecha_inicial,** escriba o seleccione la fecha del plan de actuación: A1.

3.2.9. En el cuadro siguiente, **fecha_final**, escriba o seleccione la fecha actual: A2.

3.2.10. En el cuadro siguiente, **método**, coloque algunas de las opciones de Excel. En concreto, 0, que es el método por defecto.

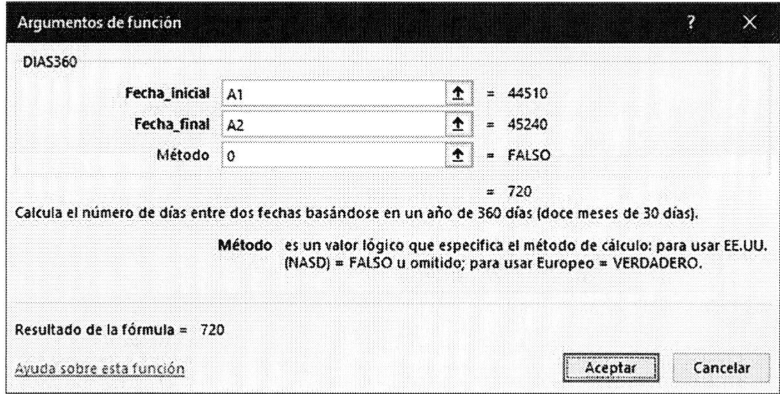

3.2.11. Pulse el botón **Aceptar**. Aparecerá en dicha celda el resultado de la operación. Días transcurridos: 720.

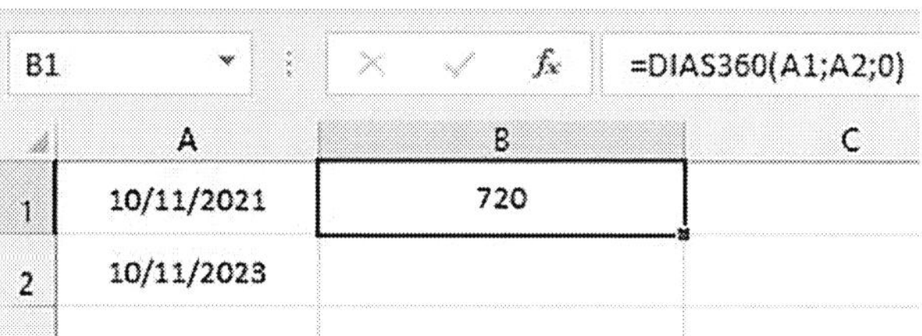

3.2.12. Luego, desde la **Barra de fórmulas,** divida el resultado entre trescientos sesenta días:/360 días.

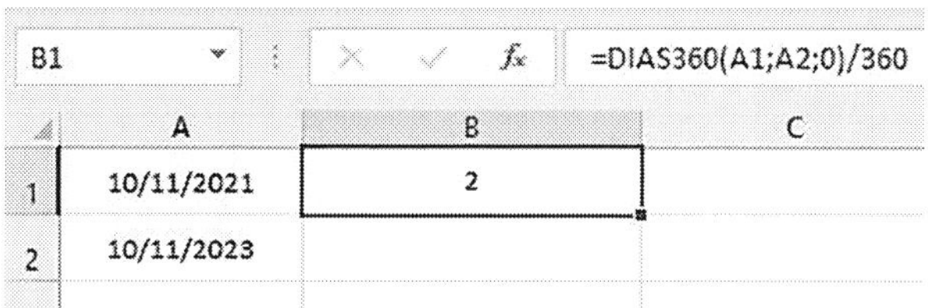

3.2.13. Pulse la tecla **Enter**. Aparecerá en dicha celda el resultado de la operación. Años transcurridos: 2.

3.2.14. Verifique los pasos en la **Barra de fórmulas.**

3.3.

3.3.1. Ubíquese en la celda de resultado.

3.3.2. Escriba el signo **igual (=).**

3.3.3. A los años del plazo, résteles el resultado anterior: A2 - A1.

3.3.4. Pulse la tecla **Enter**. Aparecerá en dicha celda el resultado de la operación. Años que faltan: 1.

B1 | fx | =A2-A1

	A	B	C
1	2	1	
2	3		

*Consiste en el cálculo civil de cantidad de tiempo.

*El abogado lo emplea frecuentemente para el control y seguimiento del plazo.

*Se cuentan los años entre fechas.

*Hacia adelante.

*Para ello, se restan fechas.

*El resultado se expresa en la misma unidad de tiempo que el plazo, es decir, años.

*Luego, el usuario puede trabajar directamente con el resultado en años.

*Como en meses, el cálculo del término en años es fecha a fecha.

*Se emplea la función general FECHA ().

*Aunque el primer argumento de la misma, año, contenga decimales, a efectos del resultado, tomará en cuenta solo el entero.

*Mas, en el cálculo de años entre fechas, para el control y seguimiento de un plazo, si que importan estos decimales.

*En este capítulo, solo se plantea trabajar con años enteros o redondos.

*Para resolver el problema del caso, Excel cuenta con dos funciones específicas.

*La primera, SIFECHA (), mencionada en el caso MAd.

*Sin embargo, por su capacidad para efectuar cálculos en distintas unidades de tiempo, se estudiará en los casos AMDAd y AMDAt.

*La segunda, más específica que la anterior, FRAC.AÑO ().

*Con ella se calcula cantidad de tiempo, fórmula del tipo fecha - fecha.

*Su nombre no debe confundir al usuario. Calcula tanto fracción de año como año redondo. Quien puede los más, puede lo menos.

*El primer argumento, fecha_inicial, es la fecha de origen del control y seguimiento, la cual coincide con la fecha de origen del plazo.

*El segundo, fecha_ final, es la fecha actual.

*La novedad es el tercer argumento, base, entero que determina como se hará el cálculo.

*Tiene cinco opciones: 0, utiliza un año de 360 días dividido en 12 meses de 30 días. Es el método norteamericano. Se aplica por defecto. 1, emplea el número real de días en el año y el número real de días en el mes. 2, usa un año de 360 días y el número real de días en cada mes. 3, emplea un año de 365 días y el número real de días en cada mes. Y 4, cualquier valor de fecha_inicial o fecha_final que caiga el 31 de un mes se cambia al 30 del mismo mes. Es el método europeo[39].

*Cuando fecha_inicial y fecha_final coincidan en el mismo día y mes, el resultado de la función será exacto. Un entero.

*Caso contrario, por lo general, será inexacto. Contendrá decimales que representan la fracción de un año o su equivalente en meses.

*Otra opción es emplear la fórmula DIAS360 ()/360 días.

*Se aplica lo dicho al respecto en los comentarios del caso MAd.

*El cálculo se sustenta en años de 360 días.

*El resultado generado por la función se divide entre 360 días.

*Cuando fecha_inicial y fecha_final coincidan en el mismo día y mes, el resultado de la función dividido entre 360 será exacto. Un entero.

*Caso contrario, por lo general, será inexacto. Contendrá decimales que representan la fracción de un año o su equivalente en meses.

---

39 Las opciones 1 y 4 parecen tener la misma base de cálculo que las opciones 1 y 2 del tercer argumento de la función DIAS360 ().

*También, el usuario puede usar las fórmulas (AÑO ()-AÑO ()) + (MES () - MES ())/12 + (DIA () - DIA ())/360 días y (fecha actual - fecha inicial)/360 días. Aunque, esta última es la menos precisa.

*Tanto en la función como en la fórmula propuesta se aplica lo dicho sobre la fecha actual y la fecha de origen en los comentarios del caso DAdC.

*También lo dicho sobre el término.

*En principio, no existen años inhábiles. Lo más parecido es un año sabático.

*La función y la fórmula propuestas tienen algunas ventajas. Como la función SIFECHA (), pueden calcular varios años. Pero, a diferencia de ella, cuando el resultado es inexacto, pueden reflejarlo completo en la misma unidad de tiempo, años.

*Esta última característica es precisamente su principal desventaja. A la hora de convertir los decimales de dicho resultado a la unidad de tiempo inmediata inferior, meses, o a la inferior siguiente, días, suelen presentarse pequeños márgenes de error con relación al calendario[40].

*Según las pruebas que se llevaron a cabo, todas estas fórmulas coincidieron en el entero. De hecho, la función y la fórmula propuestas también coincidieron en los decimales.

*A pesar de lo anterior, siguen siendo viables a los efectos de este trabajo, puesto que el control y seguimiento de un plazo en años no exige ser exacto, sino aproximado[41], lo más preciso posible. Además, la diferencia decimal entre resultados no pareciera ser de peso.

*El usuario puede redondear el resultado con ayuda de la función REDONDEAR ().

*Las funciones SIFECHA () y FRAC.AÑO () solo cuentan hacia adelante. Por tanto, su resultado siempre será positivo[42].

---

40 Porque la función y la fórmula propuestas operan con años fijos de 360 días.

41 La función FRAC.AÑO (), en sus opciones 1 y 4, es esencialmente de carácter financiero y contable. Su resultado siempre será preciso cuando calcule plazos jurídicos sujetos al año comercial o fiscal. Caso contrario, no.

42 Tal vez ambas funciones parten del principio de que el tiempo corre solo hacia adelante.

*La fórmula DIAS360 ()/360 puede contar hacia atrás. Por tanto, su resultado también puede ser negativo.

*El resultado será un número que corresponda a los años transcurridos.

*Cuando el valor «años transcurridos» sea negativo, menor que «años del plazo», se podrán hallar «años previos». Cuando el valor «años transcurridos» sea positivo, mayor que «años del plazo», se podrán hallar «años vencidos». Estos supuestos no se desarrollan en este trabajo.

*Cuando el valor «años transcurridos» sea igual a cero o positivo, igual o menor que «años del plazo», se podrán hallar «años que faltan».

*El usuario debe valerse de la fórmula: años del plazo - años transcurridos.

*Con ella se calcula cantidad de tiempo, fórmula del tipo número - número.

*El resultado será un número que corresponda a los años que faltan.

*Este último procedimiento implica operaciones aritméticas sencillas.

*En lugar de este último procedimiento puede emplearse cualquiera de los anteriores, calculando previamente el término.

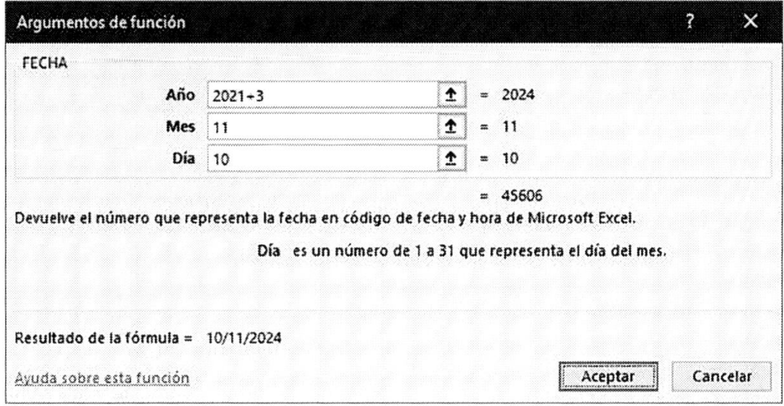

A3 =FECHA(2021+3;11;10)

	A	B	C
1	10/11/2021		
2	10/11/2023		
3	10/11/2024		

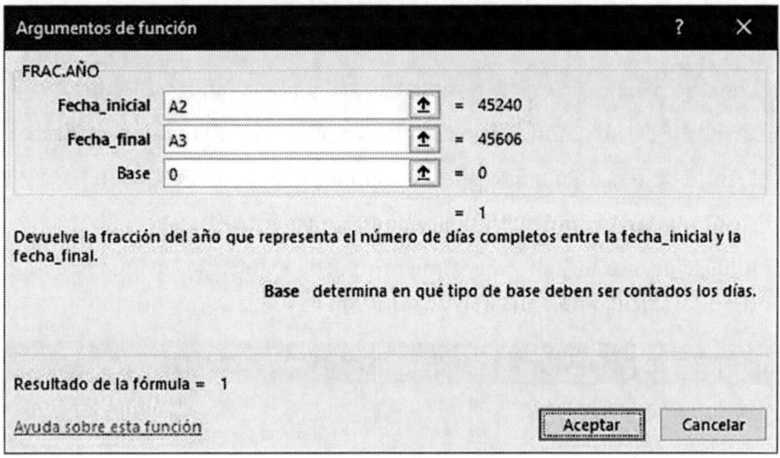

B1 =FRAC.AÑO(A2;A3;0)

	A	B	C
1	10/11/2021	1	
2	10/11/2023		
3	10/11/2024		

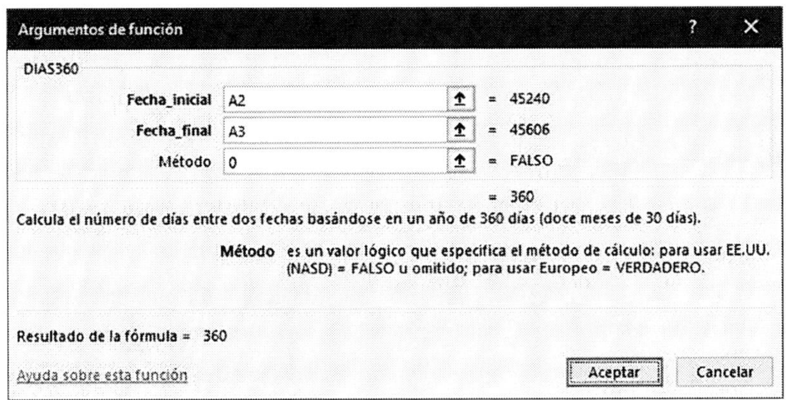

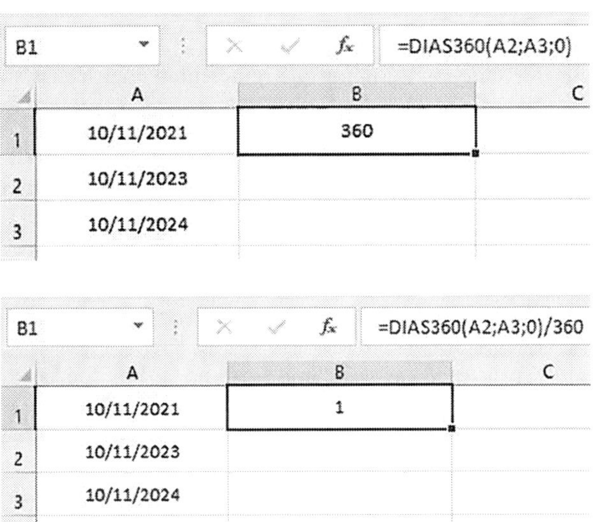

*La ventaja de proceder de esta forma es que se toma en cuenta la variante TInh.

*Lo dicho anteriormente se aplica por igual si el plazo fuera un lapso o un término.

*Sin embargo, el usuario debe recordar que, en un lapso, la validez de la fecha actual dependerá de su coincidencia con cualquiera de los días del plazo. Mas, en un término, dicha validez dependerá de su coincidencia solo con el último día del mismo.

*Por eso, se recomienda hacer la distinción conceptual a la hora de presentar el resultado o dar una respuesta del caso. En el primer supuesto, se trata de los años transcurridos o años que faltan del lapso. En el segundo, del término.

*El presente caso se trata de un término hacia adelante, cuyo cálculo arroja 2 años transcurridos de los 3 totales del plazo.

*No está vencido, porque la fecha actual es menor que la fecha final del plazo, *Dies ad quem.*

*La fecha actual no es válida, pues no coincide con el último día el plazo, único válido.

*Tiende a aplicarse para el control y seguimiento de plazos sustantivos.

*Es importante emplear el formato de celdas según el procedimiento, sea fecha o sea número.

*Si las operaciones se efectúan con números que representan a las fechas, el resultado será exactamente el mismo. Se estudiará en la variante CFN.

*El usuario pudiera escribir directamente las fechas y números en las fórmulas, o introducir estos datos mediante referencias de celda. Se estudiará en la variante AF.

AÑOS - HACIA ATRÁS (AAt)

1. **Problema**: Podrán excusarse para actuar como escabino: 1. Los que hayan desempeñado estas funciones dentro de los tres años precedentes al día de la nueva designación...

Fecha de la nueva designación: 25/01/2021.

Fecha del último desempeño como escabino: 25/01/2019.

¿Puede excusarse para actuar como escabino?

¿Cuántos años del plazo han transcurrido?

¿Cuántos faltan?

2. **Solución**: función **FRAC.AÑO** ()/fórmula **DIAS360 ()/360 días**/fórmula **años del plazo - años transcurridos.**

Si.

Años transcurridos: 1,0027777778[43].

Años que faltan: 1,9972222222[44].

3. **Procedimiento**:

3.1.

3.1.1. Calcule el término del plazo.

3.1.2. Ubíquese en la celda de resultado.

3.1.3. Escriba el signo **igual (=).**

3.1.4. Pulse el botón **Insertar funciones.**

3.1.5. Aparecerá el cuadro de diálogo con el mismo nombre.

3.1.6. En la sección **O seleccionar una categoría,** elija **Fecha y hora**.

3.1.7. Luego, en la sección **Seleccionar una función,** escoja **FRAC.AÑO ()**

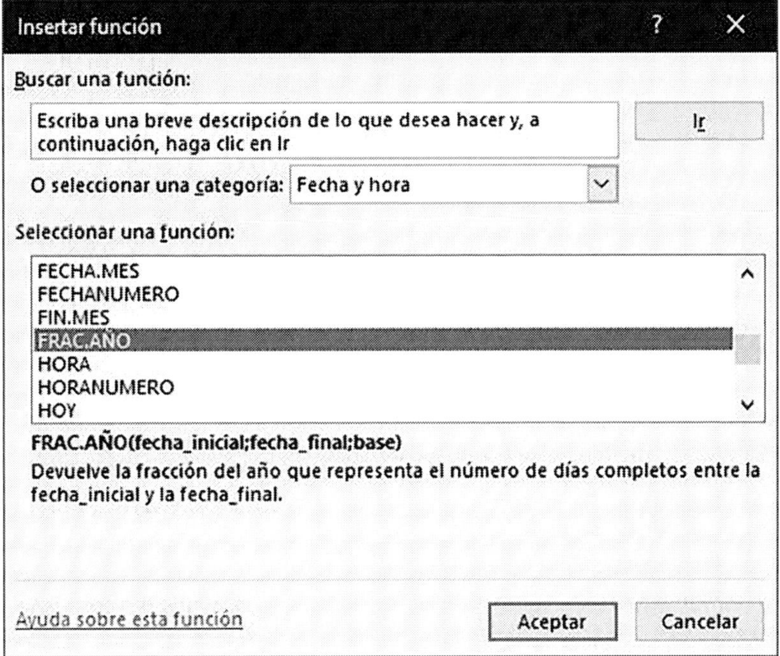

[43] Otra respuesta pudiera ser: años transcurridos: 1, sin la inclusión de la fecha inicial.

[44] Otra respuesta pudiera ser: años que faltan: 2, sin la exclusión de la fecha final.

3.1.8. Pulse el botón **Aceptar**.

3.1.9. En el cuadro de diálogo **Argumentos de función**, cuadro **fecha_inicial**, escriba o seleccione el término del plazo: A3.

3.1.10. En el cuadro siguiente, **fecha_final**, escriba o seleccione la fecha del último desempeño como escabino y súmele 1 día: A2 + 1.

3.1.11. Y en el cuadro siguiente, **base**, escoja algunas de las opciones de Excel. En concreto, 0.

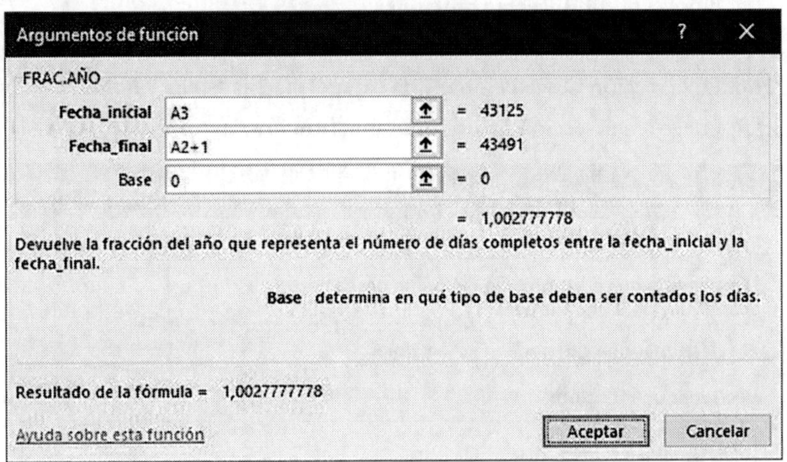

3.1.12. Pulse el botón **Aceptar**. Aparecerá en dicha celda el resultado de la operación. Años transcurridos: 1,0027777778.

B1 =FRAC.AÑO(A3;A2+1;0)

	A	B	C
1	25/01/2021	1,0027777778	
2	25/01/2019		
3	25/01/2018		

3.1.13. Verifique los pasos en la **Barra de fórmulas.**

3.2.

3.2.1. Calcule el término del plazo.

3.2.2. Ubíquese en la celda de resultado.

3.2.3. Escriba el signo **igual** (=).

3.2.4. Pulse el botón **Insertar funciones.**

3.2.5. Aparecerá el cuadro de diálogo con el mismo nombre.

3.2.6. En la sección **O seleccionar una categoría,** elija **Fecha y hora**.

3.2.7. Luego, en la sección **Seleccionar una función,** escoja **DIAS360 ().**

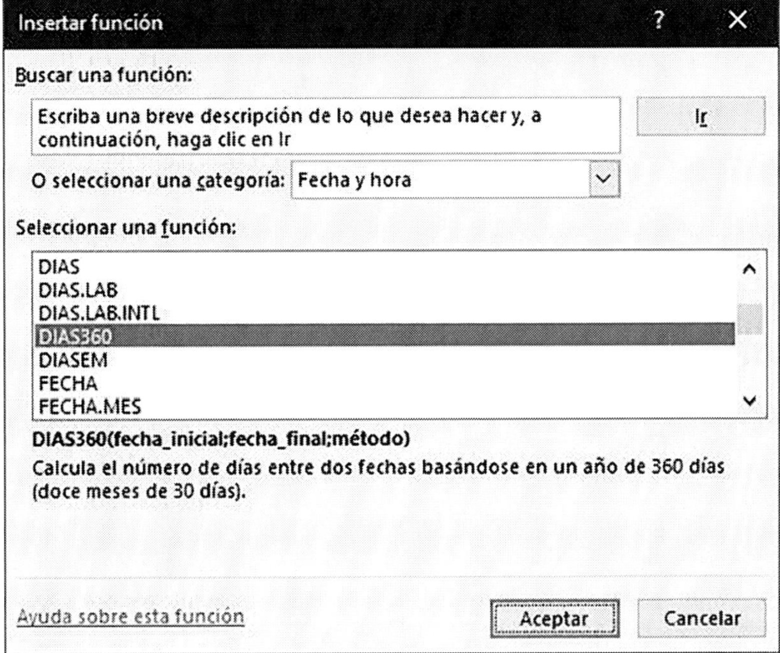

3.2.8. Pulse el botón **Aceptar**.

3.2.9. En el cuadro de diálogo **Argumentos de función**, cuadro **fecha_inicial,** escriba o seleccione el término del plazo: A3.

3.2.10. En el cuadro siguiente, **fecha_final**, escriba o seleccione la fecha del último desempeño como escabino y súmele 1 día: A2 + 1.

3.2.11. En el cuadro siguiente, **método**, coloque algunas de las opciones de Excel. En concreto, 0, que es el método por defecto.

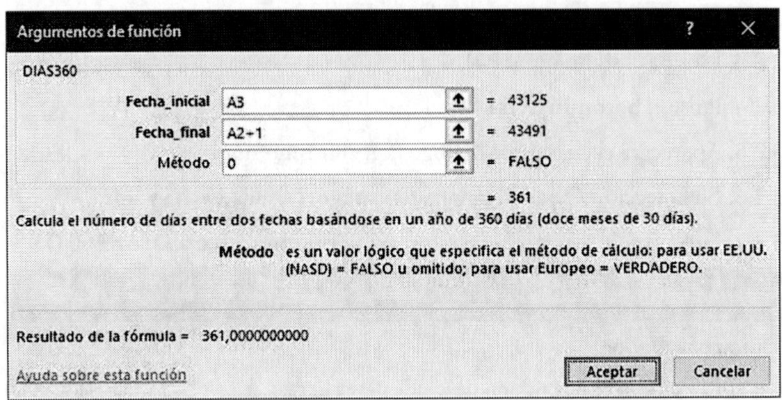

3.2.12. Pulse el botón **Aceptar**. Aparecerá en dicha celda el resultado de la operación. Días transcurridos: 361,0000000000.

B1 | =DIAS360(A3;A2+1;0)

	A	B	C
1	25/01/2021	361,0000000000	
2	25/01/2019		
3	25/01/2018		

3.2.13. Luego, desde la **Barra de fórmulas,** divida el resultado entre trecientos sesenta días:/360 días.

B1 | =DIAS360(A3;A2+1;0)/360

	A	B	C
1	25/01/2021	1,0027777778	
2	25/01/2019		
3	25/01/2018		

3.2.14. Pulse la tecla **Enter**. Aparecerá en dicha celda el resultado de la operación. Años transcurridos: 1,0027777778.

3.2.15. Verifique los pasos en la **Barra de fórmulas**.

3.3.

3.3.1. Ubíquese en la celda de resultado.

3.3.2. Escriba el signo **igual** (=).

3.3.3. A los años del plazo, résteles los años transcurridos: A2 - A1.

3.3.4. Pulse la tecla **Enter**. Aparecerá en dicha celda el resultado de la operación. Años que faltan: 1,9972222222.

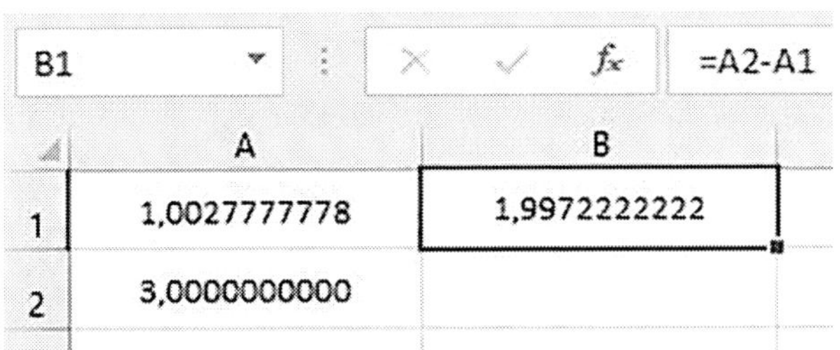

*Básicamente, se aplican los mismos comentarios del caso AAd, solo que la cuenta cambia de dirección. Es hacia atrás.

*Sin embargo, el control y seguimiento es diferente. Sigue siendo hacia adelante, cual es la dirección natural del tiempo.

*Lo anterior implica: 1) Que empiece por el término del plazo; y 2) Que ese día, el día 1 del control y seguimiento, se cuente.

*En otras palabras, se genera una versión hacia adelante del plazo para trabajar en lo sucesivo.

*El primer procedimiento consiste en una función específica.

*Se trata de la función FRAC.AÑO ().

*Donde, el primer argumento, fecha_inicial, es la fecha de origen del control y seguimiento. Esta, a su vez, es la fecha final del original plazo hacia atrás, *Dies ad quem*.

*Se trata de un día fijo.

*Por la naturaleza del plazo, se cuenta.

*La fórmula propuesta no cuenta la fecha inicial. Para incluirla, debe restarle 1 día.

*El segundo, fecha_ final, es la fecha de referencia.

*Es movible. Pudiera estar fuera o dentro del plazo.

*Fuera, pudiera ser anterior o posterior al mismo. Estos supuestos no se desarrollan en este trabajo.

*Dentro, pudiera coincidir con la fecha inicial o la fecha final del control y seguimiento, o estar entre ambas.

*En cualquiera de estos supuestos, se cuenta.

*La fórmula propuesta no cuenta la fecha de referencia desde el principio. Para incluirla, debe sumarle 1 día.

*De ajustar la fecha de referencia, no es necesario hacerlo con la fecha inicial.

*La novedad es el tercer argumento, base, entero que determina como se hará el cálculo.

*Solo si el día y mes de fecha_final, previo ajuste, coincide con el día y mes de fecha_inicial, el resultado de la función será exacto. Un entero.

*Caso contrario, por lo general, será inexacto. Contendrá decimales que representan la fracción de un año o su equivalente en meses.

*El segundo procedimiento es la fórmula DIAS360 ()/360 días.

*Donde, el primer argumento, fecha_inicial, es la fecha de origen del control y seguimiento. Esta, a su vez, es la fecha final del original plazo hacia atrás, *Dies ad quem*.

*Se trata de un día fijo.

*Por la naturaleza del plazo, se cuenta.

*La fórmula propuesta no cuenta la fecha inicial. Para incluirla, debe restarle 1 día.

*El segundo, fecha_ final, es la fecha de referencia.

*Es movible. Pudiera estar fuera o dentro del plazo.

*Fuera, pudiera ser anterior o posterior al mismo. Estos supuestos no se desarrollan en este trabajo.

*Dentro, pudiera coincidir con la fecha inicial o la fecha final del control y seguimiento, o estar entre ambas.

*En cualquiera de estos supuestos, se cuenta.

*La fórmula propuesta no cuenta la fecha de referencia desde el principio. Para incluirla, debe sumarle 1 día.

*De ajustar la fecha de referencia, no es necesario hacerlo con la fecha inicial.

*Luego, se divide el resultado anterior entre 360 días.

*Solo si el día y mes de fecha_final, previo ajuste, coincide con el día y mes de fecha_inicial, el resultado de la función dividido entre 360 será exacto. Un entero.

*Caso contrario, por lo general, será inexacto. Contendrá decimales que representan la fracción de un año o su equivalente en meses.

*Permite al usuario obtener un resultado tanto en números positivos como negativos.

*El usuario pudiera usar otras fórmulas.

*En este tipo de cómputo se aplica el sistema fecha a fecha modificado un día.

*Por supuesto que el usuario pudiera emplear el sistema fecha a fecha original, pero deberá ser consciente de la inversión *Dies a quo - Dies ad quem*[45].

*El resultado será un número positivo que corresponda a los años transcurridos.

*Si el usuario quisiera un resultado en números negativos, para indicar que se trata de un plazo hacia atrás, puede optar por transponer los argumentos de la fórmula o función propuesta. La fecha de referencia por la fecha inicial y viceversa.

---

45 La fecha inicial del control y seguimiento se cuenta, la final no.

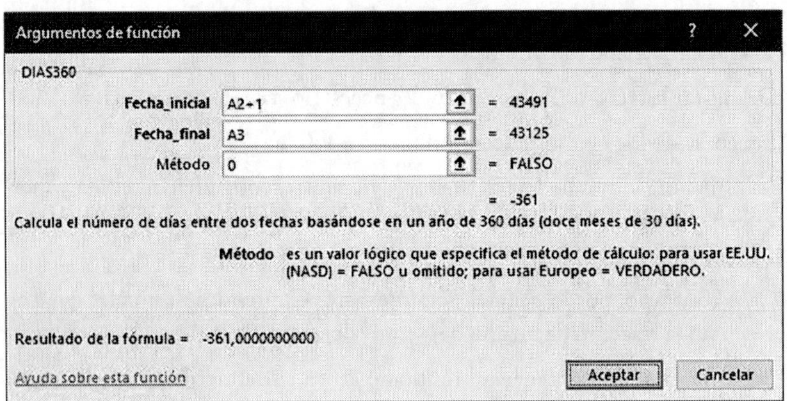

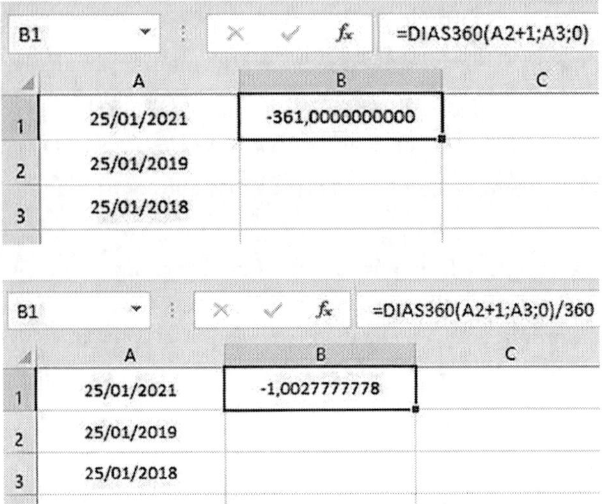

*El resultado será un número negativo que corresponda a los años transcurridos.

*Cuando el valor «años transcurridos» sea negativo, menor que «años del plazo», se podrán hallar los «años previos». Cuando el valor «años transcurridos» sea positivo, mayor que «años del plazo», se podrán hallar los «años vencidos». Estos supuestos no se desarrollan en este trabajo.

*Cuando el valor «años transcurridos» sea igual a cero o positivo, igual o menor que «años del plazo», se podrán hallar «años que faltan».

*Se invierte lo anterior cuando se trabaja con números negativos.

*En el tercer procedimiento, para obtener los años que faltan, el usuario debe valerse de la fórmula: años del plazo - años transcurridos.

*Con ella se calcula cantidad de tiempo, fórmula del tipo número - número.

*El resultado será un número positivo que corresponda a los años que faltan.

*Este último procedimiento implica operaciones aritméticas sencillas.

*Si el usuario optó desde un principio por trabajar con números negativos, deberá continuar de la misma forma en este tercer procedimiento.

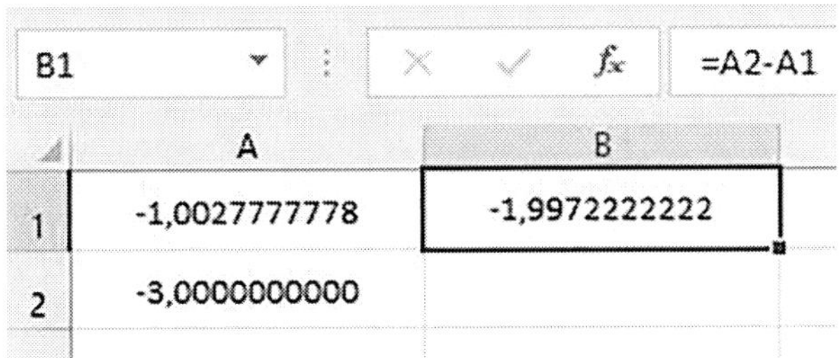

*El resultado será un número negativo que corresponda a los años que faltan.

*Pudiera sustituirlo por cualquiera de los procedimientos anteriores, como se expresó en los comentarios del caso AAd.

*Lo dicho anteriormente se aplica por igual si el plazo fuera un lapso o un término.

*Sin embargo, el usuario debe recordar que, en un lapso, la validez de la fecha de referencia dependerá de su coincidencia con cualquiera de los días del plazo. Mas, en un término, dicha validez dependerá de su coincidencia solo con el día 1 del control y seguimiento, equivalente al último día, *Dies ad quem,* del original plazo hacia atrás.

*Por eso, se recomienda hacer la distinción conceptual a la hora de presentar el resultado o dar una respuesta del caso. En el primer supuesto, se trata de los años transcurridos o años que faltan del lapso. En el segundo, del término.

*El presente caso se trata del control y seguimiento de un lapso hacia atrás, cuyo cálculo arroja 1,0027777778 años transcurridos de los 3,0000000000 totales del plazo.

*La fecha de referencia es válida, pues coincide con un día del plazo. Cualquiera de ellos es válido.

*Por tanto, no se encuentra vencido.

*Los procedimientos arriba descritos son largos. Se debe calcular primero el término del original plazo hacia atrás, luego se procede a realizar el control y seguimiento en la dirección contraria.

*Dominaron razones didácticas para su escogencia. Simplicidad y claridad, especialmente.

*Sin embargo, el usuario pudiera optar por un cálculo corto. Complejo, aunque más rápido. Consiste en trabajar con datos conocidos. Los años que faltan, por ejemplo. Luego, hallar los años transcurridos.

*Mientras más decimales tengan los números, el cálculo será más preciso.

*Es una cuenta inusual en derecho, ligada generalmente a la retroactividad de la ley.

AÑOS, MESES Y DÍAS - HACIA ADELANTE (AMDAd)

1. **Problema:** Los trabajadores percibirán un complemento salarial personal de antigüedad consistente en quinquenios[46] indefinidos, devengándose a partir del primer día del mes en que se cumplan los cinco años.

Fecha de inicio de la relación laboral: 18/04/2018.

Fecha actual: 06/07/2021.

¿Tiene derecho al complemento salarial por antigüedad el trabajador?

¿Cuándo tiempo del plazo ha transcurrido?

¿Cuánto falta?

2. **Solución:** función **SIFECHA** ()/función **SIFECHA** ()/función **FRAC. AÑO (),** fórmula **decimales de años * 12 meses,** fórmula **decimales de meses * 30 días**/función **FRAC.AÑO (),** fórmula **decimales de años * 12 meses,** fórmula **decimales de meses * 30 días.**

46 En el texto original se establecen trienios. Se cambio a quinquenios para facilitar el cómputo. Se entiende por tal «cada cinco años».

No.

Tiempo transcurrido: 3 años 2 meses 18 días.

Tiempo que falta: 1 año 9 meses 12 días.

3. **Procedimiento**:

3.1.

3.1.1. Primero, calcule los años.

3.1.2. Ubíquese en la celda de resultado.

3.1.3. Escriba el signo **igual (=).**

3.1.4. Escriba la función **SIFECHA ().**

3.1.5. En el primer argumento, **fecha_inicial**, escriba o seleccione la fecha de inicio de la relación laboral: A1.

3.1.6. En el segundo argumento, **fecha_final,** escriba o seleccione la fecha actual: A2.

3.1.7. En el tercer argumento, **unidad**, escriba entre comillas la unidad de tiempo: “y”.

3.1.8. Pulse la tecla **Enter**. Aparccerá en dicha celda el resultado de la operación. Años transcurridos: 3.

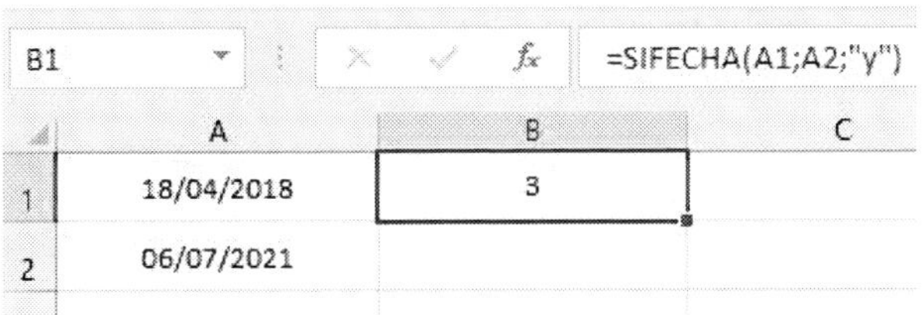

3.1.9. Segundo, calcule los meses.

3.1.10. Ubíquese en otra celda de resultado.

3.1.11. Repita los pasos anteriores, pero en el tercer argumento, unidad, escriba “ym”.

3.1.12. Aparecerá en dicha celda el resultado de la operación. Meses transcurridos: 2.

B2 =SIFECHA(A1;A2;"ym")

	A	B	C
1	18/04/2018	3	
2	06/07/2021	2	

3.1.13. Tercero, calcule los días.

3.1.14. Ubíquese en otra celda de resultado.

3.1.15. Repita los pasos anteriores, pero en el tercer argumento, unidad, escriba “md”.

3.1.16. Aparecerá en dicha celda el resultado de la operación. Días transcurridos: 18.

B3 =SIFECHA(A1;A2;"md")

	A	B	C
1	18/04/2018	3	
2	06/07/2021	2	
3		18	

3.1.17. Verifique los pasos en la **Barra de fórmulas.**

3.2.

3.2.1. Calcule el término del plazo.

A3 =FECHA(AÑO(A1)+5;MES(A1);DIA(A1))

	A	B	C	D
1	18/04/2018			
2	06/07/2021			
3	18/04/2023			

3.2.1. Primero, calcule los años.

3.2.2. Ubíquese en la celda de resultado.

3.2.3. Escriba el signo **igual** (=).

3.2.4. Escriba la función **SIFECHA** ().

3.2.5. En el primer argumento, **fecha_inicial**, escriba o seleccione la fecha actual: A2.

3.2.6. En el segundo argumento, **fecha_final**, escriba o seleccione el término del plazo: A3.

3.2.7. En el tercer argumento, **unidad**, escriba entre comillas la unidad de tiempo: "y".

3.2.8. Pulse la tecla **Enter.** Aparecerá en dicha celda el resultado de la operación. Años que faltan: 1.

B1 | fx =SIFECHA(A2;A3;"y")

	A	B	C
1	18/04/2018	1	
2	06/07/2021		
3	18/04/2023		

3.2.9. Segundo, calcule los meses.

3.2.10. Ubíquese en otra celda de resultado.

3.2.11. Repita los pasos anteriores, pero en el tercer argumento, unidad, escriba "ym".

3.2.12. Aparecerá en dicha celda el resultado de la operación. Meses que faltan: 9.

B2 | fx =SIFECHA(A2;A3;"ym")

	A	B	C
1	18/04/2018	1	
2	06/07/2021	9	
3	18/04/2023		

3.2.13. Tercero, calcule los días.

3.2.14. Ubíquese en otra celda de resultado.

3.2.15. Repita los pasos anteriores, pero en el tercer argumento, unidad, escriba "md".

3.16. Aparecerá en dicha celda el resultado de la operación. Días que faltan: 12.

B3 =SIFECHA(A2;A3;"md")

	A	B	C
1	18/04/2018	1	
2	06/07/2021	9	
3	18/04/2023	12	

3.1.17. Verifique los pasos en la **Barra de fórmulas.**

3.3.

3.3.1. Primero, calcule los años.

3.3.2. Ubíquese en la celda de resultado.

3.3.3. Aplique la fórmula o función que se ajuste más al criterio de la ley, para calcular con la mayor exactitud el tiempo transcurrido en años.

3.3.4. En concreto, se ha elegido la función **FRAC.AÑO ().**

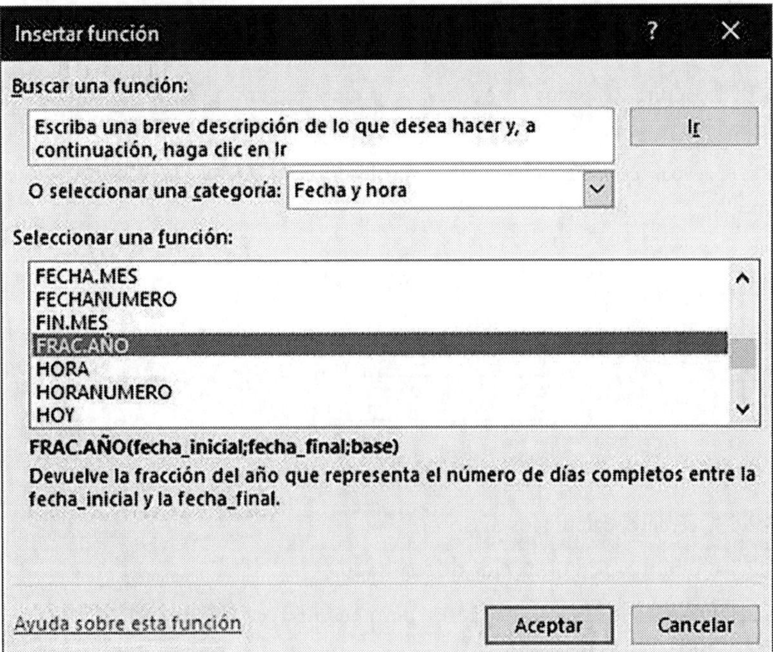

3.3.5. En el primer argumento, **fecha_inicial**, escriba o seleccione la fecha de inicio de la relación laboral: A1.

3.3.6. En el segundo argumento, **fecha_final**, escriba o seleccione la fecha actual: A2.

3.3.7. En el tercer argumento, **base,** escriba 0.

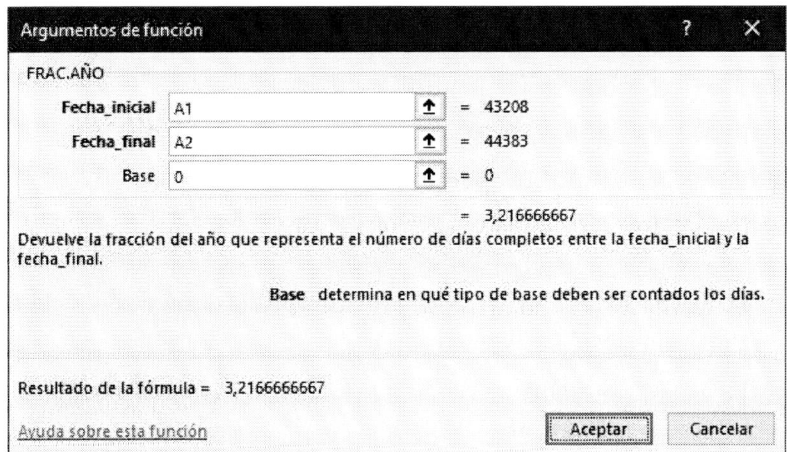

3.3.8. Pulse el botón **Aceptar**. Aparecerá en dicha celda el resultado de la operación. Años transcurridos: 3,2166666667.

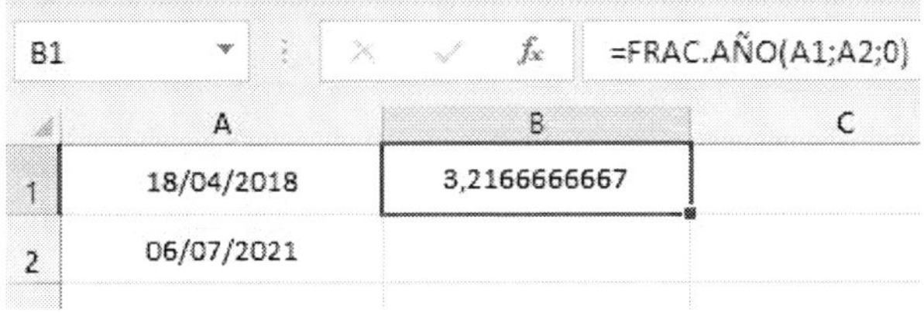

3.3.9. Segundo, calcule los meses.

3.3.10. Ubíquese en otra celda de resultado.

3.3.11. Aplique la fórmula o función que se ajuste más al criterio de la ley, para calcular con la mayor exactitud el tiempo transcurrido en meses.

3.3.12. En concreto, se ha elegido la fórmula **decimales de años** por doce meses: 0,2166666667 * **12 meses**.

3.3.13. Pulse la tecla **Enter.** Aparecerá en dicha celda el resultado de la operación. Meses transcurridos: 2,6000000004.

B2 =0,2166666667*12

	A	B	C
1	18/04/2018	3,2166666667	
2	06/07/2021	2,6000000004	

3.3.14. Tercero, calcule los días.

3.3.15. Ubíquese en otra celda de resultado.

3.3.16. Aplique la fórmula o función que se ajuste más al criterio de la ley, para calcular con la mayor exactitud el tiempo transcurrido en días.

3.3.17. En concreto, se ha elegido la fórmula **decimales de meses** por treinta días: 0,6000000004 * **30 días.**

3.3.18. Pulse la tecla **Enter**. Aparecerá en dicha celda el resultado de la operación. Días transcurridos: 18,0000000120.

B3 =0,6000000004*30

	A	B	C
1	18/04/2018	3,2166666667	
2	06/07/2021	2,6000000004	
3		18,0000000120	

3.3.19. Quédese con el entero de cada cifra, la última redondeada.

C1 =3

	A	B	C
1	18/04/2018	3,2166666667	3
2	06/07/2021	2,6000000004	
3		18,0000000120	

C2 =2

	A	B	C
1	18/04/2018	3,2166666667	3
2	06/07/2021	2,6000000004	2
3		18,0000000120	

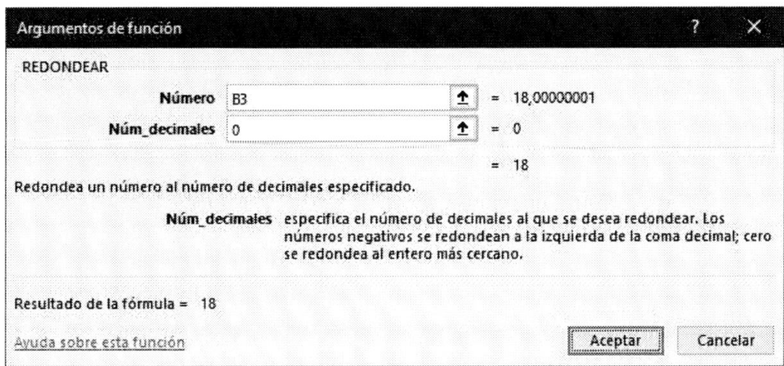

C3 =REDONDEAR(B3;0)

	A	B	C
1	18/04/2018	3,2166666667	3
2	06/07/2021	2,6000000004	2
3		18,0000000120	18

3.3.20. Verifique los pasos en la **Barra de fórmulas.**

3.4.

3.4.1. Calcule el término del plazo.

A3 =FECHA(AÑO(A1)+5;MES(A1);DIA(A1))

	A	B	C	D
1	18/04/2018			
2	06/07/2021			
3	18/04/2023			

3.4.2. Primero, calcule los años.

3.4.3. Ubíquese en la celda de resultado.

3.4.4. Aplique la fórmula o función que se ajuste más al criterio de la ley, para calcular con la mayor exactitud el tiempo que falta en años.

3.4.5. En concreto, se ha elegido la función **FRAC.AÑO ().**

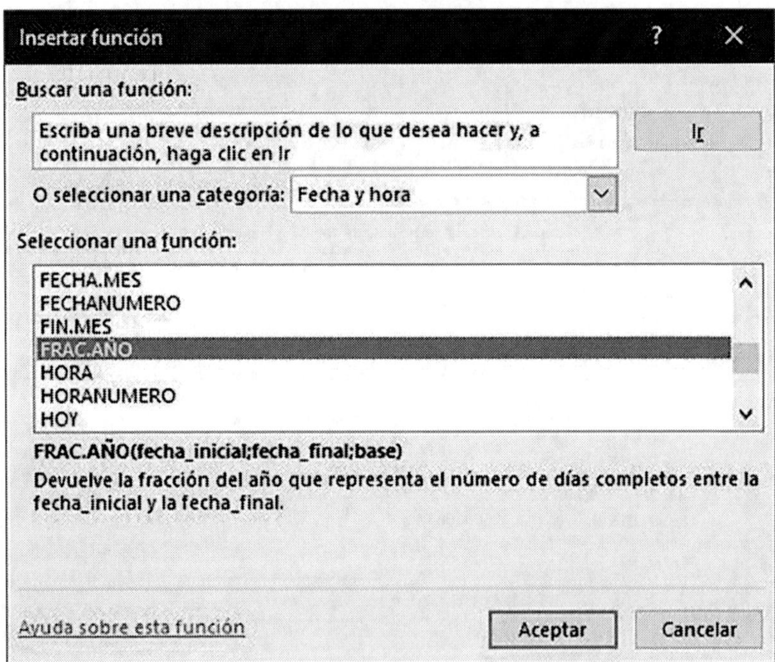

3.4.6. En el primer argumento, **fecha_inicial**, escriba o seleccione la fecha actual: A2.

3.4.7. En el segundo argumento, **fecha_final**, escriba o seleccione el término del plazo: A3.

3.4.8. En el tercer argumento, **base**, escriba 0.

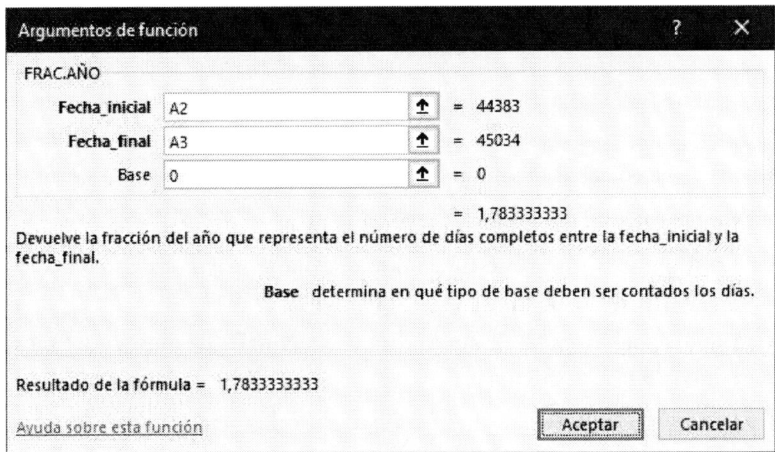

3.4.9. Pulse el botón **Aceptar.** Aparecerá en dicha celda el resultado de la operación. Años que faltan: 1,7833333333.

B1 =FRAC.AÑO(A2;A3;0)

	A	B	C
1	18/04/2018	1,7833333333	
2	06/07/2021		
3	18/04/2023		

3.4.10. Segundo, calcule los meses.

3.4.11. Ubíquese en otra celda de resultado.

3.4.12. Aplique la fórmula o función que se ajuste más al criterio de la ley, para calcular con la mayor exactitud el tiempo que falta en meses.

3.4.13. En concreto, se ha elegido la fórmula **decimales de años** por doce meses: 0,7833333333 * **12 meses**.

3.4.14. Pulse la tecla **Enter.** Aparecerá en dicha celda el resultado de la operación. Meses que faltan: 9,3999999996.

B2 =0,7833333333*12

	A	B	C
1	18/04/2018	1,7833333333	
2	06/07/2021	9,3999999996	
3	18/04/2023		

3.4.15. Tercero, calcule los días.

3.4.16. Ubíquese en otra celda de resultado.

3.4.17. Aplique la fórmula o función que se ajuste más al criterio de la ley, para calcular con la mayor exactitud el tiempo que falta en días.

3.4.18. En concreto, se ha elegido la fórmula **decimales de meses** por treinta días: 0,3999999996 * **30 días**.

3.4.19. Pulse la tecla **Enter**. Aparecerá en dicha celda el resultado de la operación. Días que faltan: 11,9999999880.

B3 =0,3999999996*30

	A	B	C
1	18/04/2018	1,7833333333	
2	06/07/2021	9,3999999996	
3	18/04/2023	11,9999999880	

3.4.20. Quédese con el entero de cada cifra, la última redondeada.

C1 =1

	A	B	C
1	18/04/2018	1,7833333333	1
2	06/07/2021	9,3999999996	
3	18/04/2023	11,9999999880	

C2 | f_x =9

	A	B	C
1	18/04/2018	1,7833333333	1
2	06/07/2021	9,3999999996	9
3	18/04/2023	11,9999999880	

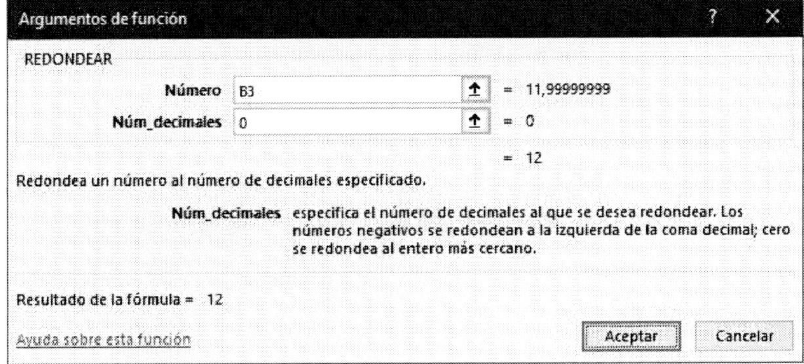

C3 | f_x =REDONDEAR(B3;0)

	A	B	C
1	18/04/2018	1,7833333333	1
2	06/07/2021	9,3999999996	9
3	18/04/2023	11,9999999880	12

3.4.21. Verifique los pasos en la **Barra de fórmulas.**

*Hasta ahora los cálculos de cantidad de tiempo se han efectuado en una misma unidad.

*También, puede apreciar que los resultados en días siempre han sido exactos, ya que se trata de la mínima unidad de tiempo[47].

*Sin embargo, los resultados en meses o años, algunos han sido exactos, otros no.

[47] A afectos de este trabajo.

*Por exacto se entiende un numero entero o redondo.

*En general, esta situación se genera cuanto la fecha inicial y la fecha actual coinciden en el día.

*Sin embargo, cuando no ocurre tal coincidencia, el resultado es inexacto.

*Por tal se entiende un número con decimales o fracción.

*El problema con este tipo de resultado es que no es ni claro ni preciso. Es poco seguro para el control y seguimiento.

*Por eso, el usuario tiene la opción de trabajar con varias unidades de tiempo.

*Se trata de un cálculo más complejo. Por eso, razones didácticas obligan a estudiarlo por separado.

*Consiste en el cálculo civil de cantidad de tiempo.

*El abogado lo emplea frecuentemente para el control y seguimiento del plazo.

*Se calculan varias unidades de tiempo entre fechas.

*En concreto: años, meses y días.

*Hacia adelante.

*El resultado final se expresa en las mismas unidades de tiempo.

*Luego, el usuario puede trabajar directamente con el resultado en años, meses y días.

*El cálculo puede ser directo, por cada unidad de tiempo.

*Más preciso.

*Trabaja con fechas.

*Combina el sistema fecha a fecha con la cuenta en días continuos o naturales.

*Al respecto, no hay inconveniente. Existe continuidad. De modo que donde termina un sistema comienza el otro.

*O puede ser indirecto, convirtiendo los decimales de una unidad de tiempo en la inmediata inferior.

*Menos preciso.

*Al principio, trabaja con fechas. Luego, con números.

*En el primer supuesto, Excel cuenta con una función específica: SIFECHA ().

*El usuario no debe confundirla con la función lógica SI ().

*Es la más completa y potente de su tipo[48].

*Sus resultados son muy precisos[49].

*Es oculta.

*El cálculo es entre fechas, fórmula del tipo fecha - fecha.

*Puede abarcar varios años.

*El primer argumento, fecha_inicial, es la fecha de origen del control y seguimiento, la cual coincide con la fecha de origen del plazo.

*El segundo, fecha_ final, es la fecha actual.

*Lo particular de la misma es el tercer argumento, denominado unidad, el cual permite escoger la unidad de tiempo que se utilizará en el cálculo.

*Las opciones del mismo son: "y", para calcular los años entre fechas; "m", para calcular los meses entre fechas; "d", para calcular los días entre fechas; "md", para calcular la diferencia entre los días de fecha_inicial y fecha_final (es decir, los meses y años de las fechas se pasan por alto); "ym", para calcular la diferencia entre los meses de fecha_inicial y fecha_final (es decir, los días y años de las fechas se pasan por alto); y "yd", para calcular la diferencia entre los días de fecha_inicial y fecha_final (es decir, los años de las fechas se pasan por alto).

*Los argumentos se escriben directamente en la celda, separados por punto y coma. La letra que identifica la unidad de tiempo debe estar entre comillas.

*Cada unidad de tiempo se trabaja por separado, empezando por la mayor. Luego, todas se integran en un resultado. Al respecto, pudieran ayudar las funciones de texto. Algunas se estudiarán en la variante FT.

*Aunque no se presenten coincidencias entre fecha_inicial y fecha_final, el resultado de la función será exacto. Un entero correspondiente a años, meses o días.

*En cuanto al segundo supuesto, el usuario puede valerse de fórmulas ya estudiadas. Aunque, no sean tan directas, precisas y versátiles.

---

48 Entre otras razones, por su carácter integral. Permite el cálculo en años, meses o días.

49 Porque sus cálculos se efectúan según calendario.

*Aplique aquellas que mejor se ajusten a lo estipulado en la ley.

*Es un procedimiento largo.

*El primer cálculo es entre fechas, fórmula del tipo fecha - fecha.

*Luego, se llevan a cabo operaciones aritméticas.

*Puede abarcar varios años.

*Cada unidad de tiempo se trabaja por separado, empezando por la mayor. Luego, todas se integran en un resultado.

*Debe quedarse con el entero de cada unidad de tiempo.

*Los decimales deben convertirse a la unidad de tiempo inmediata inferior.

*Como se indicó en capítulos anteriores, las conversiones suelen tener un margen de error con relación al calendario. Mas, según las pruebas realizadas, es muy pequeño. Suficiente para el control y seguimiento aproximado.

*Mientras más decimales se usen en el cálculo, el resultado será más preciso.

*De redondear, que sea al final de la operación.

*En el presente caso, coinciden totalmente los resultados del primer y del segundo procedimiento. Mas, pudieran presentarse pequeñas diferencias respecto a la mínima unidad de tiempo[50].

*En la función y en la fórmula propuestas se aplica, en general, lo dicho sobre la fecha de origen y la fecha actual en los comentarios de los casos DAdC, MAd y AAd.

*También lo dicho sobre el término, aunque se estudiará mejor en la variante TInh.

*El usuario debe tener cuidado con la materia (mercantil, laboral, penal, etc.). Alguna pudiera regirse por otras reglas, como la de contar el *Dies a quo* o la del término fatal.

*Lo mismo cabe decir sobre los plazos extraprocesales.

*Pudieran anidarse otras funciones.

---

50 Recuerde que el segundo procedimiento pudiera no tomar en cuenta todos los días del calendario.

*Los procedimientos anteriores pudieran ser más eficientes si se automatizaran a través de una macro o código de *Visual Basic for Applications* (VBA).

*El resultado será la combinación de años, meses y días transcurridos.

*El valor «tiempo transcurrido» nunca será negativo, menor que «tiempo del plazo». En su lugar aparecerá error. Cuando el valor «tiempo transcurrido» sea positivo, mayor que «tiempo del plazo», se podrá hallar «tiempo vencido». Este supuesto no se desarrolla en este trabajo.

*Ambos valores son viables con las fórmulas y funciones del segundo procedimiento. Pero, su cálculo no es objeto de estudio en este trabajo.

*Cuando el «tiempo transcurrido» sea igual a cero o positivo, igual o menor que el plazo, se podrá hallar el «tiempo que falta».

*Hasta ahora, el tiempo que falta, sea su resultado exacto o inexacto, se ha calculado en la misma unidad de tiempo, a través de una operación aritmética. Se trata de un procedimiento indirecto.

*Sin embargo, en este caso, se procedió en forma directa. Primero, porque de forma indirecta sería más complicado. Y segundo, porque de esta manera se facilitan los cálculos en el supuesto de que la fecha actual coincida con un término inhábil o inexistente.

*Este procedimiento directo consiste, primero, en hallar el término del plazo. Y segundo, seguir los procedimientos arriba indicados, solo que la fecha inicial será la fecha actual y la fecha final será el término.

*El resultado será la combinación de años, meses y días que faltan.

*Lo dicho anteriormente se aplica por igual si el plazo fuera un lapso o un término.

*Sin embargo, el usuario debe recordar que, en un lapso, la validez de la fecha actual dependerá de su coincidencia con cualquiera de los días del plazo. Mas, en un término, dicha validez dependerá de su coincidencia solo con el último día del mismo.

*Por eso, se recomienda hacer la distinción conceptual a la hora de presentar el resultado o dar una respuesta del caso. En el primer supuesto, se trata de «tiempo transcurrido» o «tiempo que falta» del lapso. En el segundo, del término.

*El presente caso se trata del control y seguimiento de un término hacia adelante, cuyo cálculo arroja 3 años 2 meses 18 días transcurridos de los 5 años totales del plazo.

*No está vencido, porque la fecha actual es menor que la fecha final del plazo, *Dies ad quem.*

*La fecha actual no es válida, pues no coincide con el último día el plazo, único válido.

*El usuario puede hacer una validación convirtiendo los resultados parciales a la misma unidad de tiempo, preferiblemente la más pequeña, para obtener un total. Por ejemplo, pudiera verificar el tiempo transcurrido.

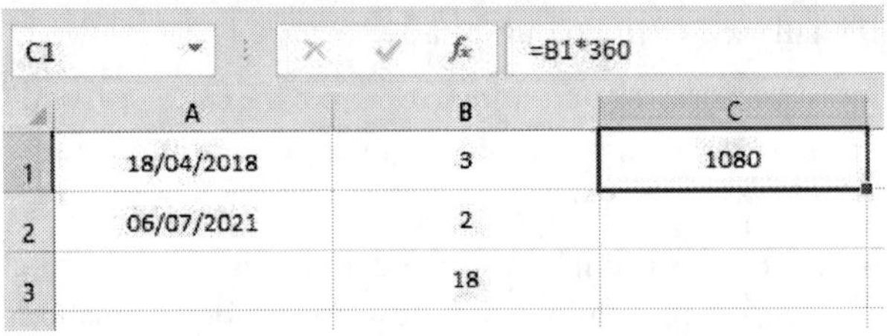

C1 =B1*360

	A	B	C
1	18/04/2018	3	1080
2	06/07/2021	2	
3		18	

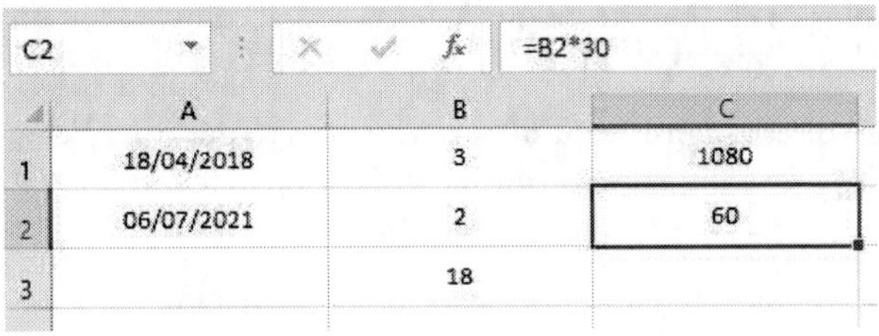

C2 =B2*30

	A	B	C
1	18/04/2018	3	1080
2	06/07/2021	2	60
3		18	

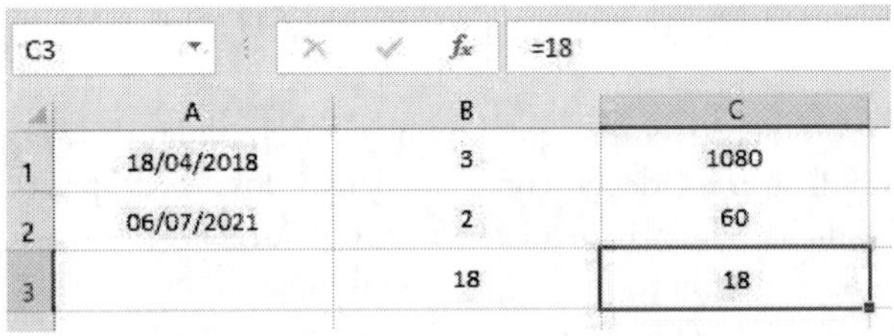

C3 =18

	A	B	C
1	18/04/2018	3	1080
2	06/07/2021	2	60
3		18	18

C4 =SUMA(C1;C2;C3)

	A	B	C
1	18/04/2018	3	1080
2	06/07/2021	2	60
3		18	18
4			1158

*Luego, debe realizar el cálculo completo en dicha unidad de tiempo con una fórmula o función compatible, es decir, aquella que tenga por base el mismo factor empleado en la conversión, sin importar cual haya sido el procedimiento utilizado para obtener el resultado. Por ejemplo, DIAS360 ().

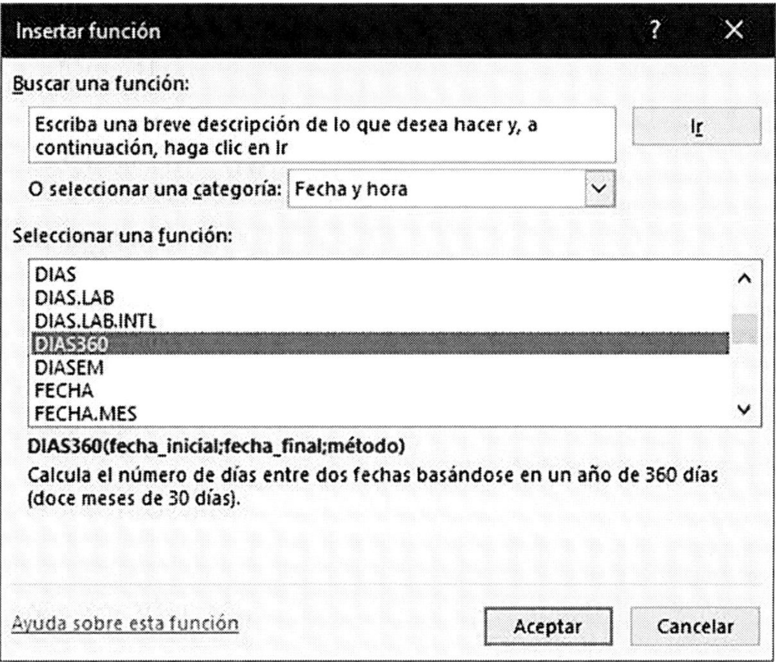

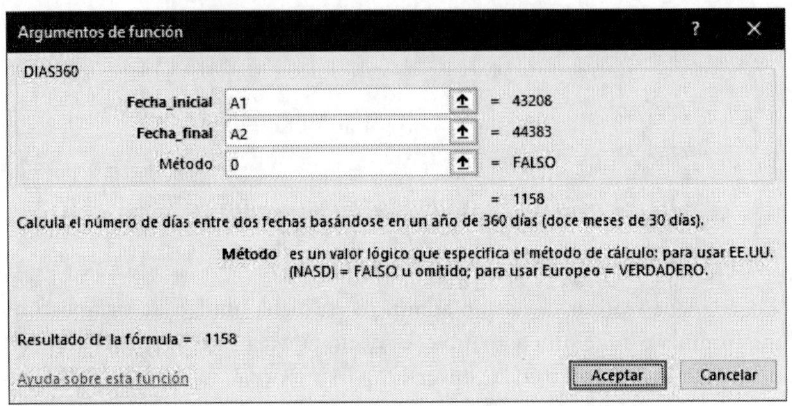

D4 =DIAS360(A1;A2;0)

	A	B	C	D
1	18/04/2018	3	1080	
2	06/07/2021	2	60	
3		18	18	
4			1158	1158

*Si las cifras conseguidas son iguales, se confirma la validez. De lo contrario, convendrá revisar la operación.

D4 =DIAS360(A1;A2;0)

	A	B	C	D
1	18/04/2018	3	1080	
2	06/07/2021	2	60	
3		18	18	
4			1158	1158

*También se pudiera constatar el resultado en el calendario.

*Es raro que la ley, sentencia o contrato establezca directamente plazos inexactos, bien sea empleando varias unidades de tiempo, por ejemplo, 5 años 4 meses 20 días, o decimales de una misma, por ejemplo 5,5 años. Estas fuentes deben ser claras y precisas, pues buscan favorecer la seguridad jurídica. En definitivas, se prefieren los plazos civiles que los naturales.

*Sin embargo, en algunas legislaciones pudieran presentarse excepciones, por ejemplo, cuando se reconoce el hecho natural de la maternidad y se establece un permiso prenatal de mes y medio antes del parto. O, cuando por disminución de pena, el juez condena al acusado por la comisión de un hurto a 1 año 6 meses de prisión.

*De ser el caso, el presente trabajo sienta las bases para el respectivo cálculo de cantidad de tiempo.

*Es importante emplear el formato de celdas según el procedimiento, sea fecha o sea número.

*Si las operaciones se efectúan con números que representan a las fechas, el resultado será exactamente el mismo. Se estudiará en la variante CFN.

*El usuario pudiera escribir directamente las fechas y números en las fórmulas, o introducir estos datos mediante referencias de celda. Se estudiará en la variante AF.

#Me habían solicitado opinión sobre si la hija de un trabajador tenía derecho a recibir los servicios médicos que ofrecía la institución. La norma era clara. Decía «hasta los 18 años». Como este tipo de consulta era frecuente, había creado una calculadora de tiempo. Resultado: improcedente. Días después, el Subdirector me convocó a una reunión con el sindicato. Sáqueme de dudas, doctor. ¿Hasta qué edad pueden recibir atención médica los hijos de los trabajadores? Hasta los 18 años. ¿Seguro? Cambié mi rostro a la modalidad «impertérrito». Luego, para aliviar la tensión, hice un poco de teatro. Todo abogado tiene algo de actor. Saqué el contrato colectivo del maletín y leí con solemnidad la referida norma. No había terminado cuando saltó de la silla el representante sindical. Y entonces, ¿por qué dice que la hija de Juan no tiene derecho a los servicios médicos? ¿Disculpe? Se nota que usted no tiene hijos, le secundó el trabajador. ¡Ah! La niña no tiene 18, reiteré mi posición. Doctor, no sea porfiado. Los cálculos del analista de personal corroboran la postura del sindicato, dijo el Subdirector. En ese punto, bajé la guardia. ¿La calculadora se equivocó? —me pregunté—. Denme cinco minutos. Como arrastrado por un vendaval, saqué la portátil, abrí Excel, me ubiqué en la calculadora y revisé la fórmula. También el expediente del caso. Respiré hondo. Caballero, ¿qué edad dijo que tiene su hija? Recién cumplió 18, respondió enardecido el trabajador. Pudiera decirme la fecha de su nacimiento. En 1993. La fecha. El 7 de mayo de 1993. Entonces, ¿por qué dice que tiene

18? Silencio en la oficina. Todos pensaron que la reunión iba a terminar en trifulca. Continué. Verá, elaboré el dictamen sobre su hija el 20 de mayo de 2011. ¿Y? Mi hija sigue teniendo 18. Pues, no. Para ese entonces tenía 18 años con 13 días. La reunión finalizó con el trabajador y su representante sindical confundidos, y el Subdirector nervioso. Este error llevaba más de 15 años cometiéndose en la institución.

AÑOS, MESES Y DÍAS - HACIA ATRÁS (AMDAt)

1. **Problema:** Las autoridades y el personal al servicio de las Administraciones en quienes se den algunas de las circunstancias señaladas en el apartado siguiente se abstendrán de intervenir en el procedimiento y lo comunicarán a su superior inmediato, quien resolverá lo procedente... Son motivos de abstención los siguientes: ... e) Tener relación de servicio con persona natural o jurídica interesada directamente en el asunto, o haberle prestado en los tres[51] últimos años servicios profesionales de cualquier tipo y en cualquier circunstancia o lugar.

Fecha de inicio del procedimiento: 16/03/2021.

Fecha de prestación de servicios profesionales: 11/05/2019.

¿Debe abstenerse de intervenir el funcionario?

¿Cuánto tiempo del plazo ha transcurrido?

¿Cuánto falta?

2. **Solución:** función **SIFECHA ()**/función **SIFECHA ()**/función **FRAC.AÑO ()**, fórmula **decimales de años * 12 meses,** fórmula **decimales de meses * 30 días**/función **FRAC.AÑO ()**, fórmula **decimales de años * 12 meses,** fórmula **decimales de meses * 30 días.**

Si.

Tiempo transcurrido: 1 año 1 mes 26 días[52].

Tiempo que falta: 1 año 10 meses 4 días[53].

---

51 En el texto original se establece un plazo de dos años. Para facilitar el cálculo se cambió a tres.

52 Otra respuesta pudiera ser: 1 año 1 mes 25 días transcurridos, sin la inclusión de la fecha inicial.

53 Otra respuesta pudiera ser: 1 año 10 meses 5 días que faltan, sin la exclusión de la fecha final.

3. **Procedimiento:**

3.1.

3.1.1. Calcule el término del plazo.

A3 =FECHA(AÑO(A1)-3;MES(A1);DIA(A1))

	A	B	C
1	16/03/2021		
2	11/05/2019		
3	16/03/2018		

3.1.2 Primero, calcule los años.

3.1.3. Ubíquese en la celda de resultado.

3.1.4. Escriba el signo **igual (=).**

3.1.5. Escriba la función **SIFECHA ().**

3.1.6. En el primer argumento, **fecha_inicial**, escriba o seleccione el término del plazo: A3.

3.1.7. En el segundo argumento, **fecha_final**, escriba o seleccione la fecha de prestación de servicios profesionales y súmele 1 día: A2 + 1.

3.1.8. En el tercer argumento, **unidad**, escriba entre comillas la unidad de tiempo: "y".

3.1.9. Pulse la tecla **Enter**. Aparecerá en dicha celda el resultado de la operación. Años transcurridos: 1.

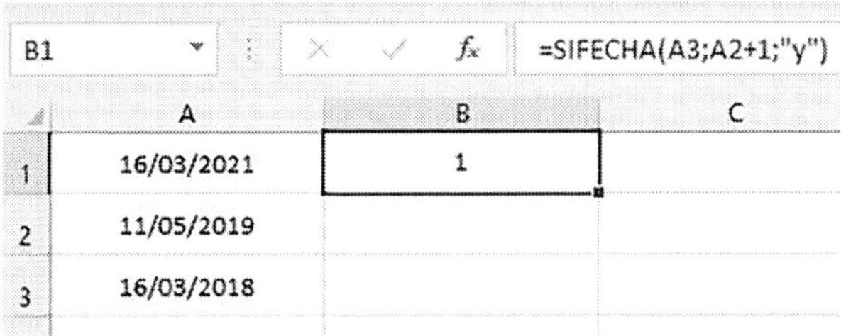
B1 =SIFECHA(A3;A2+1;"y")

	A	B	C
1	16/03/2021	1	
2	11/05/2019		
3	16/03/2018		

3.1.10. Segundo, calcule los meses.

3.1.11. Ubíquese en otra celda de resultado.

3.1.12. Repita los pasos anteriores, pero en el tercer argumento, unidad, escriba "ym".

3.1.13. Aparecerá en dicha celda el resultado de la operación. Meses transcurridos: 1.

B2 =SIFECHA(A3;A2+1;"ym")

	A	B	C
1	16/03/2021	1	
2	11/05/2019	1	
3	16/03/2018		

3.1.14. Tercero, calcule los días.

3.1.15. Ubíquese en otra celda de resultado.

3.1.16. Repita los pasos anteriores, pero en el tercer argumento, unidad, escriba "md".

3.1.17. Aparecerá en dicha celda el resultado de la operación. Días transcurridos: 26.

B3 =SIFECHA(A3;A2+1;"md")

	A	B	C
1	16/03/2021	1	
2	11/05/2019	1	
3	16/03/2018	26	

3.1.18. Verifique los pasos en la **Barra de fórmulas.**

3.2.

3.2.1. Primero, calcule los años.

3.2.2. Ubíquese en la celda de resultado.

3.2.3. Escriba el signo **igual (=).**

3.2.4. Escriba la función **SIFECHA ().**

3.2.5. En el primer argumento, **fecha_inicial**, escriba o seleccione la fecha de prestación de servicios profesionales y súmele 1 día: A2 + 1.

3.2.6. En el segundo argumento, **fecha_final**, escriba o seleccione la fecha de inicio del procedimiento: A1.

3.2.7. En el tercer argumento, **unidad**, escriba entre comillas la unidad de tiempo: "y".

3.2.8. Pulse la tecla **Enter.** Aparecerá en dicha celda el resultado de la operación. Años que faltan: 1.

B1 =SIFECHA(A2+1;A1;"y")

	A	B	C
1	16/03/2021	1	
2	11/05/2019		
3	16/03/2018		

3.2.9. Segundo, calcule los meses.

3.2.10. Ubíquese en otra celda de resultado.

3.2.11. Repita los pasos anteriores, pero en el tercer argumento, unidad, escriba "ym".

3.2.12. Aparecerá en dicha celda el resultado de la operación. Meses que faltan: 10.

B2 =SIFECHA(A2+1;A1;"ym")

	A	B	C
1	16/03/2021	1	
2	11/05/2019	10	
3	16/03/2018		

3.2.13. Tercero, calcule los días.

3.2.14. Ubíquese en otra celda de resultado.

3.2.15. Repita los pasos anteriores, pero en el tercer argumento, unidad, escriba "md".

3.2.16. Aparecerá en dicha celda el resultado de la operación. Días que faltan: 4.

B3 =SIFECHA(A2+1;A1;"md")

	A	B	C
1	16/03/2021	1	
2	11/05/2019	10	
3	16/03/2018	4	

3.2.17. Verifique los pasos en la **Barra de fórmulas.**

3.3.

3.3.1. Calcule el término del plazo.

A3 =FECHA(AÑO(A1)-3;MES(A1);DIA(A1))

	A	B	C
1	16/03/2021		
2	11/05/2019		
3	16/03/2018		

3.3.2. Primero, calcule los años.

3.3.3. Ubíquese en la celda de resultado.

3.3.4. Aplique la fórmula o función que se ajuste más al criterio de la ley, para calcular con la mayor exactitud el tiempo transcurrido en años.

3.3.5. En concreto, se ha elegido la función **FRAC.AÑO ().**

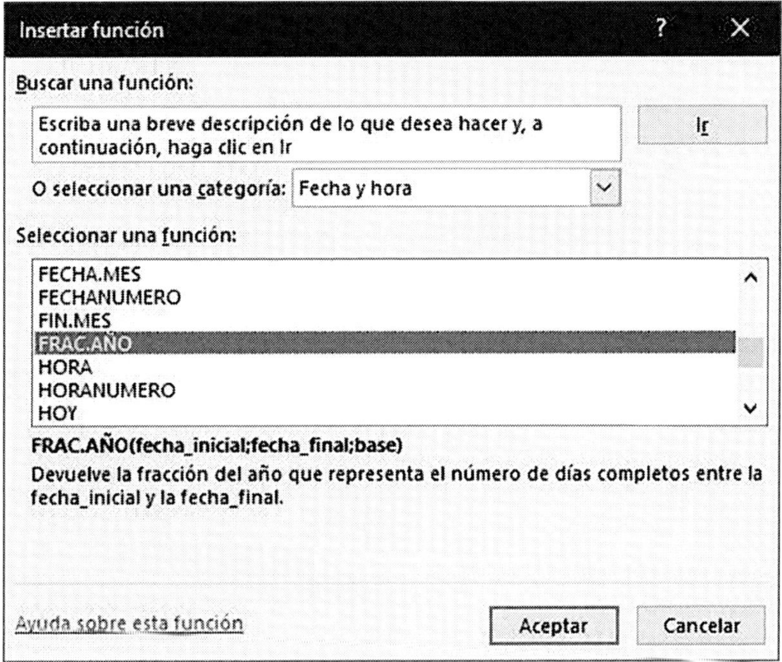

3.3.6. En el primer argumento, **fecha_inicial**, escriba o seleccione el término del plazo: A3.

3.3.7. En el segundo argumento, **fecha_final**, escriba o seleccione la fecha de prestación de servicios profesionales y súmele 1 día: A2 + 1.

3.3.8. En el tercer argumento, **base**, escriba 0.

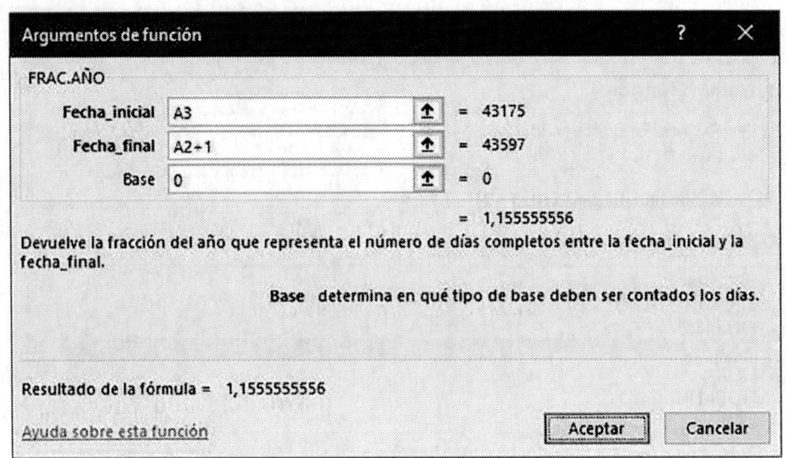

3.3.9. Pulse el botón **Aceptar.** Aparecerá en dicha celda el resultado de la operación. Años transcurridos: 1,1555555556.

B1 =FRAC.AÑO(A3;A2+1;0)

	A	B	C
1	16/03/2021	1,1555555556	
2	11/05/2019		
3	16/03/2018		

3.3.10. Segundo, calcule los meses.

3.3.11. Ubíquese en otra celda de resultado.

3.3.12. Aplique la fórmula o función que se ajuste más al criterio de la ley, para calcular con la mayor exactitud el tiempo transcurrido en meses.

3.3.13. En concreto, se ha elegido la fórmula **decimales de años** por doce meses: 0,1555555556 * **12 meses.**

3.3.14. Pulse la tecla **Enter**. Aparecerá en dicha celda el resultado de la operación. Meses transcurridos: 1,8666666672.

B2 | =0,1555555556*12

	A	B	C
1	16/03/2021	1,1555555556	
2	11/05/2019	1,8666666672	
3	16/03/2018		

3.3.15. Tercero, calcule los días.

3.3.16. Ubíquese en otra celda de resultado.

3.3.17. Aplique la fórmula o función que se ajuste más al criterio de la ley, para calcular con la mayor exactitud el tiempo transcurrido en días.

3.3.18. En concreto, se ha elegido la fórmula **decimales de meses** por treinta días: 0,8666666672 * **30 días.**

3.3.19. Pulse la tecla **Enter**. Aparecerá en dicha celda el resultado de la operación. Días transcurridos: 26,0000000160.

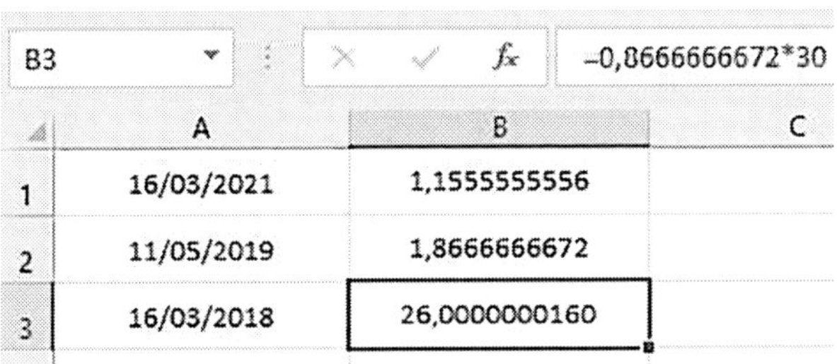
B3 | =0,8666666672*30

	A	B	C
1	16/03/2021	1,1555555556	
2	11/05/2019	1,8666666672	
3	16/03/2018	26,0000000160	

3.3.20. Quédese con el entero de cada cifra, la última redondeada.

C1 | =1

	A	B	C
1	16/03/2021	1,1555555556	1
2	11/05/2019	1,8666666672	
3	16/03/2018	26,0000000160	

C2 | fx | =1

	A	B	C
1	16/03/2021	1,1555555556	1
2	11/05/2019	1,8666666672	1
3	16/03/2018	26,0000000160	

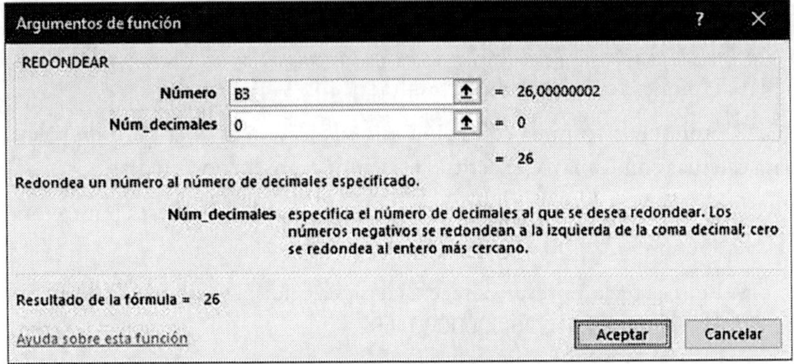

C3 | fx | =REDONDEAR(B3;0)

	A	B	C
1	16/03/2021	1,1555555556	1
2	11/05/2019	1,8666666672	1
3	16/03/2018	26,0000000160	26

3.3.21. Verifique los pasos en la **Barra de fórmulas.**

3.4.

3.4.1. Calcule el término del plazo.

3.4.2. Primero, calcule los años.

3.4.3. Ubíquese en la celda de resultado.

3.4.4. Aplique la fórmula o función que se ajuste más al criterio de la ley, para calcular con la mayor exactitud el tiempo que falta en años.

3.4.5. En concreto, se ha elegido la función **FRAC.AÑO ().**

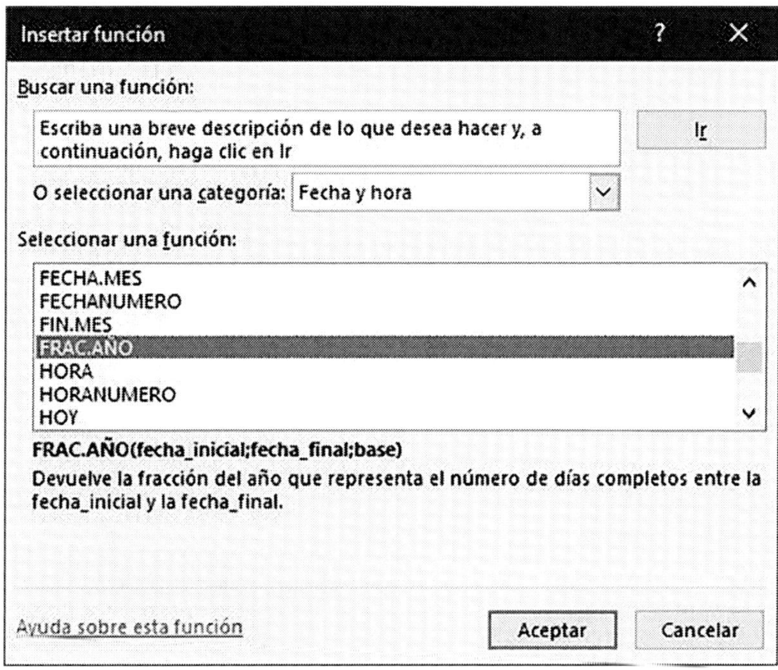

3.4.6. En el primer argumento, **fecha_inicial**, escriba o seleccione la fecha de prestación de servicios profesionales y súmele 1 día: A2 + 1.

3.4.7. En el segundo argumento, **fecha_final**, escriba o seleccione la fecha de inicio del procedimiento: A1.

3.4.8. En el tercer argumento, **base,** escriba 0.

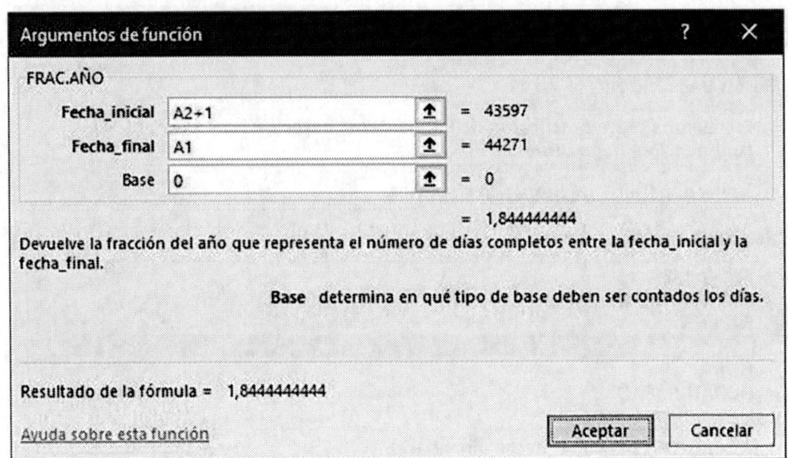

3.4.9. Pulse el botón **Aceptar**. Aparecerá en dicha celda el resultado de la operación. Años que faltan: 1,8444444444.

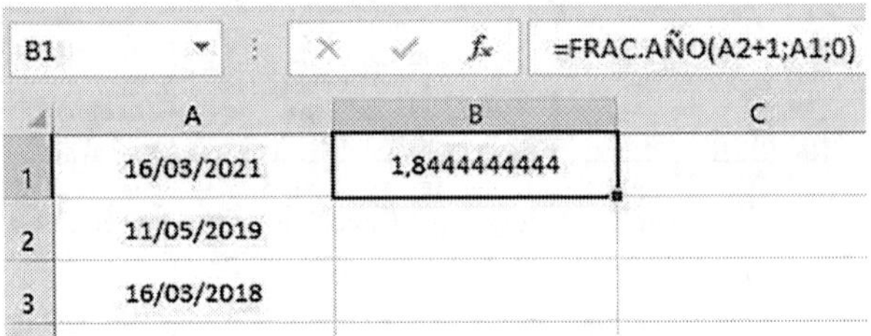

B1 =FRAC.AÑO(A2+1;A1;0)

	A	B	C
1	16/03/2021	1,8444444444	
2	11/05/2019		
3	16/03/2018		

3.4.10. Segundo, calcule los meses.

3.4.11. Ubíquese en otra celda de resultado.

3.4.12. Aplique la fórmula o función que se ajuste más al criterio de la ley, para calcular con la mayor exactitud el tiempo que falta en meses.

3.4.13. En concreto, se ha elegido la fórmula **decimales de años** por doce meses: 0,8444444444 * **12 meses.**

3.4.14. Pulse la tecla **Enter**. Aparecerá en dicha celda el resultado de la operación. Meses que faltan: 10,1333333328.

B2 | =0,8444444444*12

	A	B	C
1	16/03/2021	1,8444444444	
2	11/05/2019	10,1333333328	
3	16/03/2018		

3.4.15. Tercero, calcule los días.

3.4.16. Ubíquese en otra celda de resultado.

3.4.17. Aplique la fórmula o función que se ajuste más al criterio de la ley, para calcular con la mayor exactitud el tiempo que falta en días.

3.4.18. En concreto, se ha elegido la fórmula **decimales de meses** por treinta días: 0,1333333328 * **30 días**.

3.4.19. Pulse la tecla **Enter**. Aparecerá en dicha celda el resultado de la operación. Días que faltan: 3,9999999840.

B3 | =0,1333333328*30

	A	B	C
1	16/03/2021	1,8444444444	
2	11/05/2019	10,1333333328	
3	16/03/2018	3,9999999840	

3.4.20. Quédese con el entero de cada cifra, la última redondeada.

C1 | =1

	A	B	C
1	16/03/2021	1,8444444444	1
2	11/05/2019	10,1333333328	
3	16/03/2018	3,9999999840	

C2 | =10

	A	B	C
1	16/03/2021	1,8444444444	1
2	11/05/2019	10,1333333328	10
3	16/03/2018	3,9999999840	

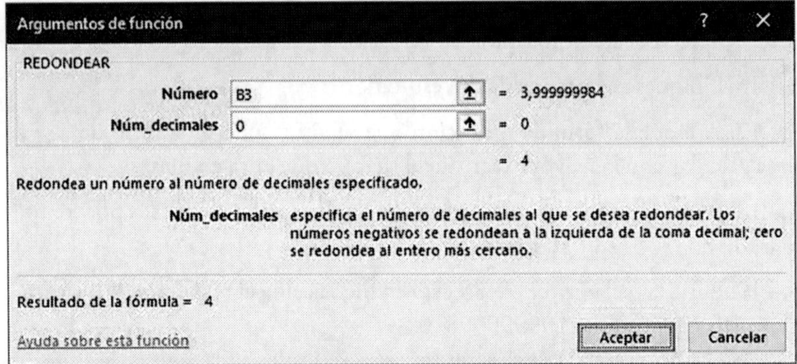

C3 | =REDONDEAR(B3;0)

	A	B	C
1	16/03/2021	1,8444444444	1
2	11/05/2019	10,1333333328	10
3	16/03/2018	3,9999999840	4

3.4.21. Verifique los pasos en la **Barra de fórmulas.**

*Básicamente, se aplican los mismos comentarios del caso AMDAd, solo que la cuenta cambia de dirección. Es hacia atrás.

*Sin embargo, el control y seguimiento es diferente. Sigue siendo hacia adelante, cual es la dirección natural del tiempo.

*Lo anterior implica: 1) Que empiece por el término del plazo; y 2) Que ese día, el día 1 del control y seguimiento, se cuente.

*En otras palabras, se genera una versión hacia adelante del plazo para trabajar en lo sucesivo.

*El primer procedimiento es la función SIFECHA (), mencionada en el caso AMDAd.

*Donde, el primer argumento, fecha_inicial, es la fecha de origen del control y seguimiento. Esta, a su vez, es la fecha final del original plazo hacia atrás, *Dies ad quem.*

*Se trata de un día fijo.

*Por la naturaleza del plazo, se cuenta.

*La función propuesta no cuenta la fecha inicial. Para incluirla, debe restarle 1 día.

*El segundo, fecha_ final, es la fecha de referencia.

*Es movible. Pudiera estar fuera o dentro del plazo.

*Fuera, pudiera ser anterior o posterior al mismo. En estos supuestos pudiera arrojar error.

*Dentro, pudiera coincidir con la fecha inicial o la fecha final del control y seguimiento, o estar entre ambas.

*En cualquiera de estos supuestos, se cuenta.

*La función propuesta no cuenta la fecha de referencia desde el principio. Para incluirla, debe sumarle 1 día.

*De ajustar la fecha de referencia, no es necesario hacerlo con la fecha inicial.

*Lo particular de la misma es el tercer argumento, denominado unidad, el cual permite escoger la unidad de tiempo que se utilizará en el cálculo.

*Aunque no se presenten coincidencias entre fecha_inicial y fecha_final, previo ajuste, el resultado de la función será exacto. Un entero correspondiente a años, meses o días.

*Si se trabaja con números negativos, es decir, fecha_inicial mayor que fecha_final, el resultado será error.

*El usuario puede añadir el signo (-) al resultado para indicar la dirección del plazo[54].

*Su ventaja es la precisión. Como ya se dijo, por tratarse de una función específica para el cálculo de tiempo, trabaja directamente con el calendario.

54 Hacia atrás.

*En cuanto al segundo procedimiento, el usuario puede valerse de las fórmulas ya estudiadas, con los respectivos ajustes, por tratarse de un plazo hacia atrás. Aunque, no sean tan directas, precisas y versátiles.

*Permite al usuario obtener un resultado tanto en números positivos como negativos. Esa es su ventaja.

*No es tan preciso, pero, es suficiente para un control y seguimiento aproximado.

*En la función y en la fórmula propuestas se aplica, en general, lo dicho sobre la fecha de origen y la fecha actual o de referencia en los comentarios de los casos DAtC, MAt y AAt.

*Las variaciones del término en el original plazo hacia atrás afectarán el tiempo transcurrido del control y seguimiento.

*El resultado será la combinación de años, meses y días transcurridos.

*Si el usuario quisiera un resultado en números negativos, para indicar que se trata de un plazo hacia atrás, puede optar por transponer los argumentos de la función propuesta. La fecha de referencia por la fecha inicial y viceversa.

*El resultado será la combinación de años, meses y días transcurridos en números negativos.

*El valor «tiempo transcurrido» nunca será negativo, menor que «tiempo del plazo». En su lugar aparecerá error. Cuando el valor «tiempo transcurrido» sea positivo, mayor que «tiempo del plazo», se podrá hallar «tiempo vencido». Este supuesto no se desarrolla en este trabajo.

*Ambos valores son viables con las fórmulas y funciones del segundo procedimiento. Pero, su cálculo no es objeto de estudio en este trabajo.

*Cuando el «tiempo transcurrido» sea igual a cero o positivo, igual o menor que el plazo, se podrá hallar el «tiempo que falta».

*Se invierte lo anterior cuando se trabaja con números negativos.

*El tiempo que falta puede calcularse en forma directa, es decir, trabajando con fechas, o indirecta, es decir, trabajando con números, como en los casos DAtC, MAt y AAt.

*La fecha inicial del tiempo que falta no se cuenta, pues se trata del último día del tiempo transcurrido.

*Tampoco se cuenta el *Dies a quo* del original plazo hacia atrás. Desde el punto de vista del control y seguimiento, este viene siendo el primer día de vencimiento.

*Si el usuario optó desde un principio por trabajar con números negativos, deberá continuar de la misma forma en este procedimiento.

*El resultado será la combinación de años, meses y días que faltan.

*Se emplea el sistema fecha a fecha modificado un día combinado con la cuenta en días continuos o naturales.

*Por supuesto que el usuario pudiera emplear el sistema fecha a fecha original, pero deberá ser consciente de la inversión *Dies a quo - Dies ad quem*[55].

*Lo dicho anteriormente se aplica por igual si el plazo fuera un lapso o un término.

*Sin embargo, el usuario debe recordar que, en un lapso, la validez de la fecha de referencia dependerá de su coincidencia con cualquiera de los días del plazo. Mas, en un término, dicha validez dependerá de su coincidencia solo con el día 1 del control y seguimiento, equivalente al último día, *Dies ad quem*, del original plazo hacia atrás.

*Por eso, se recomienda hacer la distinción conceptual a la hora de presentar el resultado o dar una respuesta del caso. En el primer supuesto, se trata de «tiempo transcurrido» o «tiempo que falta» del lapso. En el segundo, del término.

*El presente caso se trata del control y seguimiento de un lapso hacia atrás, cuyo cálculo arroja 1 año 1 mes 26 días transcurridos de los 3 años totales del plazo.

*La fecha de referencia es válida, pues coincide con un día del plazo. Cualquiera de ellos, es válido.

*Por tanto, no se encuentra vencido.

*El usuario puede validar los resultados con el mismo procedimiento del caso AMDAd.

*También se pudiera constatar el resultado en el calendario.

*Los procedimientos arriba descritos son largos. Se debe calcular primero el término del original plazo hacia atrás, luego se procede a realizar el control y seguimiento en la dirección contraria.

*Dominaron razones didácticas para su escogencia. Simplicidad y claridad, especialmente.

---

55 La fecha inicial del control y seguimiento se cuenta, la final no.

*Sin embargo, el usuario pudiera optar por un cálculo corto. Complejo, aunque más rápido. Consiste en trabajar con datos conocidos. El tiempo que falta, por ejemplo. Luego, hallar el tiempo transcurrido.

*Es todavía más raro que la ley, sentencia o contrato establezca plazos inexactos hacia atrás.

*De ser el caso, el presente trabajo sienta las bases para el respectivo cálculo.

VARIANTES DE CASOS

TÉRMINO INHÁBIL (TInh)

En los cálculos de fecha, cuya fórmula es del tipo fecha - número, el término del plazo pudiera caer en día inhábil, inútil o de no despacho.

Los días inhábiles son la cara contraria de los días hábiles, es decir, aquellos que no son aptos para realizar algún acto. Son determinados por la ley. Entre ellos se encuentran los días de descanso semanal del trabajador, los días de fiesta nacional, regional o municipal, los de vacaciones y aquellos en los que las oficinas públicas, sean órganos administrativos o jurisdiccionales, deciden no despachar.

Como los días hábiles, el criterio que normalmente se utiliza para su determinación es el laboral. Por eso, en algunas legislaciones se denominan «días no laborables».

El día sábado puede ser hábil o inhábil, dependiendo de si se incluye o no en la jornada de trabajo de una institución o empresa.

Por ejemplo, si se reformulara el problema del caso TAdA, transformándolo en un TAdC, de la siguiente manera:

«La Dirección Ejecutiva de la Magistratura efectuará un sorteo de escabinos por cada circunscripción judicial el décimo día continuo siguiente al inicio del año judicial».

Fecha de inicio del año judicial: 14/01/2021, jueves.

¿Cuándo debería llevarse a cabo el sorteo?

¿Cómo debería proceder?

Siguiendo el primer procedimiento del caso TAdC, la respuesta sería 24/01/2021.

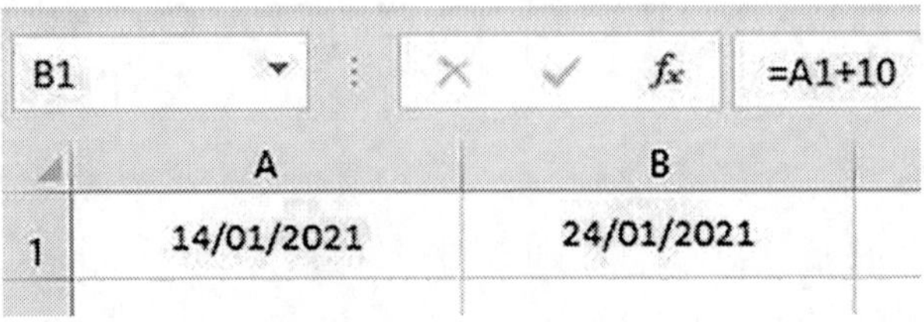

B1 =A1+10

	A	B
1	14/01/2021	24/01/2021

Pero, según calendario, ese día cae domingo, considerado inhábil. ¿Qué puede hacer?

enero de 2021

L	M	X	J	V	S	D
28	29	30	31	1	2	3
4	5	6	7	8	9	10
11	12	13	14	15	16	17
18	19	20	21	22	23	24
25	26	27	28	29	30	31
1	2	3	4	5	6	7

Pues, **corra el término** al 25/01/2021, lunes. Puede hacerlo manualmente con el calendario o sumando los días adicionales al resultado.

enero de 2021

L	M	X	J	V	S	D
28	29	30	31	1	2	3
4	5	6	7	8	9	10
11	12	13	14	15	16	17
18	19	20	21	22	23	24
25	26	27	28	29	30	31
1	2	3	4	5	6	7

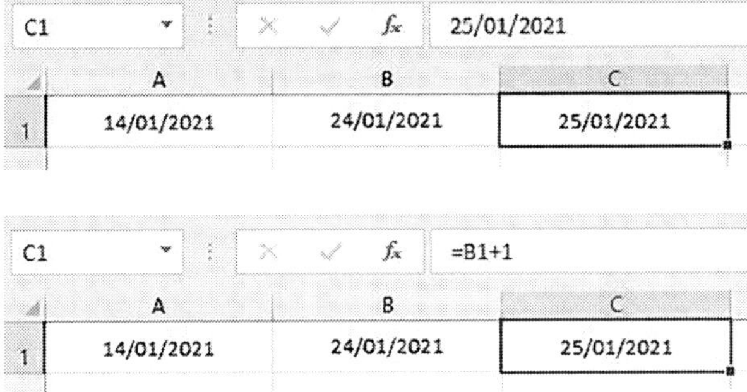

También pudiera emplear la función DIA.LAB.INTL (), junto con la función DIASEM () y SI ()[56]. Esta combinación se estudiará mejor en el segundo procedimiento de la variante FL.

[56] Aplica solo cuando el término cae en día de descanso semanal.

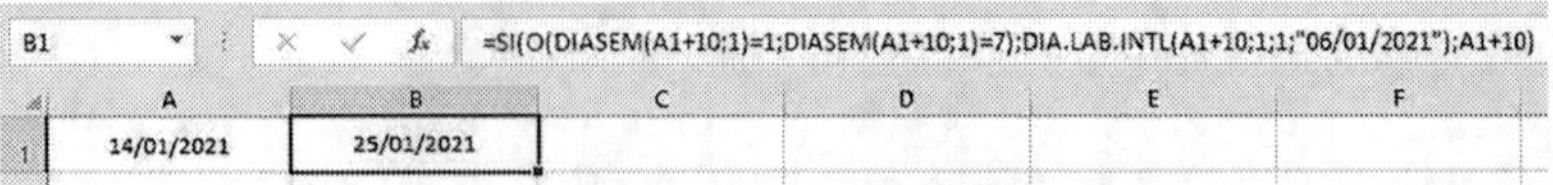

B1	=SI(O(DIASEM(A1+10;1)=1;DIASEM(A1+10;1)=7);DIA.LAB.INTL(A1+10;1;1;"06/01/2021");A1+10)				
	A	B	C	D	E	F
1	14/01/2021	25/01/2021				

Claro, cuando el plazo es un lapso, no sólo debe correrlo. Corresponde **incluir los días adicionales.**

Por ejemplo, considerando el problema del caso DAdC, si se redujera el plazo a 5 días continuos y se mantuviera su fecha de inicio, es decir, el 08/11/2021, siguiendo el tercer procedimiento del caso LAdC, el lapso para el reclamo de la venta llegaría hasta el 13/11/2021, sábado.

B1 {=A1+{1;2;3;4;5}}

	A	B	C
1	08/11/2021	09/11/2021	
2		10/11/2021	
3		11/11/2021	
4		12/11/2021	
5		13/11/2021	

Mas, por tratarse de un día inhábil, debe incluir en dicho lapso el 14/11/2021, domingo, y el 15/11/2021, lunes.

noviembre de 2021

L	M	X	J	V	S	D
1	2	3	4	5	6	7
8	9	10	11	12	13	14
15	16	17	18	19	20	21
22	23	24	25	26	27	28
29	30	1	2	3	4	5
6	7	8	9	10	11	12

noviembre de 2021

L	M	X	J	V	S	D
1	2	3	4	5	6	7
8	9	10	11	12	13	14
15	16	17	18	19	20	21
22	23	24	25	26	27	28
29	30	1	2	3	4	5
6	7	8	9	10	11	12

noviembre de 2021

L	M	X	J	V	S	D
1	2	3	4	5	6	7
8	9	10	11	12	13	14
15	16	17	18	19	20	21
22	23	24	25	26	27	28
29	30	1	2	3	4	5
6	7	8	9	10	11	12

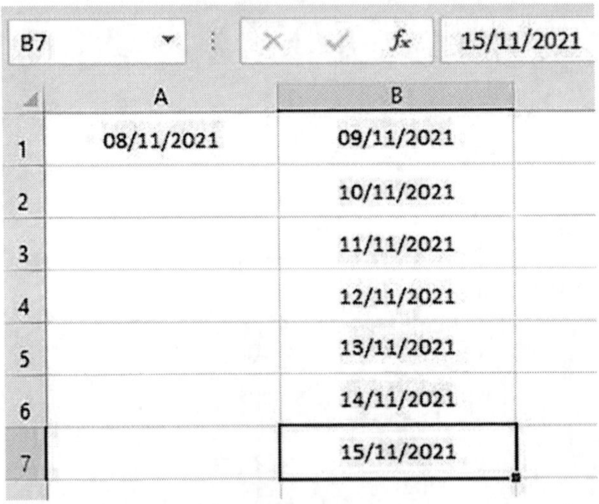

B7 fx 15/11/2021

	A	B
1	08/11/2021	09/11/2021
2		10/11/2021
3		11/11/2021
4		12/11/2021
5		13/11/2021
6		14/11/2021
7		15/11/2021

B6 {=B5+{1;2}}

	A	B
1	08/11/2021	09/11/2021
2		10/11/2021
3		11/11/2021
4		12/11/2021
5		13/11/2021
6		14/11/2021
7		15/11/2021

También pudiera aplicar la combinación de funciones ya vistas, hallar el total de días del plazo y proceder normalmente al cálculo del lapso.

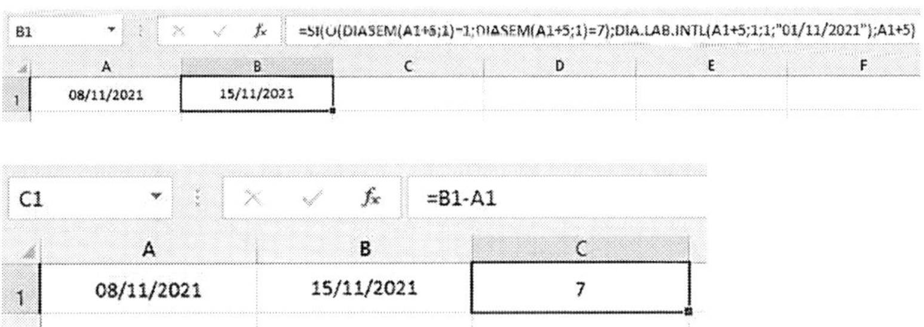

D1 | {=A1+{1;2;3;4;5;6;7}}

	A	B	C	D
1	08/08/2021	15/11/2021	7	09/08/2021
2				10/08/2021
3				11/08/2021
4				12/08/2021
5				13/08/2021
6				14/08/2021
7				15/08/2021

Estas operaciones pudieran automatizarse a través de una macro o código de *Visual Basic for Applications* (VBA).

La solución de esta variante pasa por considerar la legislación nacional, la materia, el tipo de plazo, la forma de cálculo, etc.

No obstante, en la mayoría de las legislaciones occidentales, existe una tendencia a establecer un criterio único, sostenido en principios superiores del ordenamiento jurídico, como favorecer la realización del acto y la tutela judicial efectiva.

De esta manera, aunque pareciera lógico que el término de un plazo contado en días continuos, bien hacia adelante bien hacia atrás, fuera fatal, es decir, terminara allí y punto; en atención a los mencionados principios, si cayera en día inhábil, se debería correr hasta el hábil siguiente.

Lo mismo cabe decir del término de un plazo contado en meses o años, donde rige el sistema fecha a fecha.

El término contado en días hábiles no tiene problema. Es imposible que caiga en día inhábil.

En los plazos hacia atrás, aplica lo mismo, siguiendo su dirección natural.

Esta regla rige hasta en las legislaciones que distinguen entre plazos procesales y sustantivos. Solo que, algunas de ellas, en el segundo supuesto, limitan la hora. Por ejemplo, establecen que el acto deberá llevarse a cabo hasta las 12:00 pm, rompiendo con la duración del día civil, el cual suele finalizar a las 12:00 am.

Por otro lado, se discute en estas legislaciones si dicha regla debe aplicarse a los actos que se llevan a cabo vía electrónica, tomando en cuenta las facilidades que brindan las tecnologías de la información y de la comunicación (TIC). La respuesta parece ser mayoritariamente positiva.

No olvide que esta regla pudiera tener excepciones, tanto en plazos procesales como sustantivos.

Ahora bien, en los cálculos de cantidad de tiempo, cuya fórmula es del tipo fecha - fecha, debe tener cuidado con esta variante.

Por ejemplo, si en la variante DAdC planteada en este capítulo, la fecha actual fuera el 13/11/2021, siguiendo los procedimientos del caso DAdC, ¿pudiera reclamar el comprador? ¿Cuántos días del plazo habrían transcurrido? ¿Cuántos faltarían?

¿Cómo debería proceder?

Pues, primero, calcule los días transcurridos: 5.

B1 | fx =A2-A1

	A	B
1	08/11/2021	5
2	13/11/2021	

Luego, el término del plazo.

A3 | fx =A1+5

	A	B
1	08/11/2021	
2	13/11/2021	
3	13/11/2021	

Ahora bien, según calendario, dicho término cayó en día inhábil, sábado. Debe correrlo dos días.

noviembre de 2021

L	M	X	J	V	S	D
1	2	3	4	5	6	7
8	9	10	11	12	13	14
15	16	17	18	19	20	21
22	23	24	25	26	27	28
29	30	1	2	3	4	5
6	7	8	9	10	11	12

noviembre de 2021

L	M	X	J	V	S	D
1	2	3	4	5	6	7
8	9	10	11	12	13	14
15	16	17	18	19	20	21
22	23	24	25	26	27	28
29	30	1	2	3	4	5
6	7	8	9	10	11	12

noviembre de 2021

L	M	X	J	V	S	D
1	2	3	4	5	6	7
8	9	10	11	12	13	14
15	16	17	18	19	20	21
22	23	24	25	26	27	28
29	30	1	2	3	4	5
6	7	8	9	10	11	12

Puede hacerlo directamente o sumando los mismos.

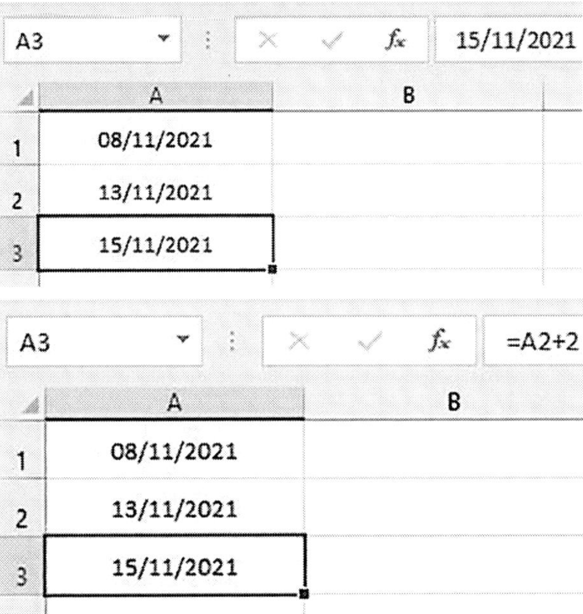

O aplicar la combinación de funciones ya vistas.

A3 =SI(O(DIASEM(A1+5;1)=1;DIASEM(A1+5;1)=7);DIA.LAB.INTL(A1+5;1;1;"01/11/2021");A1+5)

	A	B	C	D	E	F
1	08/11/2021					
2	13/11/2021					
3	15/11/2021					

Entonces, proceda a calcular los días que faltan: 2.

B1 =A3-A2

	A	B
1	08/11/2021	2
2	13/11/2021	
3	15/11/2021	

También pudiera valerse de la función SIFECHA () para llevar a cabo todo el procedimiento.

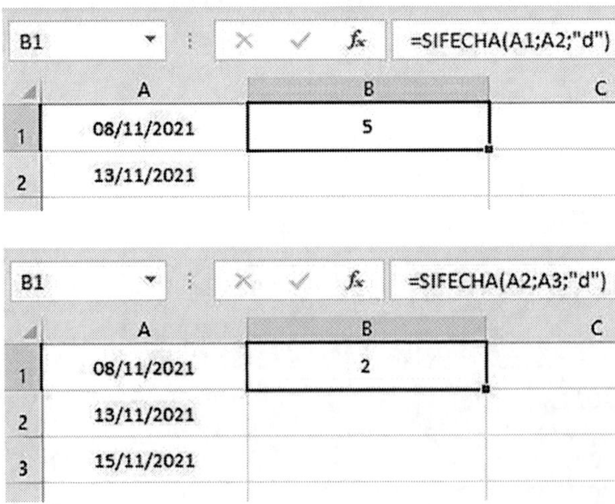

B1 =SIFECHA(A1;A2;"d")

	A	B	C
1	08/11/2021	5	
2	13/11/2021		

B1 =SIFECHA(A2;A3;"d")

	A	B	C
1	08/11/2021	2	
2	13/11/2021		
3	15/11/2021		

Respuesta: Sí, el comprador puede reclamar. Días transcurridos: 5. Días que faltan: 2.

Como puede observar, cuando el término cae en día inhábil, se produce una ampliación del plazo según su dirección.

Por otro lado, cuando se trata del cálculo en meses y años, el primer efecto es que el plazo se vuelve inexacto.

De cualquier manera, el control y seguimiento, bien sea en una o varias unidades de tiempo, en el marco de sus respectivos procedimientos, debe seguir las indicaciones anteriores.

Como corolario, este asunto es solo respecto a la fecha final. Cuando la fecha inicial de un plazo es un día inhábil, ni la ley ni Excel tienen inconvenientes.

Por regla general, bien sea que se trate de la búsqueda de un término o lapso, o del cálculo de una cantidad de tiempo, ese primer día no se cuenta, pues se trata del *Dies a quo.*

Por otro lado, el usuario debe saber que existen procedimientos especiales para determinar si un día es hábil o no. Se estudiarán en el capítulo siguiente.

¿DÍA HÁBIL O INHÁBIL? (DH-DI)

En el cálculo del término de un plazo o cantidad de tiempo entre fechas, es importante saber si dicho término cae en día hábil o inhábil.

Para ello, requiere conocer el día de la semana[57].

Por ejemplo, en el problema del caso LAdA, el término del plazo es el 31/10/2024.

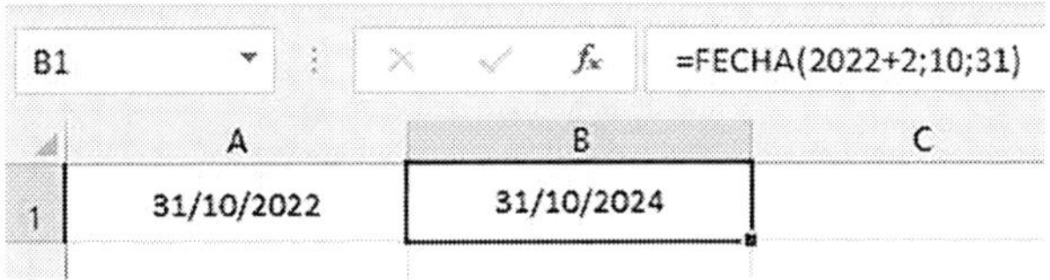

57 Los procedimientos para conocer si un día es feriado se estudiarán más adelante.

¿Cómo procedería?

Según ya se planteó, bastaría con buscar en el calendario.

octubre de 2024

L	M	X	J	V	S	D
30	1	2	3	4	5	6
7	8	9	10	11	12	13
14	15	16	17	18	19	20
21	22	23	24	25	26	27
28	29	30	31	1	2	3
4	5	6	7	8	9	10

Sin embargo, también pudiera cambiar el **Formato de celdas.** Establecer **Fecha larga.**

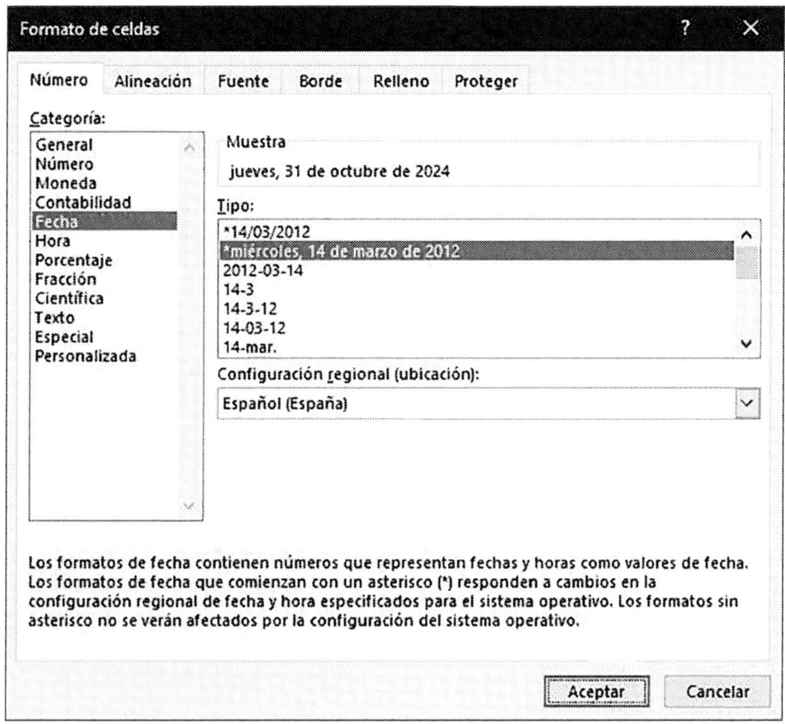

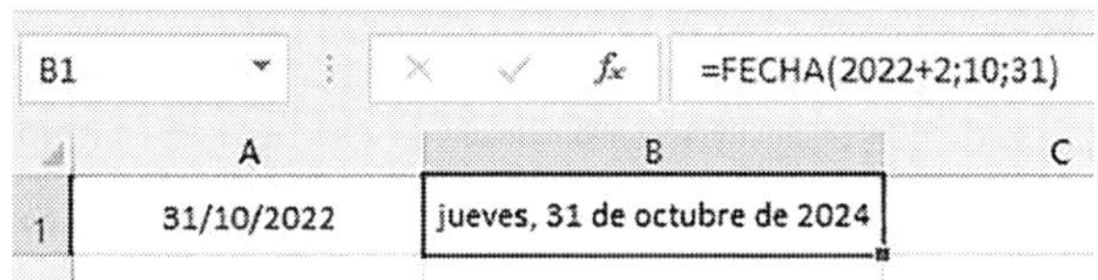

O emplear la función **DIASEM** (), la cual consta de dos argumentos. El primero, núm_de_serie, donde debe escribir la fecha final del plazo. El segundo, tipo, donde debe escoger algunas de las opciones de inicio de semana de Excel. 1, para domingo igual a 1 y sábado igual a 7. Se aplica por defecto. 2, para lunes igual a 1 y domingo igual a 7. Y 3, para lunes igual a 0 y domingo igual a 6. En el ejemplo, se escogió la opción 1.

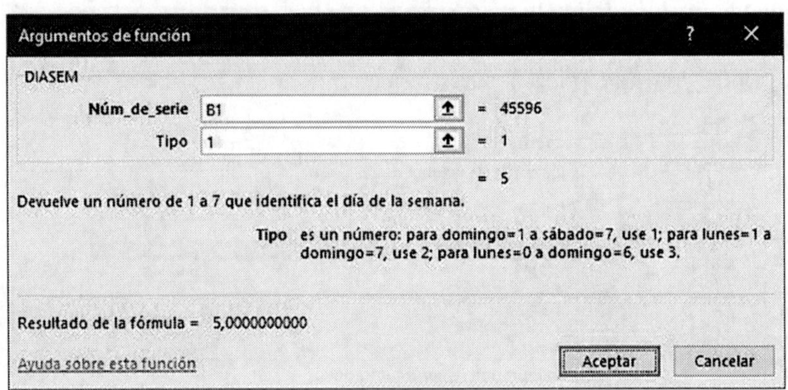

C1 =DIASEM(B1;1)

	A	B	C
1	31/10/2022	31/10/2024	5

El único inconveniente es que la referida función no devuelve un día de semana, sino un número entre 1 y 7 que lo representa. Para darle un nombre requiere completar la operación con otras funciones, como, por ejemplo, las de búsqueda y referencia. Esto se estudiará en los procedimientos correspondientes a la variante FBR.

Mas, tiene una ventaja. Con ayuda de funciones lógicas, permite automatizar fácilmente la operación de correr el término o ajustar la cantidad de tiempo según el día hábil siguiente. Esto se estudiará más adelante en los procedimientos correspondientes a la variante FL.

El resultado sería el mismo: jueves, por tanto, día hábil.

Ahora bien, en el tercer problema planteado en la variante TInh, la fecha actual del plazo, la cual coincide con el término del mismo, es el 13/11/2021.

¿Cómo procedería?

De igual modo.

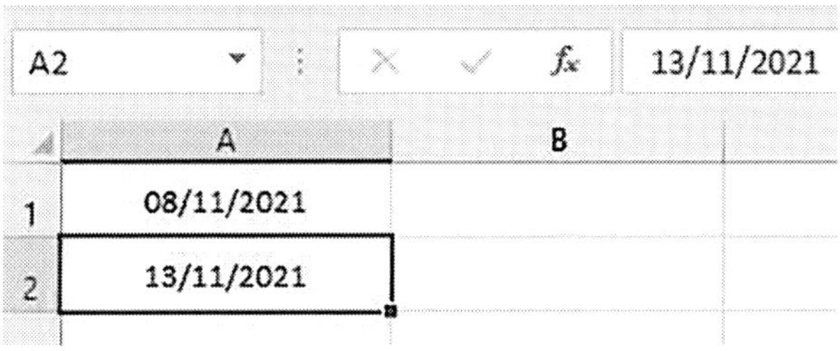

A2 | 13/11/2021

	A	B
1	08/11/2021	
2	13/11/2021	

noviembre de 2021

L	M	X	J	V	S	D
1	2	3	4	5	6	7
8	9	10	11	12	13	14
15	16	17	18	19	20	21
22	23	24	25	26	27	28
29	30	1	2	3	4	5
6	7	8	9	10	11	12

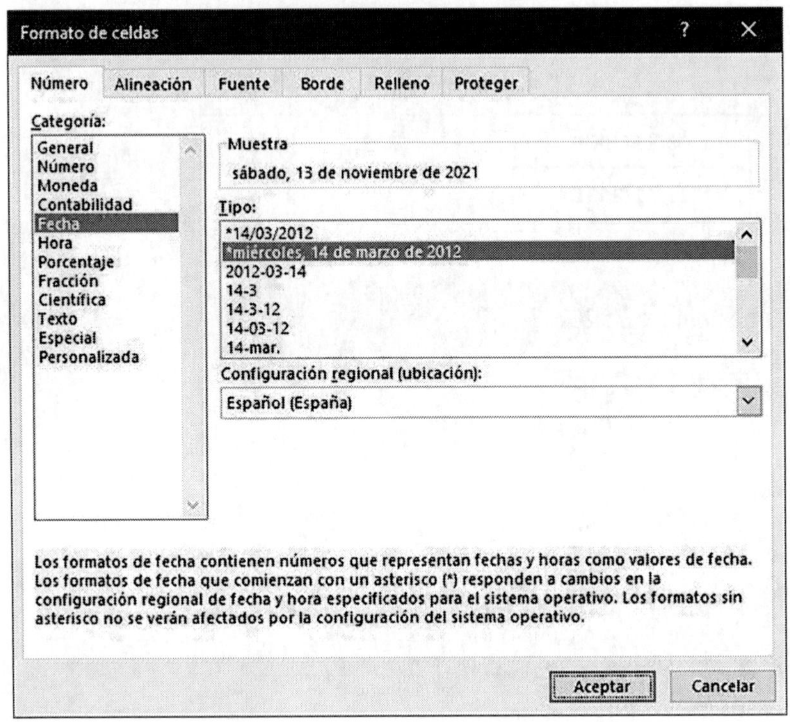
Formato de celdas
Número
Alineación
Fuente
Borde
Relleno
Proteger
Categoría:
General
Número
Moneda
Contabilidad
Fecha
Hora
Porcentaje
Fracción
Científica
Texto
Especial
Personalizada
Muestra
sábado, 13 de noviembre de 2021
Tipo:
*14/03/2012
*miércoles, 14 de marzo de 2012
2012-03-14
14-3
14-3-12
14-03-12
14-mar.
Configuración regional (ubicación):
Español (España)
Los formatos de fecha contienen números que representan fechas y horas como valores de fecha. Los formatos de fecha que comienzan con un asterisco (*) responden a cambios en la configuración regional de fecha y hora especificados para el sistema operativo. Los formatos sin asterisco no se verán afectados por la configuración del sistema operativo.
Aceptar
Cancelar

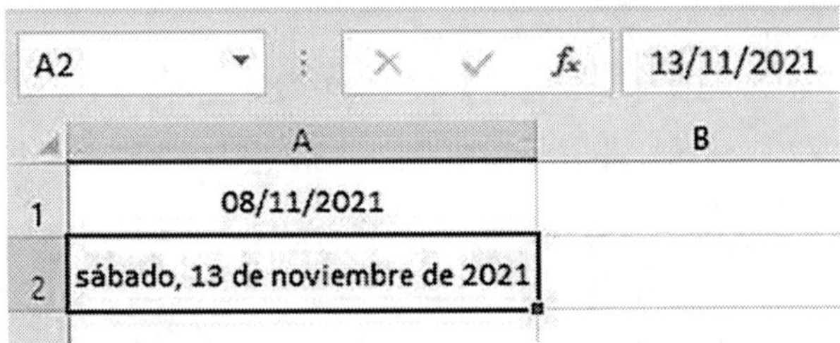
A2
13/11/2021
A
B
1
08/11/2021
2
sábado, 13 de noviembre de 2021

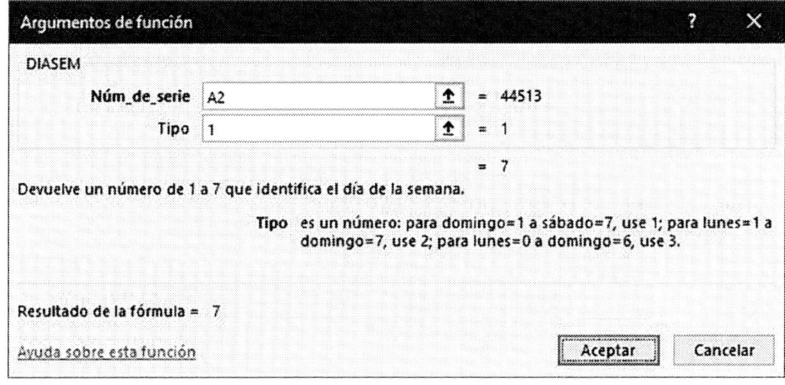

B2 =DIASEM(A2;1)

	A	B	C
1	08/11/2021		
2	13/11/2021	7	

Solo que el resultado sería sábado, por tanto, día inhábil.

TÉRMINO INEXISTENTE (TInex)

También pudiera ocurrir que el término o fecha final del plazo no exista en el calendario.

El problema se presenta especialmente cuando se trabaja con plazos en meses o años, los cuales deben finalizar el mismo día del mes del hecho o acto jurídico[58] que lo inicia. Tal coincidencia no siempre es posible.

Tome, por ejemplo, el problema planteado en el caso LAdM. Si se incrementara el plazo a 3 meses y se cambiara la fecha inicial a 31/03/2021, ¿cuándo finalizarían los 3 meses del plazo? ¿Cuál sería el último día para interponer el recurso?

---

[58] Pudiera ser de su comunicación, notificación o publicación.

¿Cómo procedería?

Siguiendo estrictamente el sistema fecha a fecha, el plazo debería vencer el 31/06/2021.

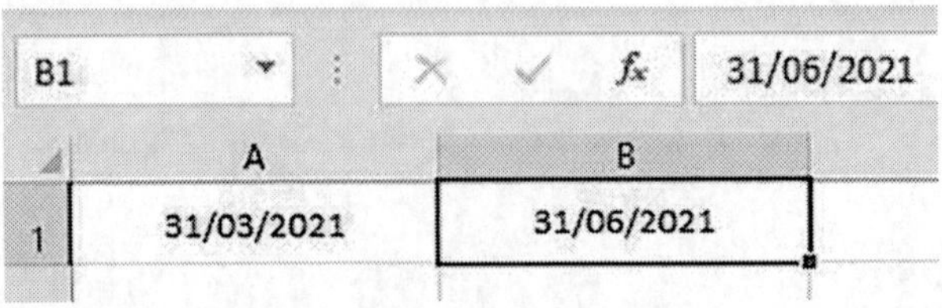

B1 | fx 31/06/2021

	A	B
1	31/03/2021	31/06/2021

Pero, si revisa el calendario, esa fecha no existe. El mes de junio llega hasta el día 30.

junio de 2021

L	M	X	J	V	S	D
31	1	2	3	4	5	6
7	8	9	10	11	12	13
14	15	16	17	18	19	20
21	22	23	24	25	26	27
28	29	30	1	2	3	4
5	6	7	8	9	10	11

¿Entonces?

Cuando el término de un plazo cae un día del que carece el mes o año, algunas legislaciones estipulan que debe correrse en igual cantidad de días hacia el mes siguiente.

No obstante, la mayoría de las legislaciones occidentales establecen que dicho término debe cumplirse el último día de ese mismo mes, inclusive, pues se trataría del *Dies ad quem.*

Esta solución parece ser la más compatible con el sistema fecha a fecha que rige el cálculo del término de un plazo en meses o años calendario. Agregando esta excepción al mismo, es indudable que el legislador hace prevalecer la seguridad jurídica.

Siguiendo el criterio anterior, la primera opción que tiene el usuario es ajustar el término manualmente de acuerdo con el calendario.

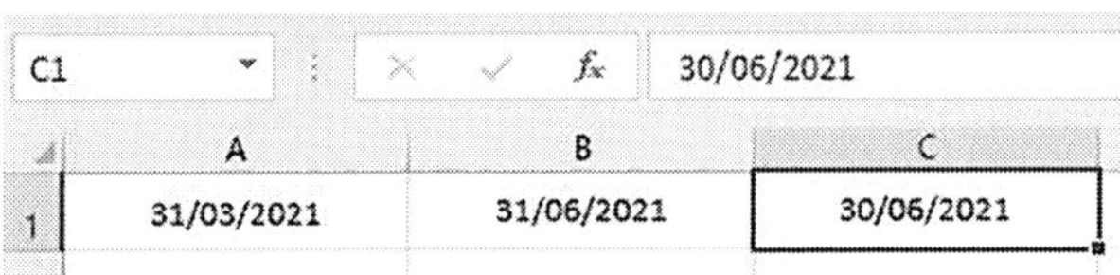

La segunda, seguir algunos de los procedimientos para calcular el término del plazo en meses hacia adelante, como la función **FECHA.MES ().** Cuando Excel no halle la fecha correspondiente en el mes, dará como resultado el último día del mismo. Lo hace en forma predeterminada, lo cual facilita el cálculo.

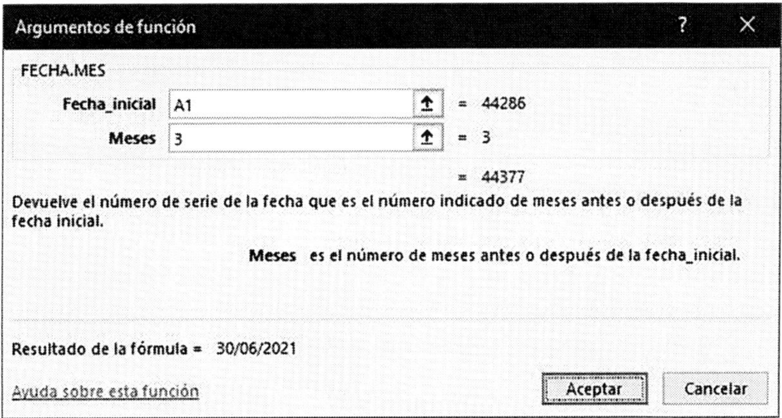

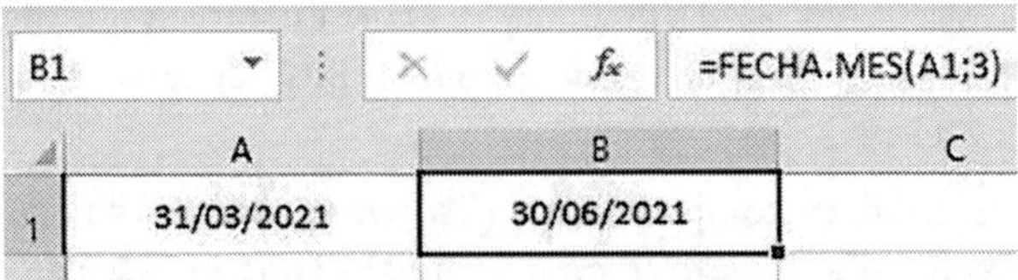
B1 =FECHA.MES(A1;3)

	A	B	C
1	31/03/2021	30/06/2021	

Esta función se ajusta bastante bien al criterio adoptado.

También pudiera utilizar la función **FECHA ()**, solo que, al toparse con esta variante, sigue el primer criterio, es decir, corre los días que faltan al mes siguiente. Lo hace en forma predeterminada.

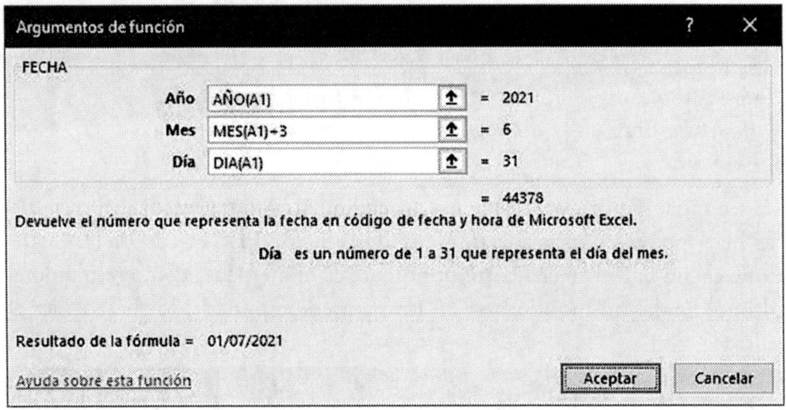

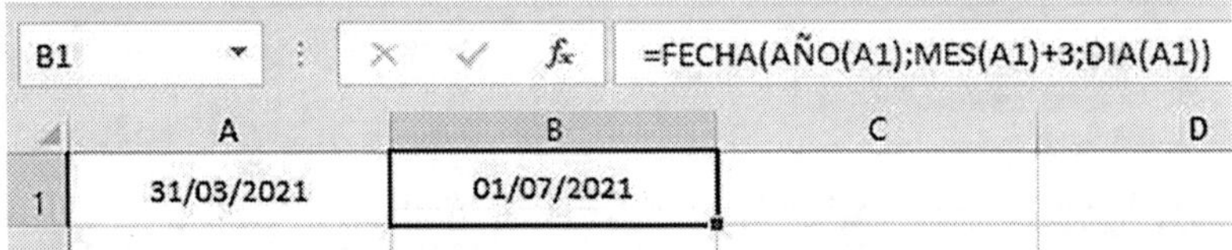
B1 =FECHA(AÑO(A1);MES(A1)+3;DIA(A1))

	A	B	C	D
1	31/03/2021	01/07/2021		

En consecuencia, antes de usarla, el usuario debe ajustarla para que cumpla con el criterio adoptado. Por ejemplo, añadiendo un mes a los meses del plazo en el argumento Mes y escribiendo 0 en el argumento día.

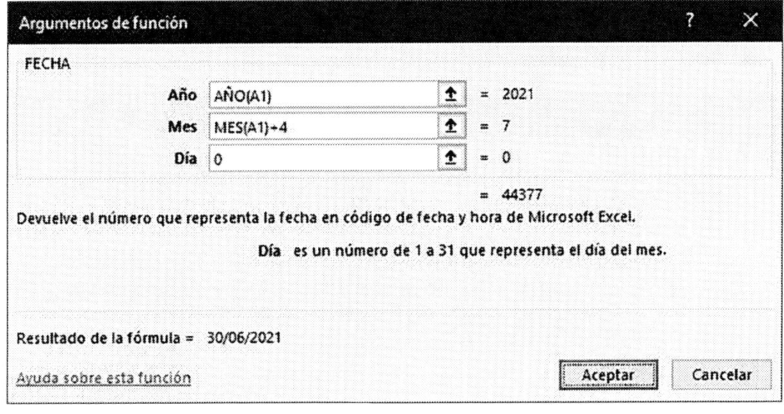

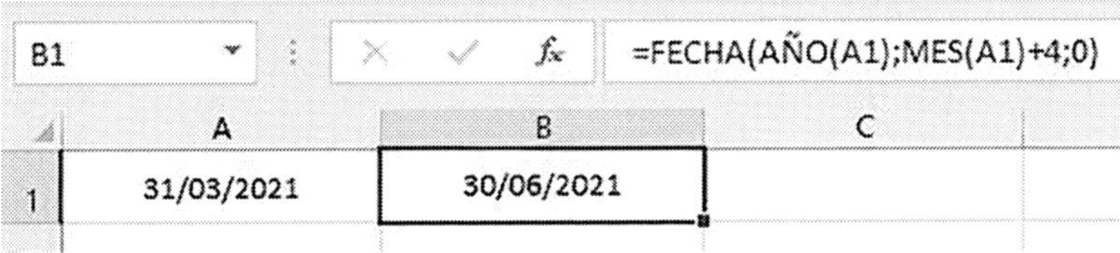

El problema es que al ajustar la función limita su alcance. No podrá calcular cualquier término, sino, solo el relacionado con esta variante.

Para lograr el mismo espectro de efectividad de la función FECHA.MES (), deberá combinar la versión anterior con la original.

Las funciones lógicas pueden ser de gran ayuda en este sentido. Por ejemplo, SI ()[59]. El usuario podrá tener una idea de las mismas en la variante FL.

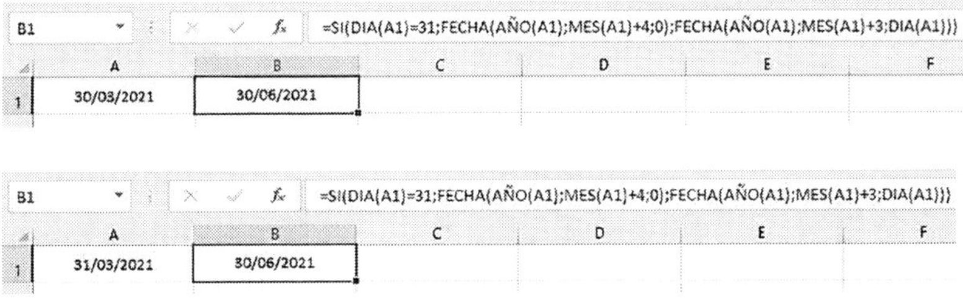

59 La fórmula empleada en el ejemplo solo cubre esta variante cuando la fecha inicial corresponde al día 31 y la fecha final a un último de mes diferente.

Como tercera opción, el usuario pudiera valerse de la función FIN.MES (). Se estudiará con detalles en la variante UM.

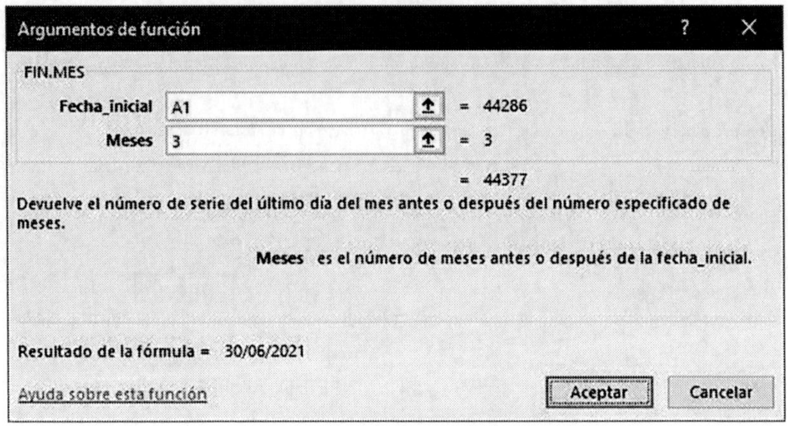

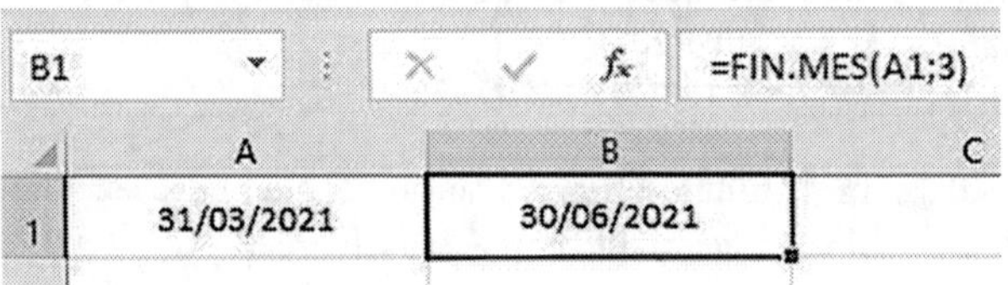

Ella puede hacer el mismo papel que la función FECHA () modificada anteriormente.

Por tanto, pudiera sustituirla en el segundo argumento de la función SI () puesta como ejemplo, valor_si_verdadero.

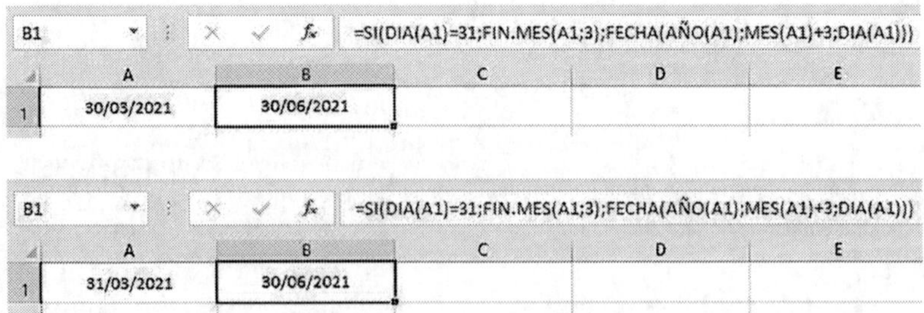

En plazos hacia atrás de este tipo, también se aplica lo dicho sobre esta variante, siguiendo su dirección natural.

Estas operaciones pudieran automatizarse a través de una macro o código de *Visual Basic for Applications* (VBA).

Por otro lado, tome el mismo problema del caso, desde la perspectiva del cálculo de cantidad de tiempo, fórmula del tipo fecha - fecha. Si se conservara la fecha inicial, es decir, el 31/03/2021, y la fecha actual fuera el 31/06/2021, ¿pudiera interponer el recurso? ¿Cuántos meses habrían transcurrido? ¿Cuántos faltarían?

¿Cómo procedería?

Siga cualquiera de los procedimientos aplicables al caso.

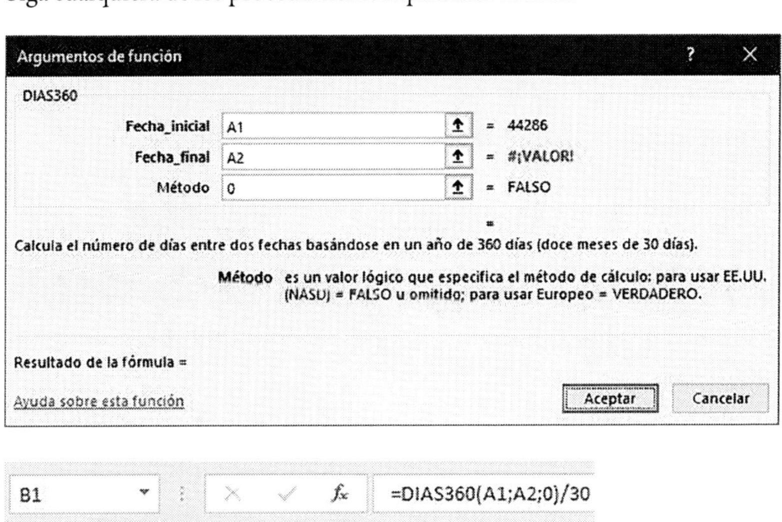

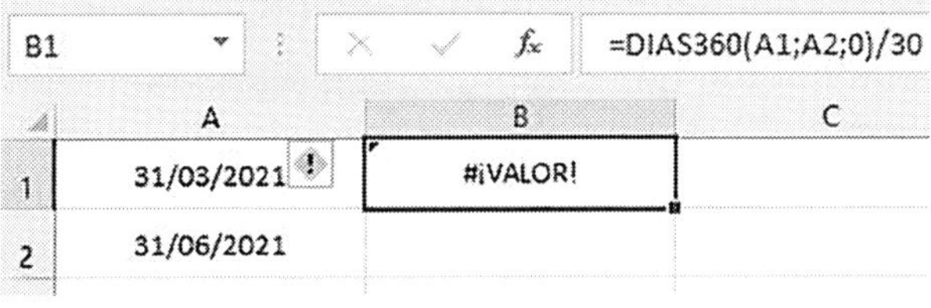

B1 =(AÑO(A2)-AÑO(A1))*12+(MES(A2)-MES(A1))+(DIA(A2)-DIA(A1))/30

31/03/2021 #¡VALOR!

31/06/2021

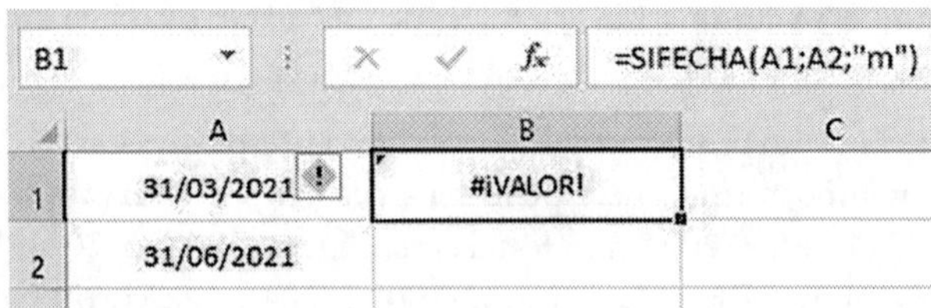

En todos, el resultado será error. Error en el valor. Recuerde que en Excel cada fecha corresponde a un número consecutivo. La fecha actual no tendría uno asignado.

Es necesario que la fecha actual exista para que sea válida. Por ejemplo, 30/03/2021.

Ahora bien, corregida, ¿cómo procedería?

De igual forma.

Por ejemplo, pudiera aplicar el segundo procedimiento del caso MAd.

Meses transcurridos: 3,000000000.

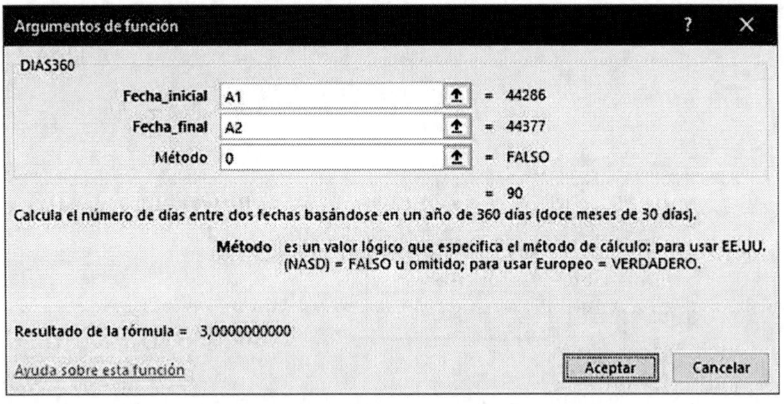

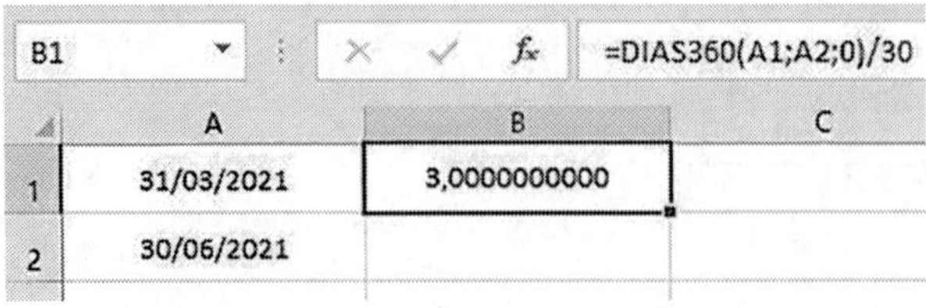

Con base en el mismo procedimiento, obtener los meses que faltan: 0,0000000000.

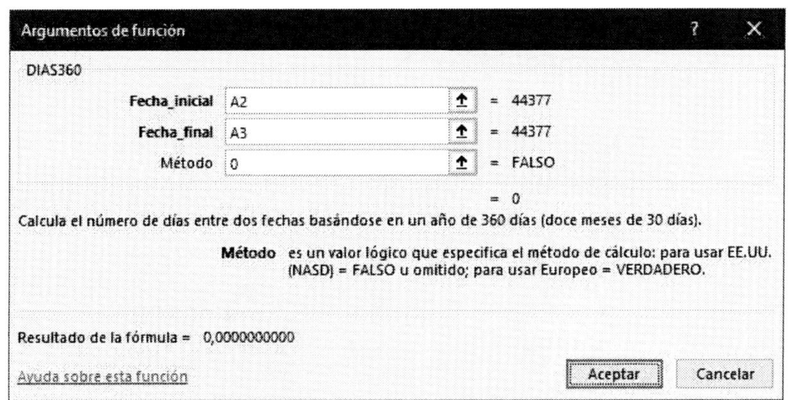

B1 =DIAS360(A2;A3;0)/30

	A	B	C
1	31/03/2021	0,0000000000	
2	30/06/2021		
3	30/06/2021		

También pudiera aplicar el primer procedimiento del caso MAd.

Meses transcurridos: 2,966666667.

B1 =(AÑO(A2)-AÑO(A1))*12+(MES(A2)-MES(A1))+(DIA(A2)-DIA(A1))/30

	A	B	C	D	E
1	31/03/2021	2,966666667			
2	30/06/2021				

Con base en el mismo procedimiento, obtener los meses que faltan: 0,000000000.

B1 =(AÑO(A3)-AÑO(A2))*12+(MES(A3)-MES(A2))+(DIA(A3)-DIA(A2))/30

	A	B	C	D	E
1	31/03/2021	0,0000000000			
2	30/06/2021				
3	30/06/2021				

Incluso, pudiera aplicar el primer y segundo procedimiento del caso AMDAd.

Tiempo transcurrido: Meses: 2 Días: 30.

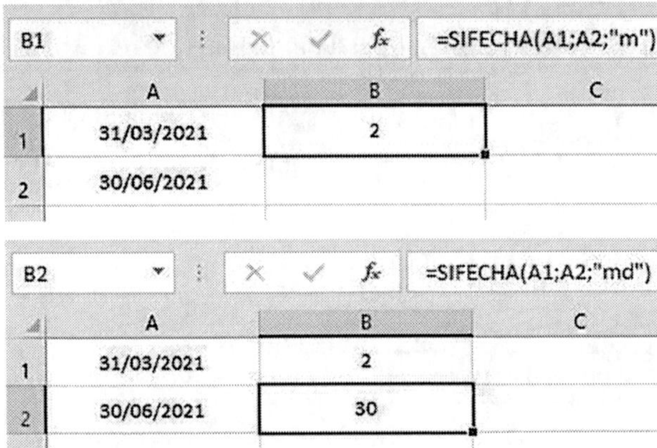
B1 =SIFECHA(A1;A2;"m")

	A	B	C
1	31/03/2021	2	
2	30/06/2021		

B2 =SIFECHA(A1;A2;"md")

	A	B	C
1	31/03/2021	2	
2	30/06/2021	30	

Tiempo que falta: Meses: 0 Días: 0.

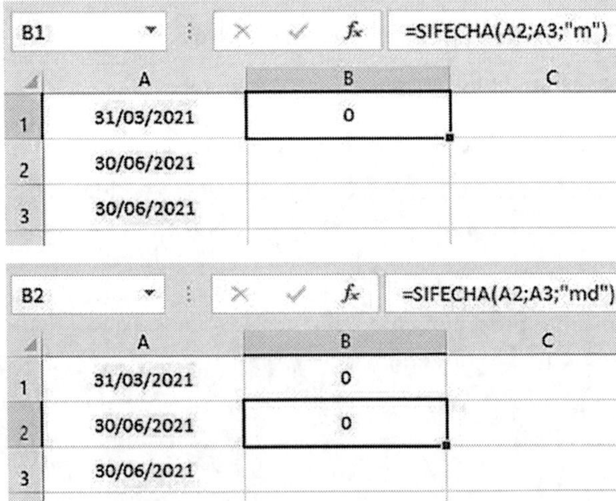
B1 =SIFECHA(A2;A3;"m")

	A	B	C
1	31/03/2021	0	
2	30/06/2021		
3	30/06/2021		

B2 =SIFECHA(A2;A3;"md")

	A	B	C
1	31/03/2021	0	
2	30/06/2021	0	
3	30/06/2021		

Como puede observar, se presentan pequeñas diferencias en los resultados. Concretamente, en el tiempo transcurrido.

La primera fórmula es la que mejor se adapta a esta variante. Sea el día de la fecha inicial 30 o 31, y el día de la fecha actual 30[60], último del mes, el resultado será redondo[61].

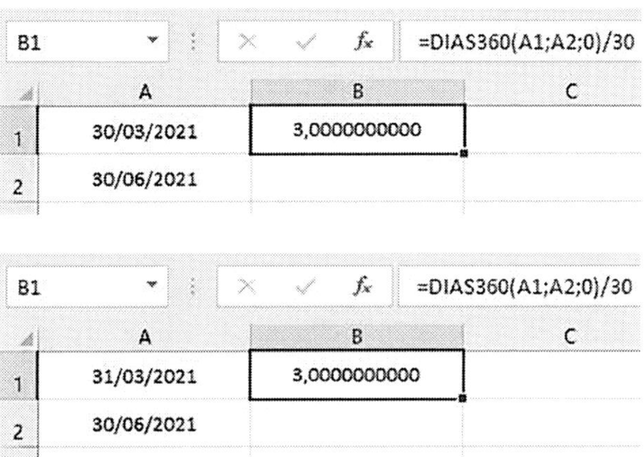

La explicación es simple: la fórmula ajusta el día 31 de la fecha inicial a 30[62].

No ocurre lo mismo con la fórmula siguiente. Si el día de la fecha inicial es 30, y el día de la fecha actual es 30, último del mes, el resultado será redondo. Pero, si el primero es 31, no.

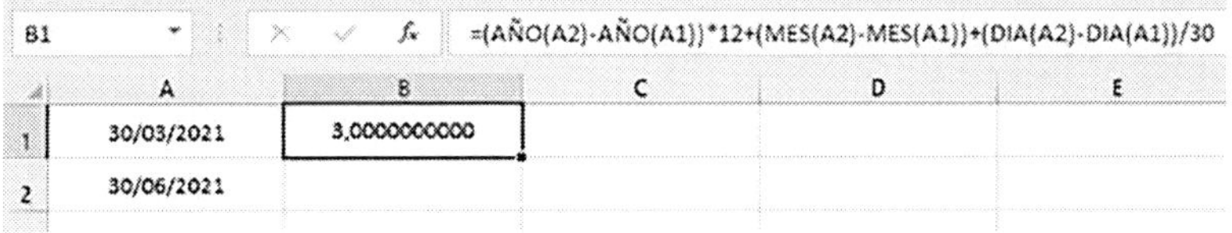

60 No está planteado que el día de la fecha actual sea 28 o 29 de febrero, último del mes.

61 Cualquiera sea la opción escogida en el tercer argumento de la función DIAS360 ().

62 Dicho ajuste, favorece el cálculo con esta variante. Mas, pudiera volver menos precisa la fórmula en cálculos base del mismo tipo. Por ejemplo, cuando el día de la fecha inicial fuera 30, último del mes, y el de la fecha actual 31; o cuando el día de la fecha inicial fuera menor que 30 y el de la fecha actual 31.

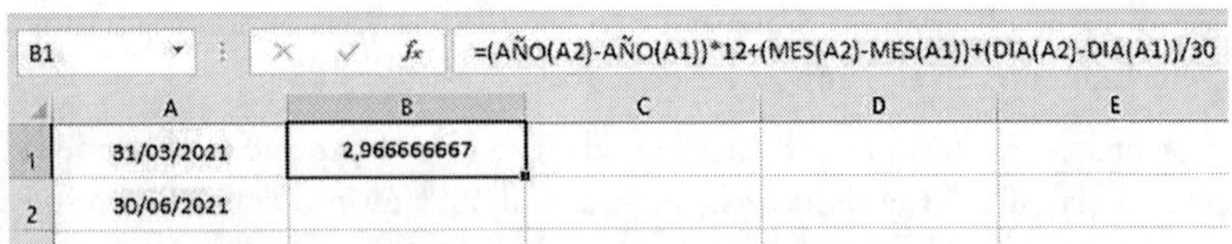

La fórmula no ajusta el día 31 de la fecha inicial a 30[63].

El usuario podría hacerlo, restando a la fecha inicial 1 día[64].

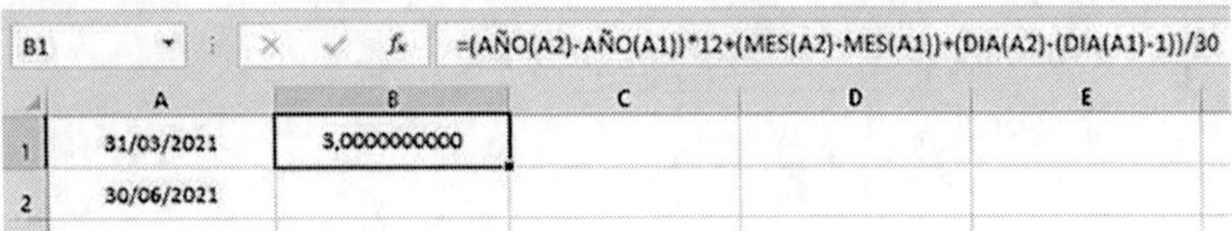

El problema es que al ajustar la fórmula limita su alcance. No podrá calcular cualquier cantidad de tiempo en meses, sino, solo cuando se trate de esta específica variante.

Para que la fórmula mantenga su espectro de efectividad, debe combinar su versión modificada con la original.

Las funciones lógicas pueden ser de gran ayuda en este sentido. Por ejemplo, SI ()[65], Y () y O (). El usuario podrá tener una idea de las mismas en la variante FL.

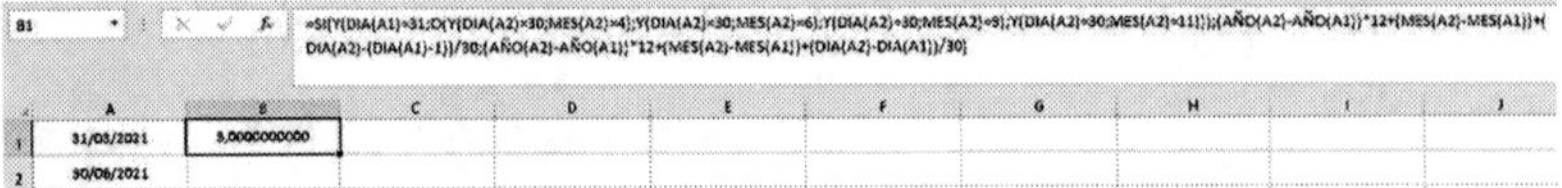

La función SIFECHA (), siendo la más completa y potente de las funciones de tiempo, tampoco se adapta automáticamente a esta variante.

Si el día de la fecha inicial es 30 y el día de la fecha actual es 30, último del mes, el resultado será 3 meses 0 días. Pero, si el primero es 31, será 2 meses 30 días.

---

63 Toma en cuenta el día de la fecha inicial o actual, cualquiera que sea.

64 Siguiendo el principio de la fórmula anterior.

65 La fórmula planteada en el ejemplo solo cubre esta variante cuando la fecha inicial corresponde al día 31 y la fecha final al día 30, último del mes.

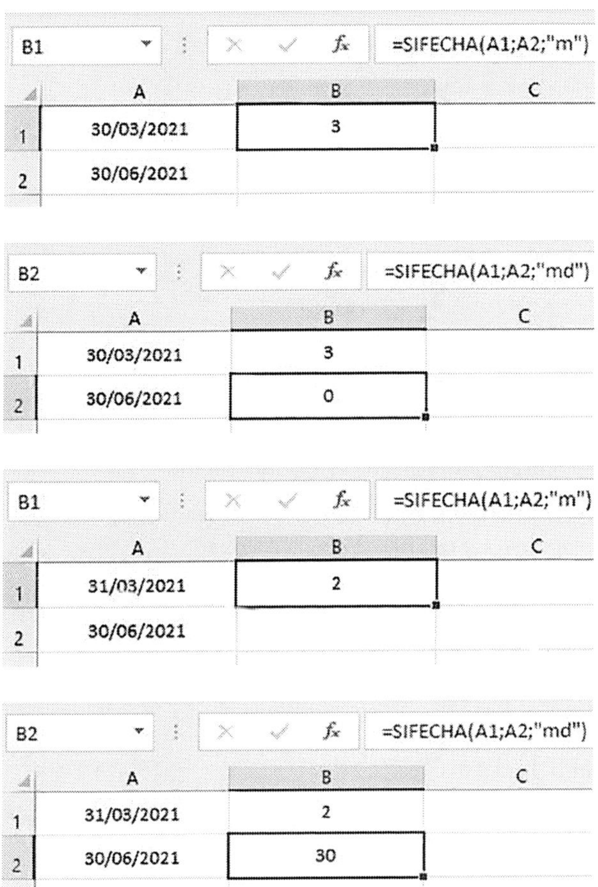

La fórmula no ajusta el día 31 de la fecha inicial a 30[66].

El usuario podría hacerlo, restando a la fecha inicial 1 día[67].

---

66 Recuerde que esta función toma en cuenta todos los días del calendario.

67 Siguiendo el principio de las fórmulas anteriores.

B1 =SIFECHA(A1-1;A2;"m")

	A	B	C
1	31/03/2021	3	
2	30/06/2021		

B2 =SIFECHA(A1-1;A2;"md")

	A	B	C
1	31/03/2021	3	
2	30/06/2021	0	

Pero, se presentaría el mismo problema de la formula anterior.

Para que esta función mantenga su espectro de efectividad, debe aplicar igual solución: combinar su versión modificada con la original[68].

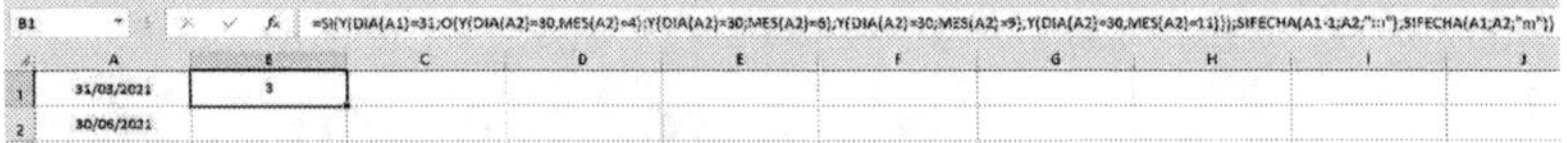

En resumen, volviendo al planteamiento del problema, la respuesta sería si, puede interponer el recurso. Meses transcurridos: 3. Mes que faltan: 0. Se encuentra en el último día del plazo.

Como puede observar, algunas fórmulas y funciones de fecha requieren de ajustes especiales para adaptarse a esta variante[69].

No obstante, para mantener su alcance, el usuario debe combinar la versión modificada con la original, generalmente a través de funciones lógicas.

La explicación anterior sienta las bases para el cálculo de esta variante en años, hacia atrás, etc.

---

[68] Mismo comentario de la nota 65.

[69] En general, todas las fórmulas y funciones expuestas en la base de casos son perfectibles en proporción a sus variantes.

DÍA «N» DEL PLAZO (DN)

Pudiera ocurrir que se requiera hallar un día del plazo diferente al término.

Por ejemplo, tome por base el problema del caso TAdC, pero, en lugar de calcular el término, día 5, debe calcular el día 3.

¿Cómo procedería?

Siga cualquiera de los procedimientos del caso. Solo que, en vez de 5, sume 3 días.

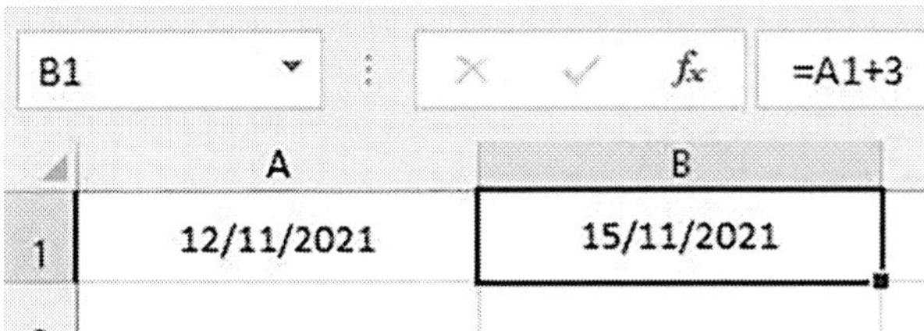

No hay mucho que decir al respecto. Se aplican los comentarios del mismo caso.

Estas indicaciones sientan las bases para la aplicación de la variante en meses y años, hacia atrás, etc.

ÚLTIMO DEL MES (UM)

Tal vez el término existe, pero es indeterminado. El último día de un mes.

Recuerde que los meses tienen diferentes cantidades de días en el calendario gregoriano. Incluso, hay meses variables, como febrero.

Por ejemplo, considere la norma siguiente:

«Tendrán plazo para hacer la declaración del impuesto sobre la renta:

a) Las personas naturales, hasta el último día del mes de marzo.

b) Las personas jurídicas, hasta el último día del mes siguiente».

¿Cuál es el último día del mes de marzo?

¿Cuál es el último día del mes siguiente?

Con cualquiera de estos problemas, pudiera proceder manualmente, buscando la fecha en el calendario. Tome como referencia el año 2021.

marzo de 2021

L	M	X	J	V	S	D
1	2	3	4	5	6	7
8	9	10	11	12	13	14
15	16	17	18	19	20	21
22	23	24	25	26	27	28
29	30	31	1	2	3	4
5	6	7	8	9	10	11

abril de 2021

L	M	X	J	V	S	D
29	30	31	1	2	3	4
5	6	7	8	9	10	11
12	13	14	15	16	17	18
19	20	21	22	23	24	25
26	27	28	29	30	1	2
3	4	5	6	7	8	9

O emplear la función **FIN.MES ().**

Para el primer problema, el primer argumento, fecha_inicial, sería cualquier día que corresponda al mes de marzo. El segundo argumento, meses, 0. El resultado será 31/03/2021.

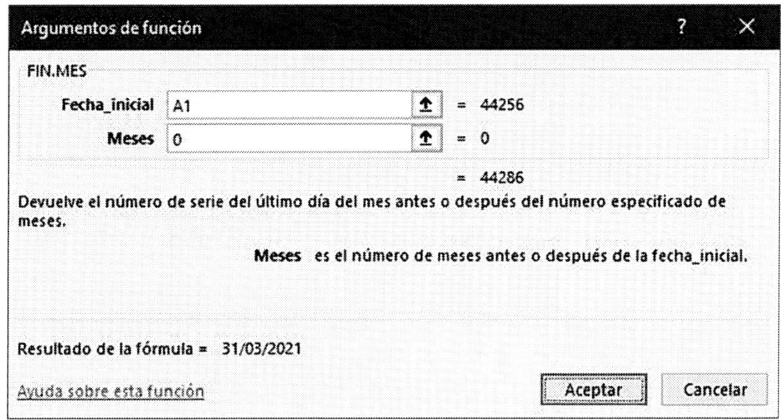

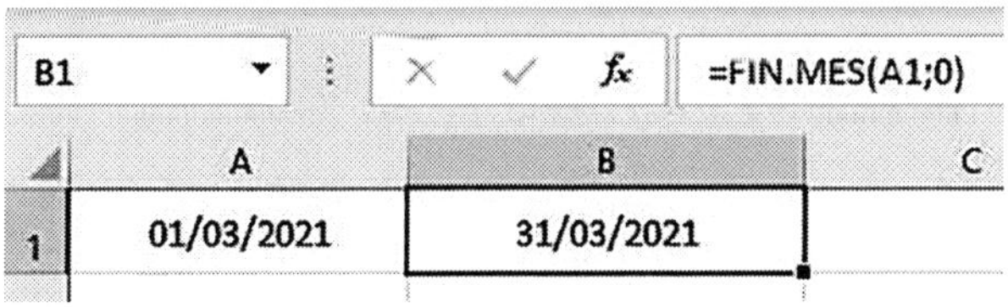

Para el segundo problema, pudiera aplicar lo mismo, pero con el mes de abril.

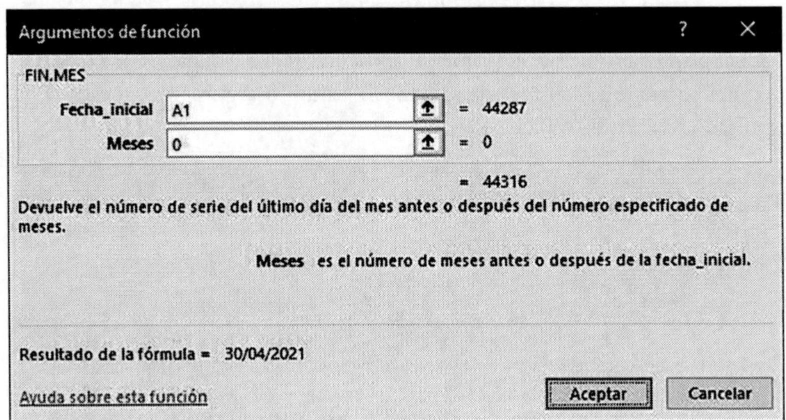

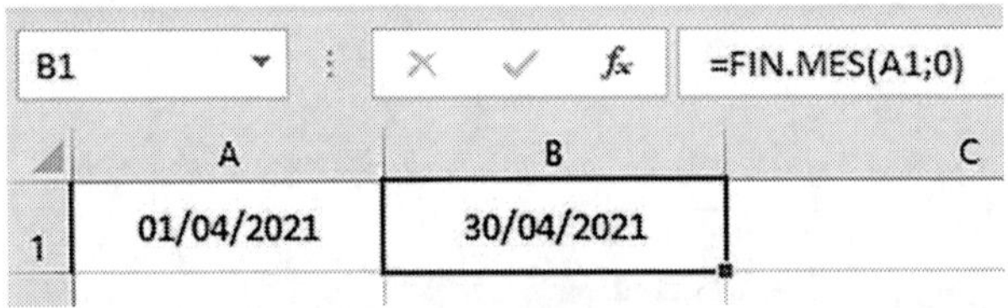

O, partiendo de marzo, avanzar 1 mes. El resultado será 30/04/2021.

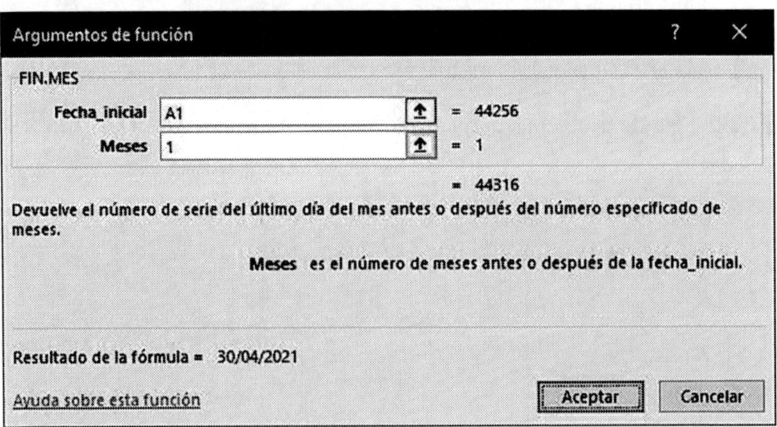

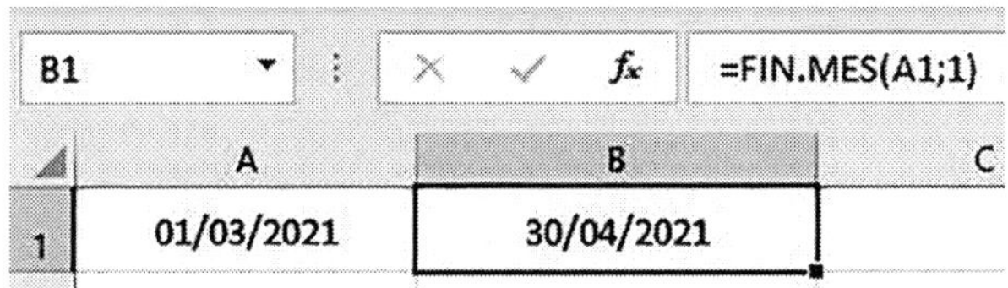

También pudiera utilizar la función **FECHA ()** para ubicar el último día del mes a partir del primer día del siguiente.

En tal sentido, el primer argumento, año, correspondería al año de la declaración de impuesto. El segundo, mes, al mes de la declaración de impuesto más 1. Y el tercero, día, a 0. Los resultados serán los mismos.

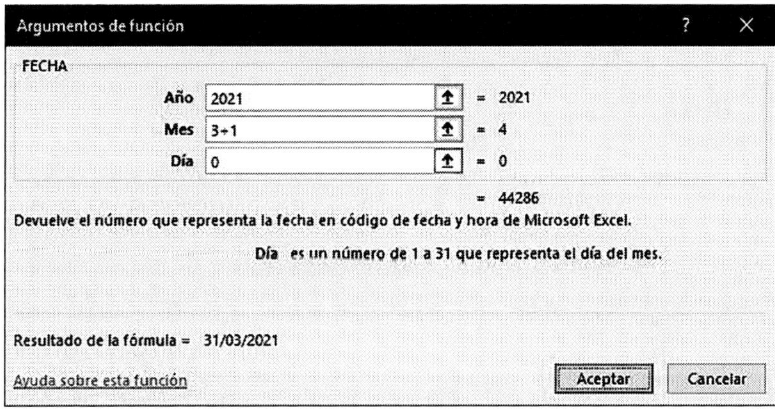

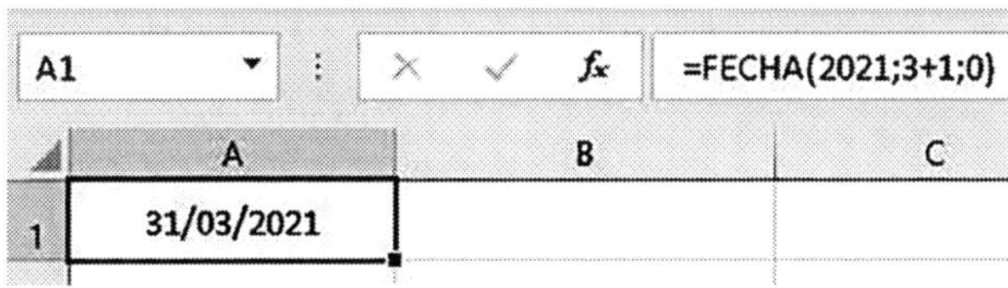

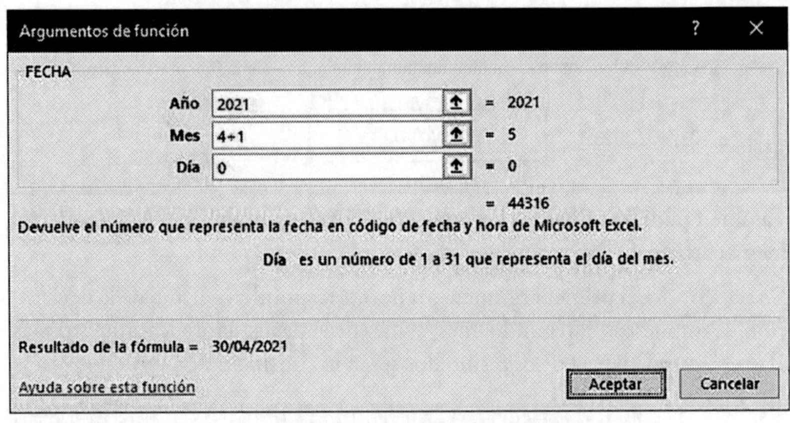

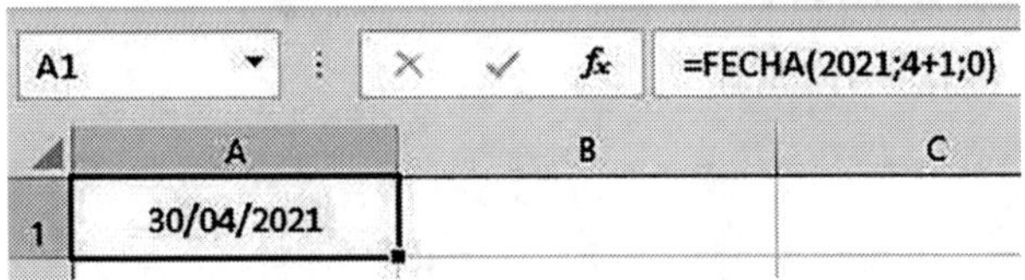

En este último supuesto, también pudiera partir del mes de marzo. Solo que el segundo argumento, mes, correspondería al mes de la declaración de impuesto más 2.

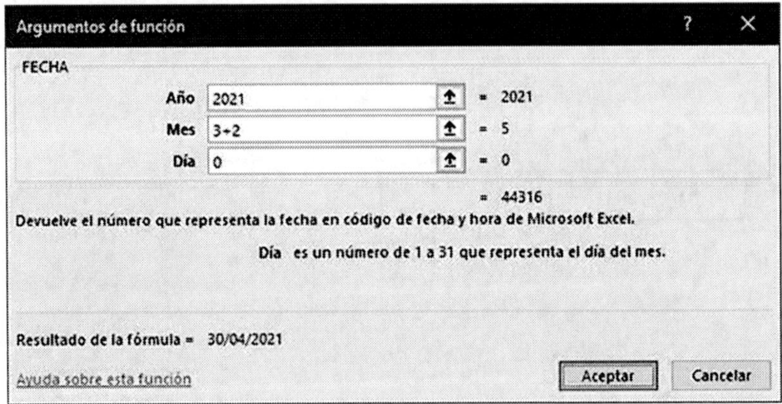

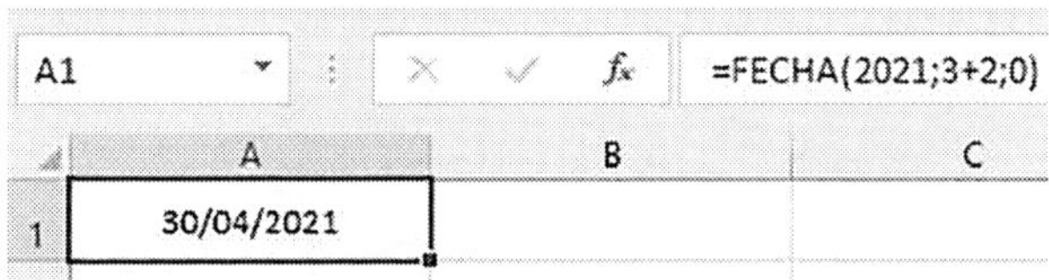

Incluso, pudiera anidar otras funciones.

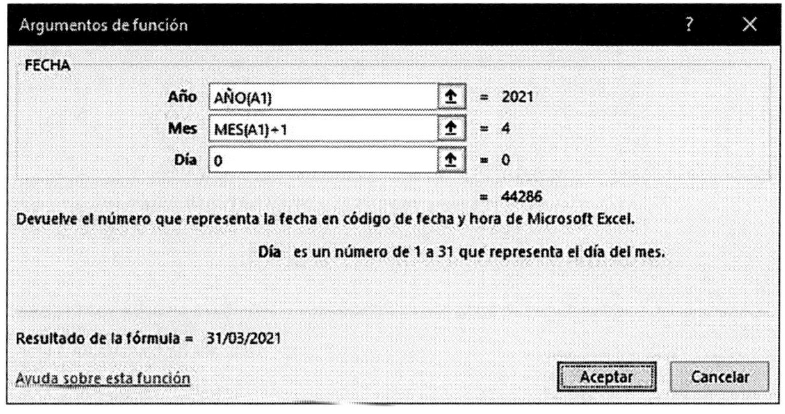

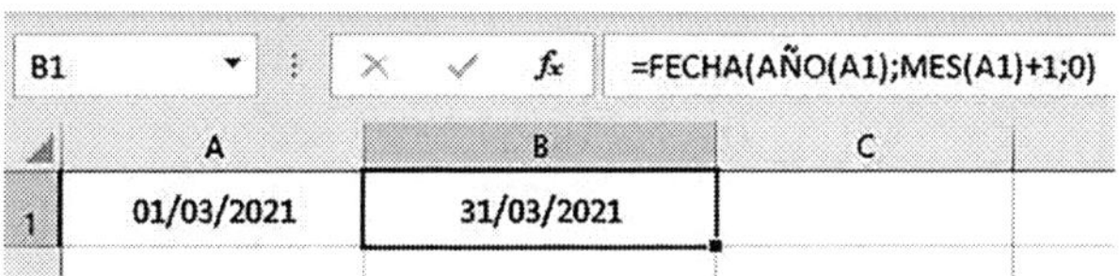

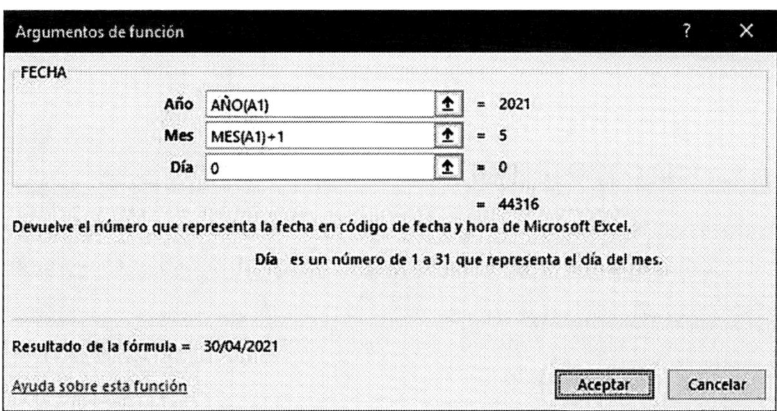

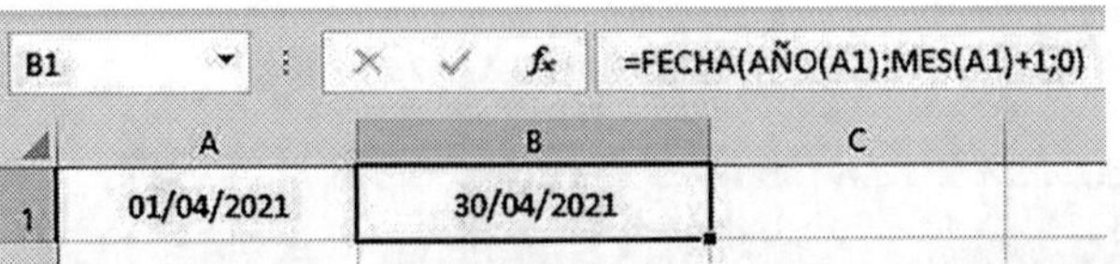

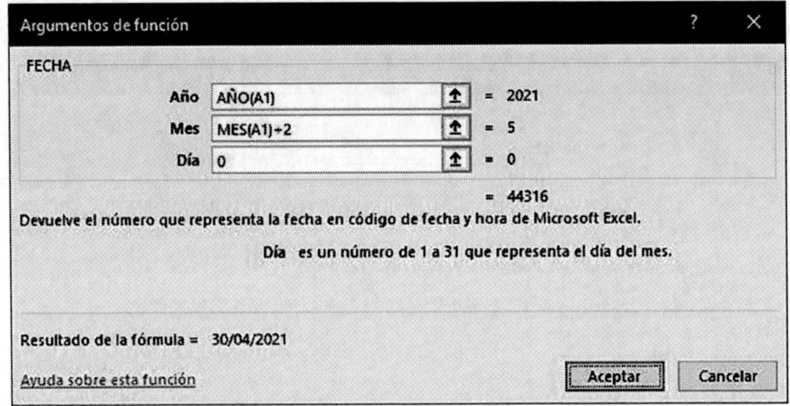

B1 =FECHA(AÑO(A1);MES(A1)+2;0)

	A	B	C
1	01/03/2021	30/04/2021	

Cabe decir que existen funciones que realizan esta operación en forma automática. Tal sería FECHA.MES ().

Otro ejemplo de esta variante sería calcular el último día del mes a efectos de cancelar el salario.

LA SEMANA COMO UNIDAD DE TIEMPO (S)

Pudiera ocurrir que el cálculo del término de un plazo o cantidad de tiempo entre fechas tuviera por base una unidad de tiempo atípica. Por ejemplo, semanas.

Como sabe, la semana consta de siete días: domingo, lunes, martes, miércoles, jueves, viernes y sábado.

Considere la norma siguiente:

«La trabajadora en estado de gravidez tendrá derecho a un descanso durante veinte semanas después del parto».

Es lo que la doctrina denomina el descanso postnatal.

Si el parto fuera el 10/05/2021, ¿cuándo terminaría el permiso?

¿Cómo procedería?

Debe recurrir a la propia ley. Quizá establezca una forma especial para el cómputo en semanas. Distinta a días, meses o años.

De lo contrario, lo más lógico es trabajar en semanas, con base en la unidad de tiempo mínima, es decir, días. Partiendo de que una semana tiene 7 días. Días continuos.

Siguiendo los procedimientos correspondientes al cálculo de fecha, fórmula del tipo fecha - número, se aplicaría lo siguiente: **fecha inicial + (semanas x 7 días).** En concreto: A1 + (20 * 7). Debe usarse obligatoriamente el paréntesis para indicar el orden de precedencia.

B1 fx =A1+(20*7)

	A	B
1	10/05/2021	27/09/2021

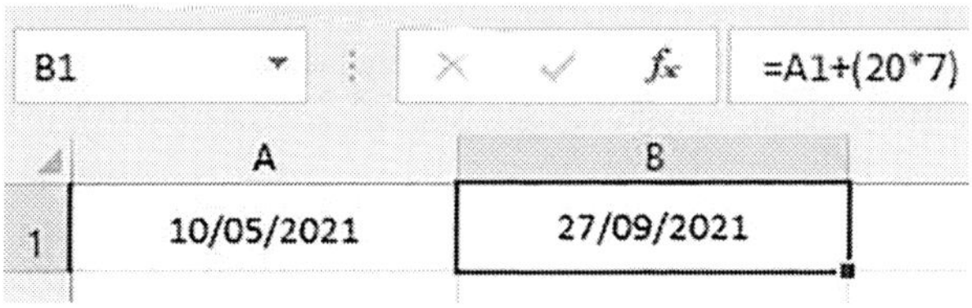

También podría utilizar la función **FECHA ()**, insertando en sus argumentos los datos de la fecha inicial. Solo que, en día, al día de la fecha se sumarían las semanas del plazo: DIA (A1) + (20 * 7). Los paréntesis indican el orden de precedencia.

B1 fx =FECHA(AÑO(A1);MES(A1);DIA(A1)+(20*7))

	A	B	C	D	E
1	10/05/2021	27/09/2021			

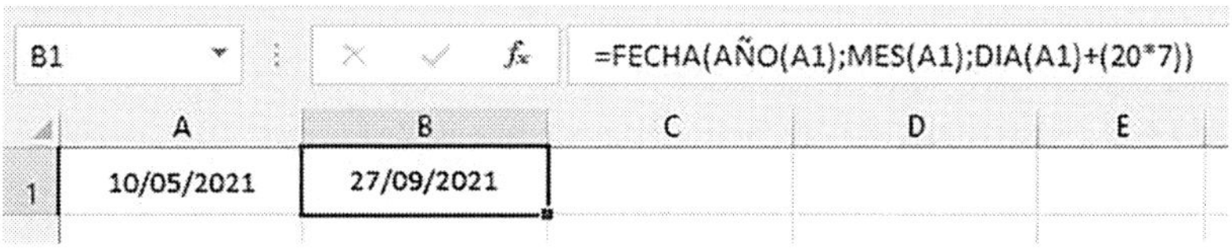

El resultado será 27/09/2021.

Si esta fecha llegara a caer en día inhábil, se correría al hábil siguiente, siguiendo los procedimientos estudiados.

Pero, ¿si la ley estableciera que el cómputo en semanas tomara en cuenta solo los días hábiles?

Sería inusual. Poco lógico. Mas, se deberían seguir los procedimientos estudiados para estos casos. Bajo el criterio expuesto de contar en semanas con base en días. Días hábiles.

Se aplicaría la función **DIA.LAB.INTL ()**, donde el primer argumento, fecha_inicial, sería la fecha del parto. El segundo, días, la cantidad de semanas multiplicadas por los días que integran una: (20 * 7). El resto de los argumentos se rellenarían a conveniencia.

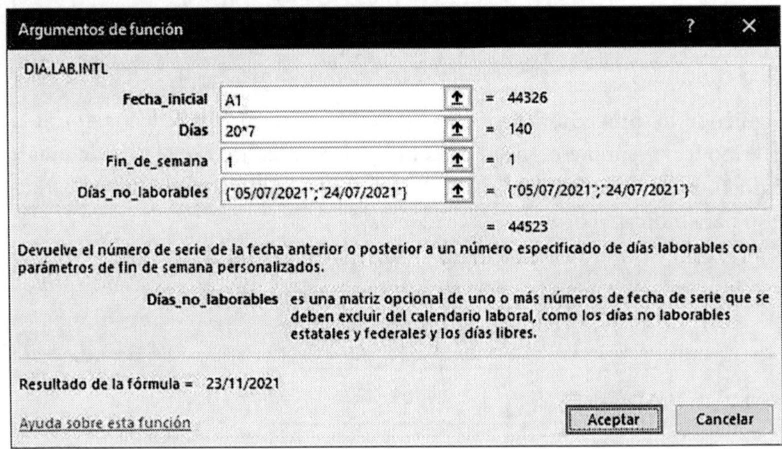

B1 =DIA.LAB.INTL(A1;20*7;1;{"05/07/2021";"24/07/2021"})

	A	B	C	D
1	10/05/2021	23/11/2021		

El resultado sería 23/11/2021.

Por otro lado, tomando en cuenta la fecha inicial y la fecha final del primer supuesto, siendo la fecha actual el 06/09/2021, ¿habrá vencido el plazo? ¿Cuántas semanas han transcurrido? ¿Cuántas faltan?

¿Cómo procedería?

Pues, ante el silencio de la ley, también se debe aplicar la regla anterior. Trabajar en semanas con base en días. Partiendo de que una semana tiene 7 días. Días continuos.

Combinándola con los procedimientos ya vistos, correspondientes al cálculo de cantidad de tiempo, fórmula del tipo fecha - fecha, se aplicaría la fórmula siguiente para conseguir las semanas transcurridas: **(fecha actual - fecha inicial)/7 días**. En concreto: (A2 - A1)/7. Debe usarse obligatoriamente el paréntesis para indicar el orden de precedencia.

B1 =(A2-A1)/7

	A	B	C
1	10/05/2021	17	
2	06/09/2021		

Luego, para obtener las semanas que faltan, a las semanas del plazo, se restaría el resultado anterior: **semanas del plazo - semanas transcurridas**. En concreto: A2 - A1.

B1 =A2-A1

	A	B
1	17	3
2	20	

La respuesta sería: No. Semanas transcurridas: 17. Semanas que faltan 3.

Si la fecha actual coincidiera con el término del plazo y éste cayera en día inhábil, deberá correrla hasta el día hábil siguiente, sumando a la cuenta los días adicionales.

Pero, ¿si este cómputo en semanas tomara en cuenta solo los días hábiles?

Sería inusual. Poco lógico. Mas, se deberían seguir los procedimientos estudiados para estos casos. Bajo el criterio expuesto de contar en semanas con base en días. Días hábiles.

Pudiera utilizarse la función **DIAS.LAB.INTL ().**

El primer argumento, fecha_inicial, sería la fecha del parto, el 10/05/2021. El segundo, fecha_final, sería la fecha actual, el 06/09/2021. El resto de los argumentos se rellenarían a conveniencia. Solo que, en el cuarto, días_no_laborables, escriba o seleccione la fecha de inicio del plazo junto con las fechas correspondientes a los días feriados. Todo, dividido entre 7. Esto último es clave para convertir los días en semanas. Los paréntesis son importantes pues indican el orden de precedencia.

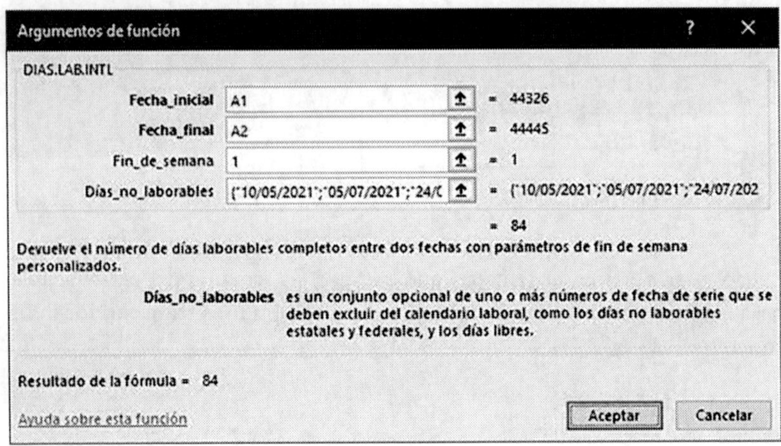

B1 =DIAS.LAB.INTL(A1;A2;1;{"10/05/2021";"05/07/2021";"24/07/2021"})/7

	A	B	C	D	E
1	10/05/2021	12			
2	06/09/2021				

Luego, para obtener las semanas que faltan, a las semanas del plazo se restaría el resultado anterior: **semanas del plazo - semanas transcurridas**. En concreto: A2- A1.

B1 | f_x | =A2-A1

	A	B	C
1	12	8	
2	20		

La respuesta sería: No. Semanas transcurridas: 12. Semanas que faltan: 8.

Cabe mencionar que, como en otras unidades de tiempo, el cálculo en semanas pudiera generar un resultado inexacto.

Pudieran presentarse excepcionalmente casos de cómputo por semanas enteras de domingo a sábado, de lunes a domingo, de lunes a viernes, etc.

UBICAR SEMANA DEL AÑO (SA)

Pudiera ocurrir que la ley estableciera que cierto acto se debe llevar a cabo en una semana del año.

Recuerde que el año en el calendario gregoriano tiene 48 semanas.

Por ejemplo, los estatutos de la compañía establecen lo siguiente:

«La Asamblea Ordinaria deberá reunirse la semana treinta y seis de cada año».

Se propone en Directorio que la convocatoria sea para el 01/09/2021.

¿La convocatoria está dentro de la semana estatutaria?

¿Cómo procedería?

Ciertamente, se trata de una forma inusual para establecer fecha o plazo. Pero, es posible. En materia electoral, por ejemplo.

También puede considerarse como complemento de otros cálculos.

No estamos frente al caso de cálculo de fecha o cantidad de tiempo entre fechas, cuya fórmula es del tipo fecha - número o fecha - fecha. El objetivo es saber a cuál semana del año corresponde una fecha dada. El número de esa semana.

La buena noticia es que la solución al problema pasa por una función específica de Excel: NUM.DE.SEMAMA ().

Es muy simple: partiendo de una fecha dada, se devuelve el número de semana según calendario.

En el primer argumento, número_serie, debe colocar la fecha propuesta por el Directorio. Es el código fecha - hora para el cálculo. En el segundo, tipo_devuelto, debe escoger alguna de las opciones de Excel. Se trata del número entero que determina como interpreta la función el inicio de semana. 1, la semana empieza el domingo. Es la opción por defecto. 2, la semana empieza el lunes. En concreto, se escogió 1.

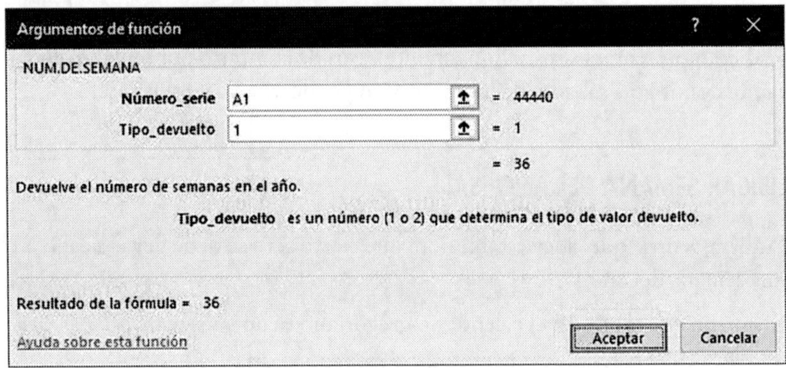

B1 =NUM.DE.SEMANA(A1;1)

	A	B	C	D
1	01/09/2021	36		

La respuesta será: Si, la convocatoria está dentro de la semana estatutaria. Se corresponde con la semana 36 del año.

Pudiera ser un cálculo más complejo, como hallar la semana de un mes determinado del año.

DÍA DEL AÑO O JULIANO (DA)

Pudiera ocurrir que la ley estableciera que cierto acto deba suceder un día del año.

Recuerde que el año gregoriano tiene 365 días, excepto el bisiesto con 366.

Por ejemplo, la norma siguiente:

«Si para el día 334 del año en curso no se hubiere sancionado el Presupuesto para el ejercicio presupuestario que se inicia el 1º de enero del año siguiente, se reconducirá el presupuesto anterior a dicho ejercicio».

Fecha actual: 24/11/2021.

Aún no se ha sancionado el presupuesto del año siguiente.

¿Se debe reconducir el presupuesto?

¿Cómo procedería?

Ciertamente se trata de una forma inusual para establecer fecha o plazo. Pero, posible. Por ejemplo, para asuntos de gobierno.

Más específica que la variante SA, ya vista.

Suele usarse como complemento de otros cálculos. En la programación de algún evento, en el comercio. Quizá, por cultura general.

No estamos frente a un caso de cálculo de fecha o cantidad de tiempo entre fechas, cuya fórmula es del tipo fecha - número o fecha - fecha. El objetivo es saber a cuál día del año corresponde una fecha, contando en forma continua desde el principio del mismo.

En algunas aplicaciones de Microsoft Office también se conoce como día juliano, sin llegar a confundirse con el cálculo de una fecha basado en el calendario juliano, habitual en astronomía. Aunque en ambos supuestos la cuenta es en serie, en este último empieza el primero de enero de 4713 a.C.

Excel no cuenta con una función específica. Es menester recurrir a la fórmula siguiente: fecha - FECHA (AÑO (fecha) - 1; 12; 31), donde fecha, corresponde a la fecha actual, el 24/11/2021. A la cual se le resta la fecha correspondiente al último día del año anterior, es decir, el 31/12/2020. Recuerde que los días calendario empezarán a enumerarse desde esta última hasta la primera.

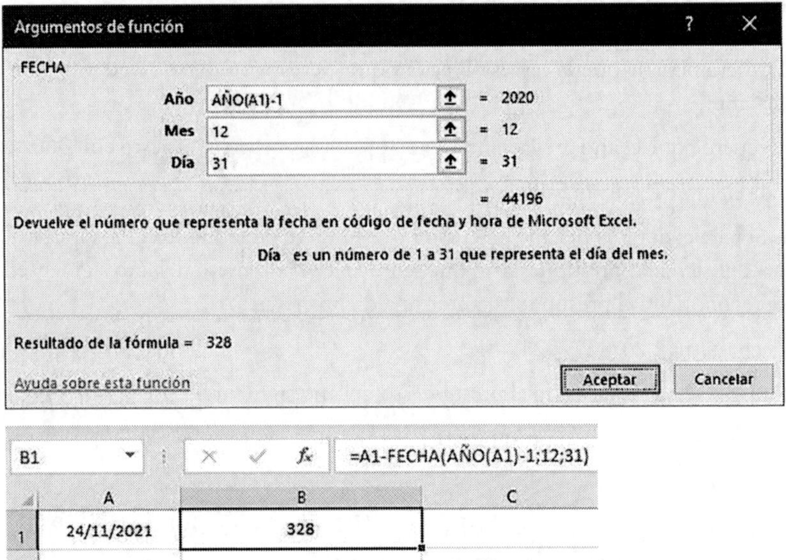

La respuesta será: No. El 24/11/2021 corresponde al día 328 del año en curso. La norma establece el día 334 como límite para que proceda la reconducción presupuestaria.

ENÉSIMA APARICIÓN DE UN DÍA (EAD)

Ya se estudió cómo hallar el día de la semana correspondiente a una fecha.

Pero, ¿si fuera al contrario? ¿Si, dado un día de la semana, se requiriere saber la fecha del mismo?

Por ejemplo, le dicen: «Programa la reunión para el próximo jueves».

O la norma siguiente: «Las elecciones se realizan el cuarto domingo de mayo del año que corresponda...».

Ciertamente, es inusual que la fecha de un acto se imponga de este modo. Al menos en el derecho, regido por la formalidad.

Sin embargo, es frecuente en la informalidad. Por ejemplo, para programar una reunión. O alguna indicación entre pasillos.

Volviendo al ejemplo de las elecciones, si el año de referencia fuera el 2021, ¿cómo procedería?

Excel carece de una función específica. Por tanto, se debe recurrir a fórmulas.

Se propone la siguiente: **FECHA (año, mes, 1) + días**. Donde días tiene dos posibilidades: 1) Si el día de la semana es menor que el primer día del mes, entonces 7 - DIASEM (FECHA (año, mes, 1); 1) + día de la semana + (n - 1) * 7. Y 2) Si el día de la semana es igual o mayor que el primer día del mes, entonces día de la semana - DIASEM (FECHA (año, mes, 1); 1) + (n - 1) * 7.

¿Cómo aplicarla?

Pues bien, comience con los datos que conoce. La fecha correspondiente al primer día del mes. Puede generarla con la función FECHA (2021; 05; 01). El resultado será 01/05/2021.

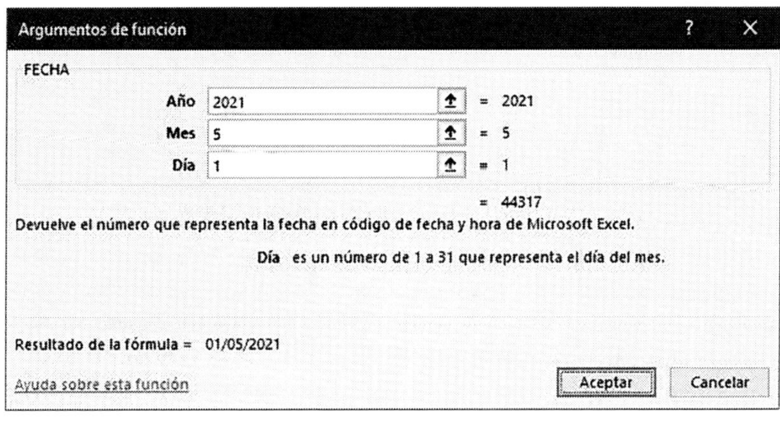

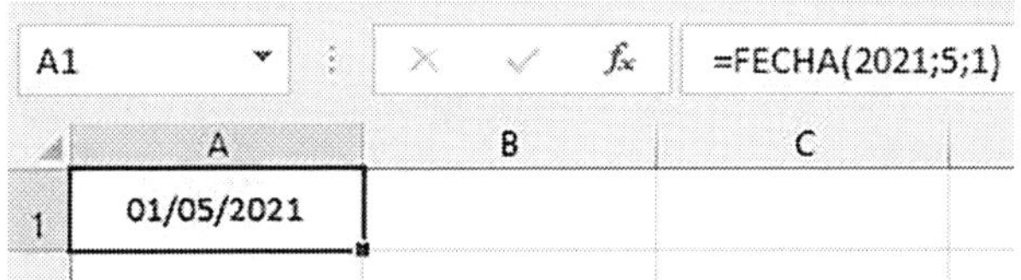

Luego, debe sumarle los días. Pero, antes necesita saber si el día de la semana es menor o mayor que el primer día del mes. Esto significa que su valor de DIASEM () sea numéricamente menor o mayor.

Si aplicamos la función DIASEM () al 01/05/2021, el resultado será 7, sábado. Ya tiene el valor del primer día del mes.

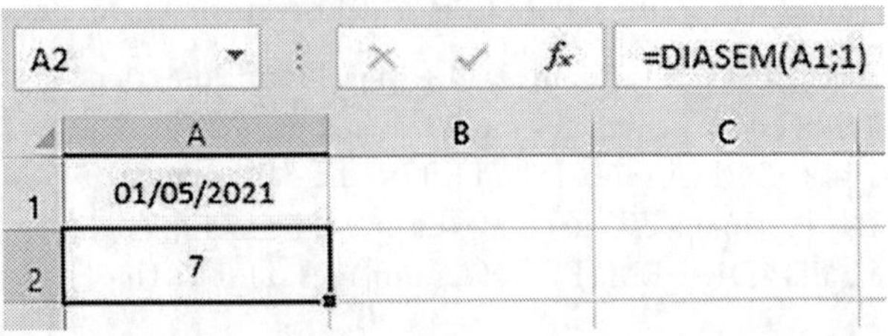

A2 =DIASEM(A1;1)

	A	B	C
1	01/05/2021		
2	7		

Si sábado es 7, domingo es 1. Ya tiene el valor del día de la semana.

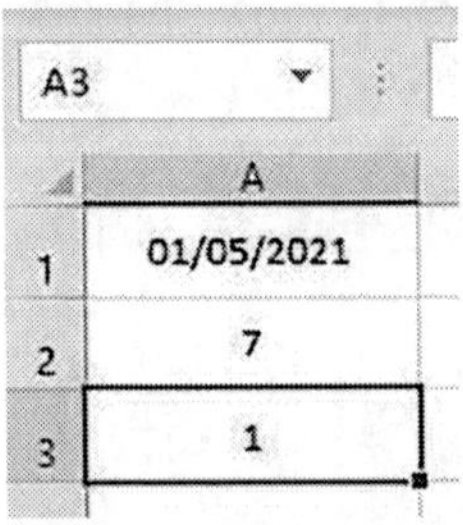

A3

	A
1	01/05/2021
2	7
3	1

Ahora bien, como 1 < 7, debe sumar a 01/05/2021 la siguiente expresión de la fórmula: 7 - 7 + 1 + (4 - 1) * 7. De esta forma, a los 7 días de la semana se resta el primer día del mes y se suma el día de la semana, para obtener como resultado 1. Luego, se suman 3 semanas (4 - 1) * 7, para conseguir con estos 21 días adicionales la cuarta aparición. Recuerde que esta última viene 3 semanas después de la primera.

Pudiera trabajar con los resultados en celdas: A1 + (7- A2 + A3 + (4 - 1) * 7).

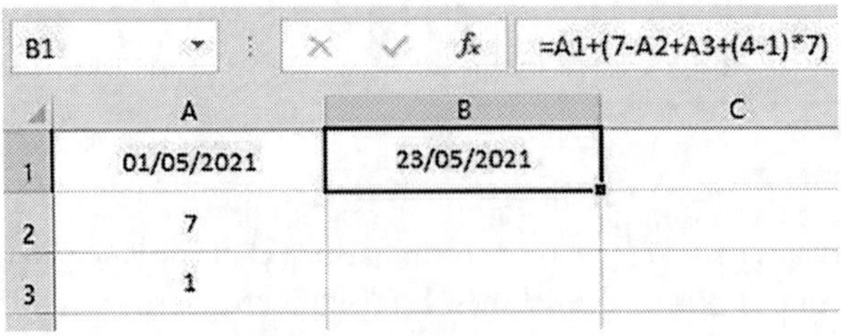

B1 =A1+(7-A2+A3+(4-1)*7)

	A	B	C
1	01/05/2021	23/05/2021	
2	7		
3	1		

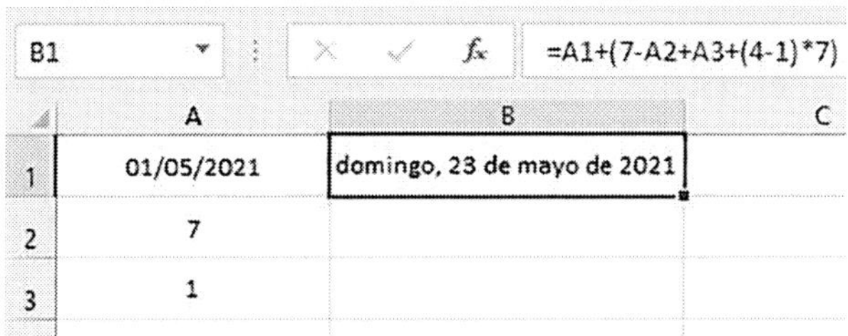

B1 =A1+(7-A2+A3+(4-1)*7)

	A	B	C
1	01/05/2021	domingo, 23 de mayo de 2021	
2	7		
3	1		

O utilizando la combinación de funciones: FECHA (2021; 5; 1) + (7 - DIASEM (FECHA (2021; 5; 1); 1) + 1 + (4 - 1) * 7).

B1 =FECHA(2021;5;1)+(7-DIASEM(FECHA(2021;5;1);1)+1+(4-1)*7)

	A	B	C	D	E	F
1	01/05/2021	23/05/2021				
2	7					
3	1					

B1 =FECHA(2021;5;1)+(7-DIASEM(FECHA(2021;5;1);1)+1+(4-1)*7)

	A	B	C	D	E	F
1	01/05/2021	domingo, 23 de mayo de 2021				
2	7					
3	1					

El resultado será el mismo: 23/05/2021.

Se apreciará mejor si se cambia el formato de celdas a fecha larga.

El cuarto domingo del mes de mayo de 2021 es el 23/05/2021.

Si fueran todos los domingos del mes, se repetirían los pasos[70].

Indudablemente, es una fórmula compleja.

El usuario siempre tendrá la opción de trabajar manualmente con el calendario.

#Había terminado este capítulo. Uno de los más complejos. Salí a tomar un café en el jardín del edificio. Allí me topé con un estimado vecino que jugaba

70 Con los ajustes pertinentes, por supuesto.

con su nieto de 7 años. Mira esto, me dijo. Di un día cualquiera de la semana de un mes y año. Umm... El último sábado de agosto de este año. El niño, en segundos, me dijo la fecha. Ahora, di una fecha. El 18/10/2021. El niño, en segundos, me dijo el día de la semana correspondiente. Los resultados los verificaba en el calendario. ¿Y cómo lo hace? Aún no he podido encontrar el algoritmo, me respondió. ¡Guau!, pensé. Contra eso no puede Excel.

ARGUMENTOS DE FÓRMULA (AF)

Una fórmula está compuesta por argumentos.

Un argumento puede ser un **valor.**

Por ejemplo, en el primer procedimiento del caso TAdC.

El primer argumento de la fórmula, fecha inicial, pudiera ser 12/11/2021, entre comillas. El segundo, días del plazo, 5. El primero, de tipo fecha. El segundo, de tipo número.

A1 | fx ="12/11/2021"+5

	A	B	C
1	17/11/2021		

Pero, también pudiera ser una **referencia de celda.**

Por tal, se entiende la dirección de una celda en una hoja de cálculo. Empleada en una fórmula, permite a Excel ubicarla y obtener el valor que contiene. Es una forma indirecta de trabajar con este.

En el mismo procedimiento, el primer argumento, fecha inicial, pudiera ser A1. El segundo, días del plazo, B1.

C1 | fx =A1+B1

	A	B	C
1	12/11/2021	5	17/11/2021

Un argumento puede ser **valores.**

Por ejemplo, en el procedimiento del caso TAdH. El cuarto argumento de la función, días_no_laborables. Ciertamente, se trata de dos valores que pudieran insertarse directamente: 05/07/2021 y 24/07/2021.

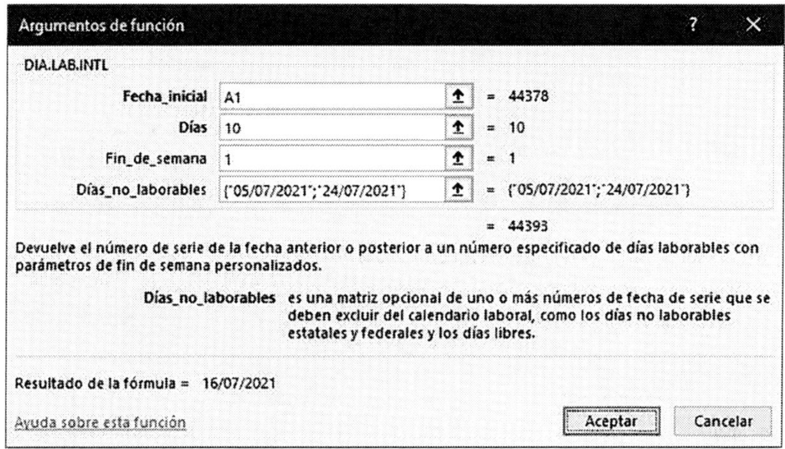

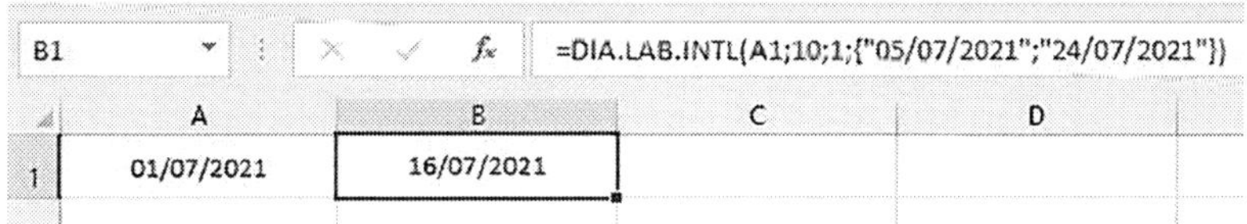

O, indirectamente, si el usuario hiciera referencia al **rango que los contiene.**

Un rango es un conjunto de celdas contiguas. El usuario puede hacer referencia al mismo en una fórmula. Su dirección estaría dada por la celda superior izquierda seguida de dos puntos y la celda inferior derecha.

En el mismo procedimiento, en lugar de las dos fechas anteriores, pudiera colocar el rango: B1: B2.

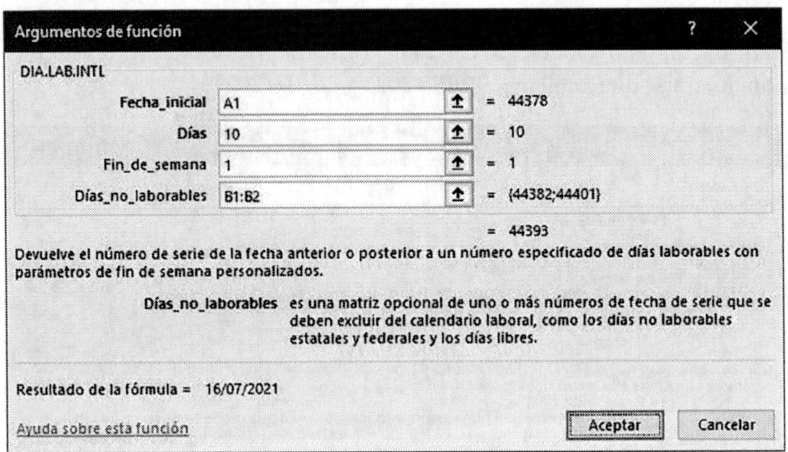

C1 =DIA.LAB.INTL(A1;10;1;B1:B2)

	A	B	C
1	01/07/2021	05/07/2021	16/07/2021
2		24/07/2021	

Un argumento puede ser una **matriz.**

Una matriz es una fila, columna o combinación de filas y columnas de valores que se pueden insertar directamente o a través de referencias en una fórmula, pudiendo dar origen a una fórmula matriz.

Esta última consiste en valores de entrada que pueden generar uno o varios resultados.

Por ejemplo, en el tercer procedimiento del caso LAdC. El segundo argumento de la fórmula, día 1 del plazo, día 2 del plazo, día 3 del plazo, ... Ciertamente, son valores ordenados en columna que se insertan directamente en la fórmula.

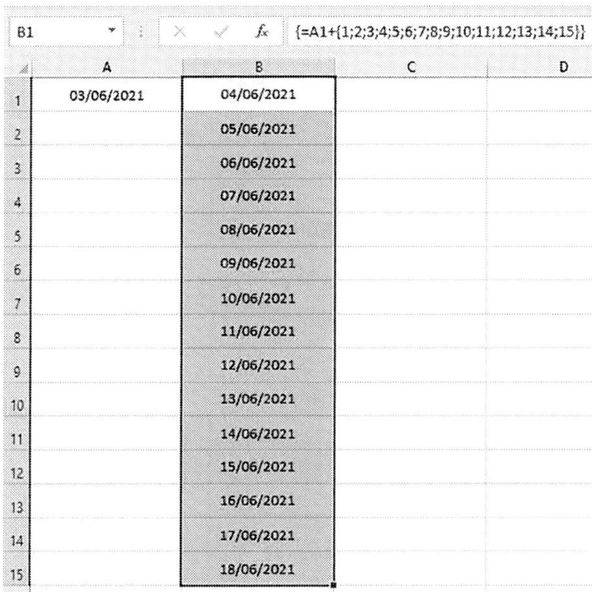

B1 | {=A1+{1;2;3;4;5;6;7;8;9;10;11;12;13;14;15}}

	A	B	C	D
1	03/06/2021	04/06/2021		
2		05/06/2021		
3		06/06/2021		
4		07/06/2021		
5		08/06/2021		
6		09/06/2021		
7		10/06/2021		
8		11/06/2021		
9		12/06/2021		
10		13/06/2021		
11		14/06/2021		
12		15/06/2021		
13		16/06/2021		
14		17/06/2021		
15		18/06/2021		

Mas, pudiera tratarse de la referencia al grupo de celdas ordenadas en columna o rango que los contiene: B1: B15.

C1 | {=A1+B1:B15}

	A	B	C
1	03/06/2021	1	04/06/2021
2		2	05/06/2021
3		3	06/06/2021
4		4	07/06/2021
5		5	08/06/2021
6		6	09/06/2021
7		7	10/06/2021
8		8	11/06/2021
9		9	12/06/2021
10		10	13/06/2021
11		11	14/06/2021
12		12	15/06/2021
13		13	16/06/2021
14		14	17/06/2021
15		15	18/06/2021

Incluso, un argumento puede ser una **función o fórmula.**

Por ejemplo, en el segundo procedimiento de la variante S. El primer argumento de la función FECHA (), año, es la función AÑO (), con base en una referencia de celda: A1.

B1 | =FECHA(AÑO(A1);MES(A1);DIA(A1))+(20*7)

	A	B	C	D
1	10/05/2021	27/09/2021		

A este procedimiento se denomina anidación.

Anidar consiste en insertar una función como argumento de otra.

El tercero, día, se trata de una operación matemática que incluye la función DIA (), con base en la misma referencia de celda, más la multiplicación de semanas por días, 20 * 7.

El usuario debe determinar cuál de los tipos de argumentos es el más conveniente para la fórmula. Puede, incluso, combinarlos.

VARIABLES Y CONSTANTES (V-C)

Una fórmula también está compuesta por variables y constantes.

Una **variable es un valor que cambia.**

Por ejemplo, en el primer procedimiento del caso TAdC. La fecha inicial, pudiera ser 17/11/2021 o 18/11/2021.

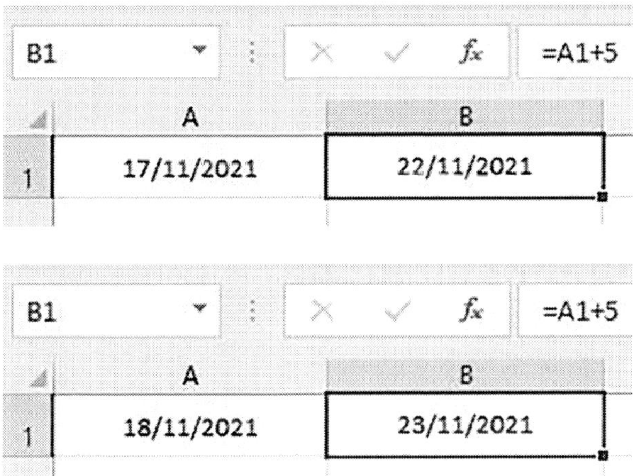

Una **constante** es un valor que **no cambia.**

Por ejemplo, en el mismo procedimiento, los días del plazo siempre serán 5.

Un rango de valores, además de contener variables o constantes, como unidad de cálculo mayor, puede ser en sí mismo una variable o una constante.

Por ejemplo, siguiendo el procedimiento mencionado, pudiera requerirse el cálculo con varias fechas, A1: A3. Sería una variable.

B1 | f_x {=A1:A3+5}

	A	B
1	17/11/2021	22/11/2021
2	18/11/2021	23/11/2021
3	19/10/2021	24/10/2021

O, con base en el procedimiento del caso TAdH, el argumento días_no_laborables, B1: B2, sería, indudablemente, una constante.

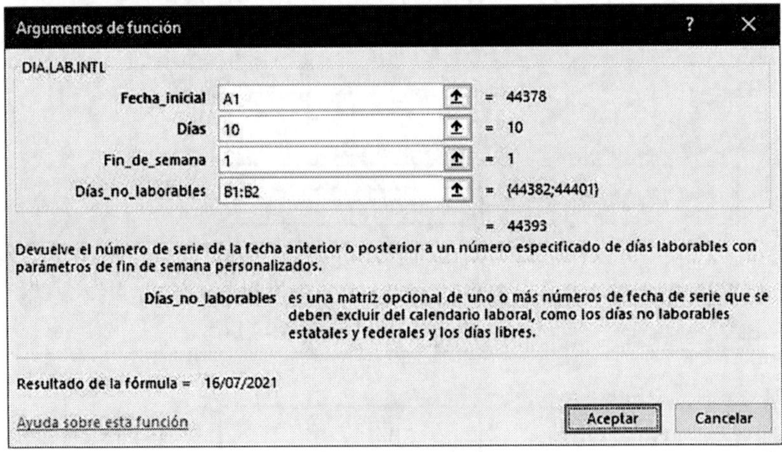
Argumentos de función

DIA.LAB.INTL

Fecha_inicial	A1	= 44378
Días	10	= 10
Fin_de_semana	1	= 1
Días_no_laborables	B1:B2	= {44382;44401}

= 44393

Devuelve el número de serie de la fecha anterior o posterior a un número especificado de días laborables con parámetros de fin de semana personalizados.

Días_no_laborables es una matriz opcional de uno o más números de fecha de serie que se deben excluir del calendario laboral, como los días no laborables estatales y federales y los días libres.

Resultado de la fórmula = 16/07/2021

Ayuda sobre esta función

Aceptar Cancelar

C1 | f_x =DIA.LAB.INTL(A1;10;1;B1:B2)

	A	B	C
1	01/07/2021	05/07/2021	16/07/2021
2		24/07/2021	

Pudiera reforzarse esta condición si a dicho rango se le asigna un nombre, por ejemplo, FERIADOS. Si se trabaja con el mismo.

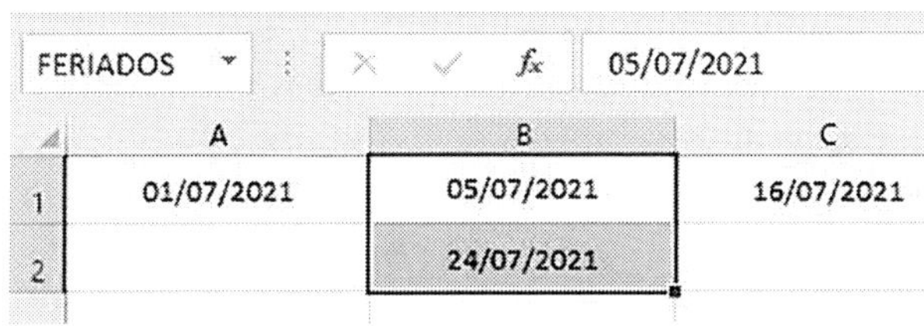

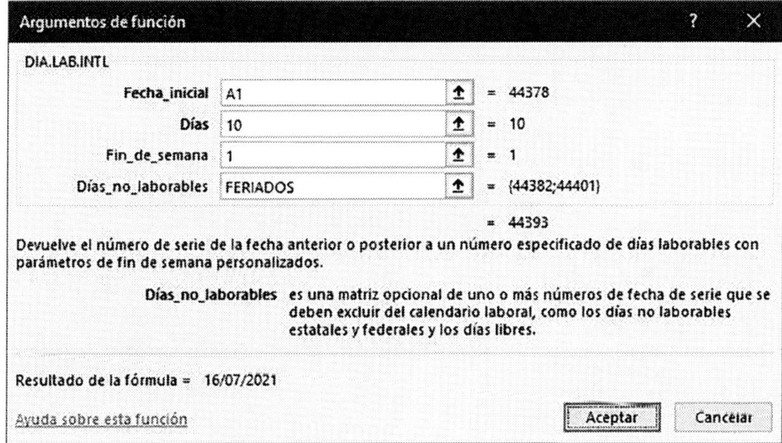

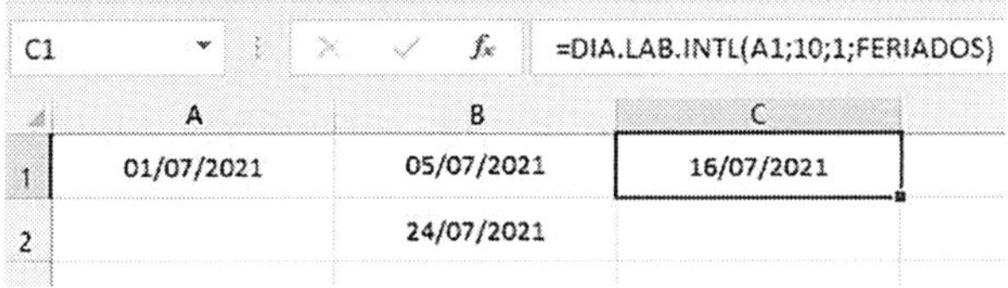

Se asignan nombres a los rangos para conseguir fórmulas más claras y hacer un mejor seguimiento de las mismas. Dicho nombre se utiliza en lugar de las referencias.

Aunque los rangos suelen contener valores del mismo tipo, cabe la posibilidad de que pudieran ser diferentes.

Todo lo anterior aplica con mayor razón a una matriz. De hecho, los dos últimos ejemplos propuestos son rangos de matriz.

Las fórmulas o funciones anidadas no son propiamente variables o constantes. Pero, su resultado pudiera serlo.

Por ejemplo, en el primer procedimiento del caso DAdC, si la fecha actual fuera el 23/11/2021, y la misma se sustituyera por la función HOY (), el resultado sería, indudablemente, una variable.

A2 | fx 23/11/2021

	A	B
1	08/11/2021	15
2	23/11/2021	

A2 | fx =HOY()

	A	B
1	08/11/2021	15
2	23/11/2021	

O, en el primer procedimiento de la variante S, correspondiente al cálculo de fecha, fórmula del tipo fecha - número, pero, cuyo plazo se expresa en semanas. Fecha inicial: 10/05/2021. Semanas: 20. La solución pasaría por la conversión de las semanas en días: 20 * 7. El resultado de dicha conversión sería una constante.

B1 | fx =A1+(20*7)

	A	B
1	10/05/2021	27/09/2021

Ahora bien, ¿cómo saber si un valor es una variable o una constante?

Pues, la naturaleza variable o constante es intrínseca del mismo.

En tal sentido, poco importa si dicho valor se inserta directamente en la fórmula o a través de una referencia de celda. No debe confundirse el primer modo con constante ni el segundo con variable. Aunque suelen ir de la mano, por la estabilidad de la fórmula.

El problema se puede presentar cuando haya que mover la fórmula. Cuando se debe cortar y pegar en otra celda o, simplemente, copiarla.

En este supuesto, si se hizo referencia a una celda o a un rango, la fórmula sufrirá cambios. Este punto se estudiará seguidamente.

FORMATO DE REFERENCIA RELATIVA Y ABSOLUTA (RR-RA)

Como ya se dijo, cuando se trabaja con variables y constantes utilizando la referencia de celda, hay que ser cuidadoso.

Si se usa una vez la misma fórmula, no pasa nada.

Pero, si se emplea varias veces, se pueden presentar algunas dificultades.

Por ejemplo, tomando como modelo el primer procedimiento del caso DAdC, correspondiente al cálculo de cantidad de tiempo, fórmula del tipo fecha - fecha. Fecha inicial: A1, 08/11/2021; A2, 14/01/2022 y A3, 13/13/2022. Fecha actual: B1, 15/11/2021; B2, 09/02/2022 y B3, 18/03/2022.

Se debe emplear la misma fórmula en las celdas C1, C2 y C3, respectivamente.

La primera, en la celda C1, es = B1 - A1. Con ella, se le indica a Excel que al contenido de la celda que le precede, reste el contenido de aquella que se encuentra dos celdas atrás.

C1 | fx =B1-A1

	A	B	C
1	08/11/2021	15/11/2021	7
2	14/01/2022	09/02/2022	
3	13/03/2022	18/03/2022	

En consecuencia, al copiar dicha fórmula en las celdas C2 y C3, sus indicaciones siguen siendo las mismas, pero sus referencias de celda no. Estas corresponden a su nueva ubicación. En C2, la fórmula es = B2 - A2. En C3, = B3 - A3.

C2 =B2-A2

	A	B	C
1	08/11/2021	15/11/2021	7
2	14/01/2022	09/02/2022	26
3	07/03/2022	18/03/2022	

C3 =B3-A3

	A	B	C
1	08/11/2021	15/11/2021	7
2	14/01/2022	09/02/2022	26
3	07/03/2022	18/03/2022	11

Los resultados son correctos: C1, 7; C2, 26 y C3, 11.

A esto se llama formato de **referencia relativa**. Es el formato por defecto.

Si lo usa, cuando copie una fórmula en otro lugar, Excel ajustará automáticamente las direcciones de celda de la misma según su nueva localización.

Muy útil, sobre todo cuando se trabaja con variables.

Pero, ¿si se tomara como modelo el primer procedimiento del caso TAdC? Correspondiente al cálculo de fecha, fórmula del tipo fecha - número. Fecha inicial: A1, 12/11/2021, A2, 19/11/2021 y A3, 26/08/2021. Días del plazo: B1, 5.

Pues, no habría novedad con la primera fórmula, en la celda C1, = A1 + B1. El resultado sería correcto: 17/11/2021.

C1 =A1+B1

	A	B	C
1	12/11/2021	5	17/11/2021
2	19/11/2021		
3	26/11/2021		

El problema se presentaría al copiarla en las celdas C2 y C3. El resultado sería la fecha inicial respectiva: 19/11/2021 y 26/11/2021. Por tanto, incorrecto. ¿Qué ocurrió?

C2 =A2+B2

	A	B	C
1	12/11/2021	5	17/11/2021
2	19/11/2021		19/11/2021
3	26/11/2021		

C3 =A3+B3

	A	B	C
1	12/11/2021	5	17/11/2021
2	19/11/2021		19/11/2021
3	26/11/2021		26/11/2021

Si revisa la fórmula contenida en la celda C2, notará que es = A2 + B2. La celda A2 corresponde a la fecha inicial. Eso está bien. Mas, la B2 está en blanco. La fórmula de la celda C3 es = A3 + B3. La celda A3 corresponde a la fecha inicial. Eso está bien. Pero, la B3 está en blanco. Excel considera las celdas en blanco como valor 0, en consecuencia, el resultado de ambas es la fecha inicial respectiva.

En otras palabras, el problema es el formato de referencia relativa. Suele presentar fallas cuando trabaja con constantes.

Para solucionarlo, el usuario debe recurrir al formato de **referencia absoluta.**

Si lo usa, cuando copie una fórmula en otro lugar, Excel buscará las direcciones físicas de celda de la misma. Por tanto, mantendrá sus direcciones de celda originales.

Basta con anteponer el signo dólar ($) a la fila o columna de la dirección de celda.

Volviendo al segundo ejemplo propuesto para esta variante, en la fórmula que contiene la celda C1, anteponga el signo dólar ($) antes de la B y antes del 1 que le sigue. Quedaría así: = A1 + $B$1.

C1 =A1+$B$1

	A	B	C
1	12/11/2021	5	17/11/2021
2	19/11/2021		
3	26/11/2021		

De esta forma, se indica a Excel que al contenido de la celda ubicada dos celdas atrás, debe sumar el contenido de la celda B1. No importa donde mueva la fórmula, la referencia de esta última celda no cambiará. Se puede decir que su dirección está anclada.

Fórmula en la celda C2: A2 + $B$1.

C2 =A2+$B$1

	A	B	C
1	12/11/2021	5	17/11/2021
2	19/11/2021		24/11/2021
3	26/11/2021		

En la celda C3: A3 + $B$1.

C3 =A3+$B$1

	A	B	C
1	12/11/2021	5	17/11/2021
2	19/11/2021		24/11/2021
3	26/11/2021		01/12/2021

Los resultados serán: C1, 17/11/2021; C2, 24/11/2021 y C3, 01/12/2021. Todos correctos.

Con este formato de referencia se ha reforzado la condición de constante del valor contenido en la celda B1.

Podría repetir la constante «días del plazo» en las celdas B1, B2 y B3. Pero, no sería muy eficiente.

Cabría la posibilidad de otro ejemplo para esta variante: una fórmula donde todos los valores fueran constantes. De requerir copiarse, con mayor razón se aplicaría el formato de referencia absoluta.

Cuando se hace referencia a un rango también aplica lo anterior. Cuando se trata de constantes, se debe cambiar al formato de referencia absoluta. Por ejemplo, días_no_laborables.

La mayoría de los rangos que tienen nombre se rigen por la referencia absoluta. Lo cual significa que cuando copia una fórmula que utiliza el nombre de un rango, la fórmula copiada utilizará el original. A veces, esto pudiera generar errores.

Finalmente, debe saber que puede introducir una referencia de celda a través de un formato de referencia mixto. En este tipo, debe anclar o bien la fila (A$1) o bien la columna ($A1).

Además, puede cambiar rápidamente el formato de referencia de celda pulsando la tecla F4.

CONVERTIR UNA FÓRMULA EN UN VALOR (CFV)

Pudiera ocurrir que necesite utilizar el resultado de una fórmula.

Por ejemplo, el tercer procedimiento de la variante V-C, con base en el primer procedimiento del caso DAdC. El resultado de la fórmula = A2 - A1, es 15 días transcurridos. Pero, luego, siguiendo el segundo procedimiento del mismo caso, necesita restar esa cantidad a los días del plazo que son 30, para obtener los días que faltan.

Es decir, necesita reutilizar dicho resultado en otra fórmula.

Pudiera copiar la fórmula en otra celda. Pero tendría que resolver el problema de la referencia relativa. Seguramente daría error.

A4 =#¡REF!-#¡REF!

	A	B	C
1	08/11/2021	15	
2	23/11/2021		
3			
4	#¡REF!		
5	30		

Otra opción sería escribir el signo igual (=) seguido de la celda donde se encuentra la fórmula: = B1. Sobre todo, si cree que el resultado pudiera cambiar.

A4 =B1

	A	B
1	08/11/2021	15
2	23/11/2021	
3		
4	15	
5	30	

Pero, si cree que el resultado es definitivo, pudiera convertir dicha fórmula en un valor. Seleccione la celda, haga clic en la misma para activar el modo modificación, pulse la **tecla F9** y luego **Enter.**

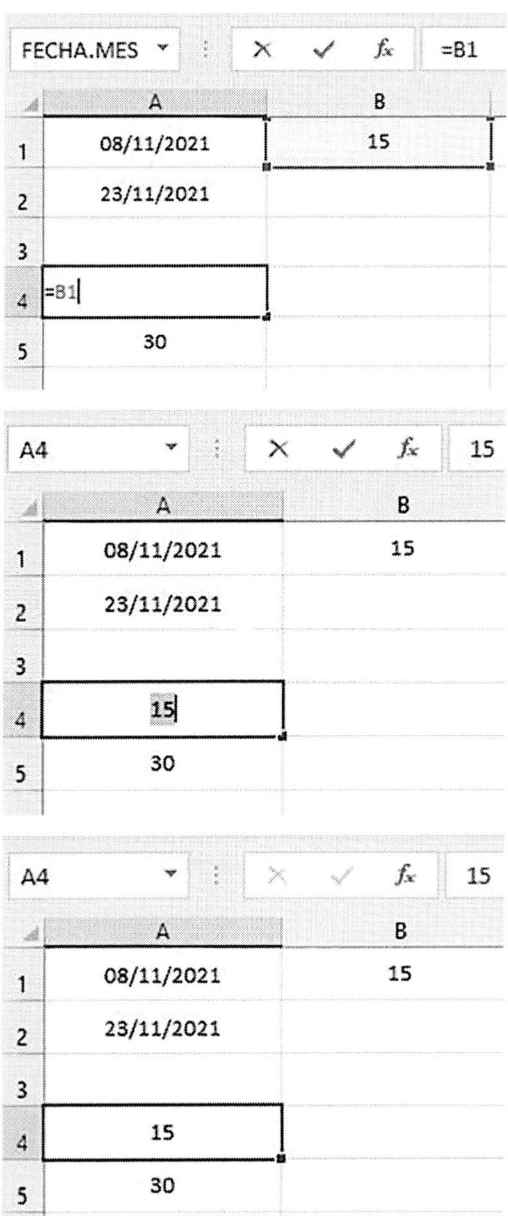
FECHA.MES
=B1
A
B
1 08/11/2021 15
2 23/11/2021
3
4 =B1
5 30
A4
15
A
B
1 08/11/2021 15
2 23/11/2021
3
4 15
5 30
A4
15
A
B
1 08/11/2021 15
2 23/11/2021
3
4 15
5 30

Incluso, puede llevar a cabo todo el procedimiento en forma más directa, si selecciona la celda que contiene la fórmula, la copia, selecciona la celda o celdas donde desea copiar el valor y despliega la lista de **Opciones de pegado, Pegado especial.** Y, en el cuadro del mismo nombre, en **Pegar**, escoge Valores.

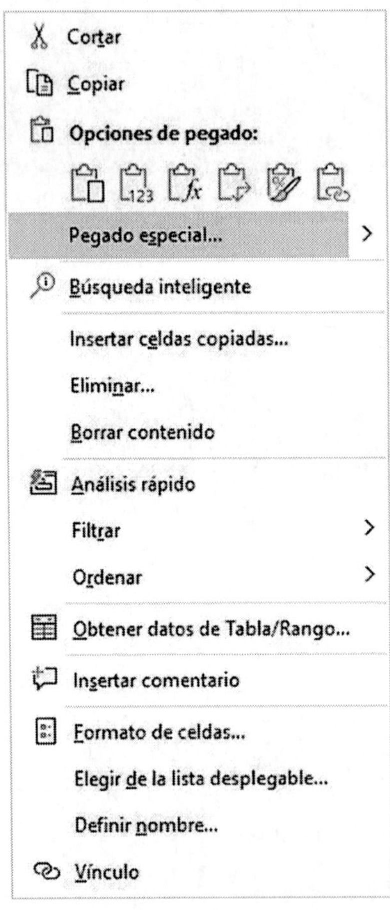

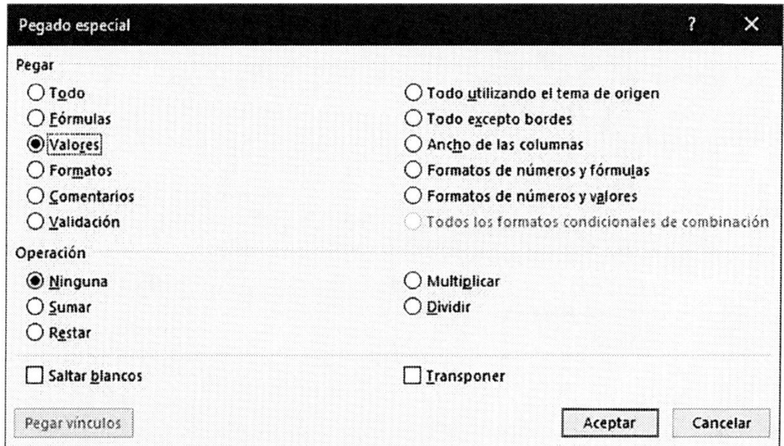

A4 | 15

	A	B
1	08/11/2021	15
2	23/11/2021	
3		
4	15	
5	30	

Esto explica por qué ambos métodos se emplean con frecuencia en las hojas de cálculo de años anteriores. Por ejemplo, año fiscal pasado. Con datos ya consolidados.

La ventaja que ofrece esta última transformación es que ahorra tiempo en los cálculos de hojas muy grandes y libera memoria en las mismas, pues los valores necesitan menos memoria que las fórmulas.

FECHA ACTUAL (FA)

En el tercer procedimiento de la variante V-C, la fecha final coincide con la fecha actual, 23/11/2021.

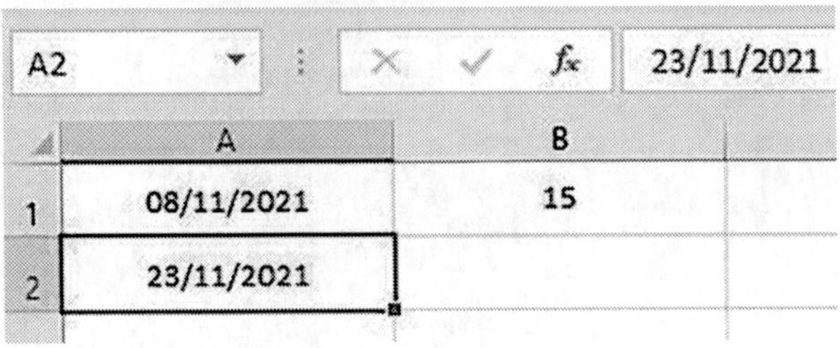

A2 | fx 23/11/2021

	A	B
1	08/11/2021	15
2	23/11/2021	

Se escribió en la celda, después de buscarla en el calendario.

Mas, es posible insertarla directamente con la función **HOY ()**.

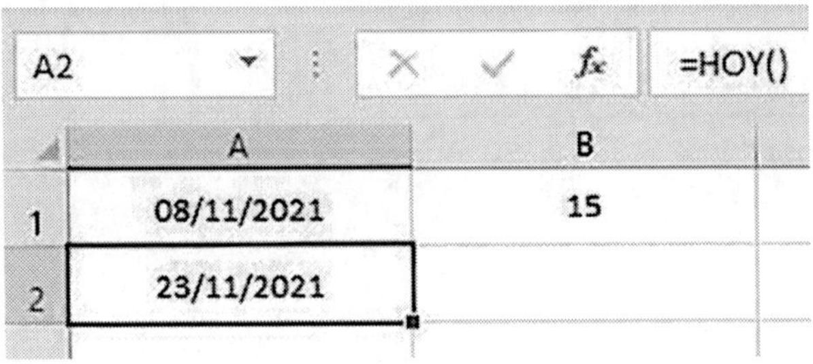

A2 | fx =HOY()

	A	B
1	08/11/2021	15
2	23/11/2021	

Ella arroja como resultado la fecha actual según el sistema operativo.

Se trata de una función que no tiene argumentos. Sin embargo, es frecuente que sirva de argumento en las fórmulas. Tiene una gran capacidad de anidación.

Pero, su característica más importante es que se trata de una variable del tipo fecha. Que siempre será variable, porque su resultado es volátil. Esto quiere decir que cambia constantemente. El que arroja un día, no es el mismo del siguiente. Pudiendo afectar, incluso, a toda la hoja de cálculo.

De esta forma, permite un control y seguimiento diario del plazo. Su actualización. De allí su ventaja.

Si necesita convertirla en un valor, puede seguir los dos últimos procedimientos estudiados en la variante CFV.

CONVERTIR FECHA EN NÚMERO (CFN)

Se ha dicho que para Excel cada fecha es un número consecutivo. Esto facilita enormemente los cálculos.

Por ejemplo, en el tercer procedimiento de la variante V-C. Para hallar los días transcurridos del plazo, a la fecha actual se resta la fecha inicial: 23/11/2021 - 08/11/2021. Resultado: 15.

B1 =A2-A1

	A	B
1	08/11/2021	15
2	23/11/2021	

Excel lo entiende de esta manera: 44523 - 44508. Cada número representa una fecha. Resultado: 15.

B1 =A2-A1

	A	B
1	44508	15
2	44523	

Pero, ¿cómo convertir un valor de fecha en forma de cadena en un número que lo represente?

Puede aplicar la función **FECHANUMERO** (). Tiene un único argumento, texto_de_fecha, donde debe escribir la fecha que quiere convertir en número. En el mismo cuadro de diálogo aparecerá el resultado.

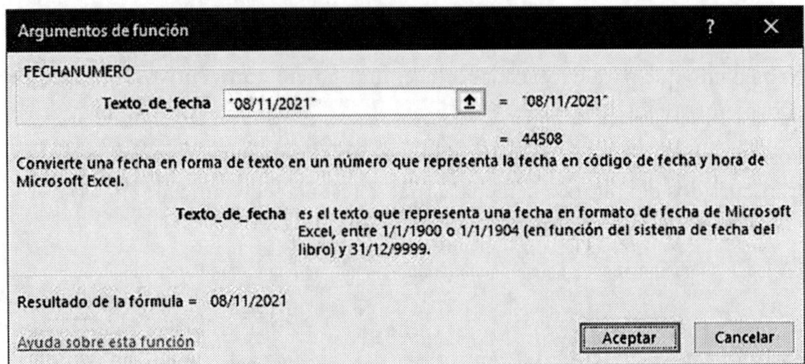

Pero, para que dicho resultado se muestre en la celda, es necesario aplicar el formato de celdas adecuado, número sin decimales.

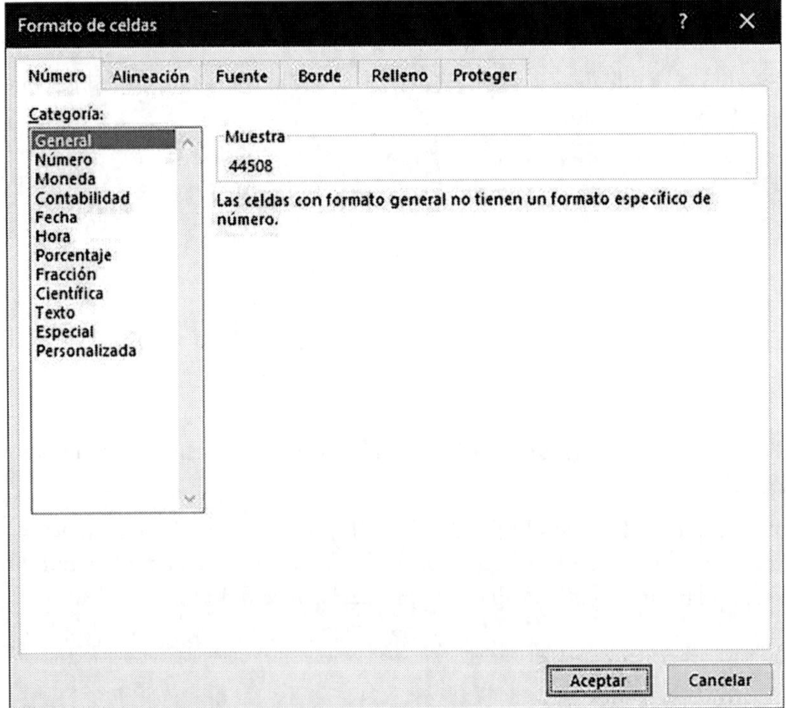

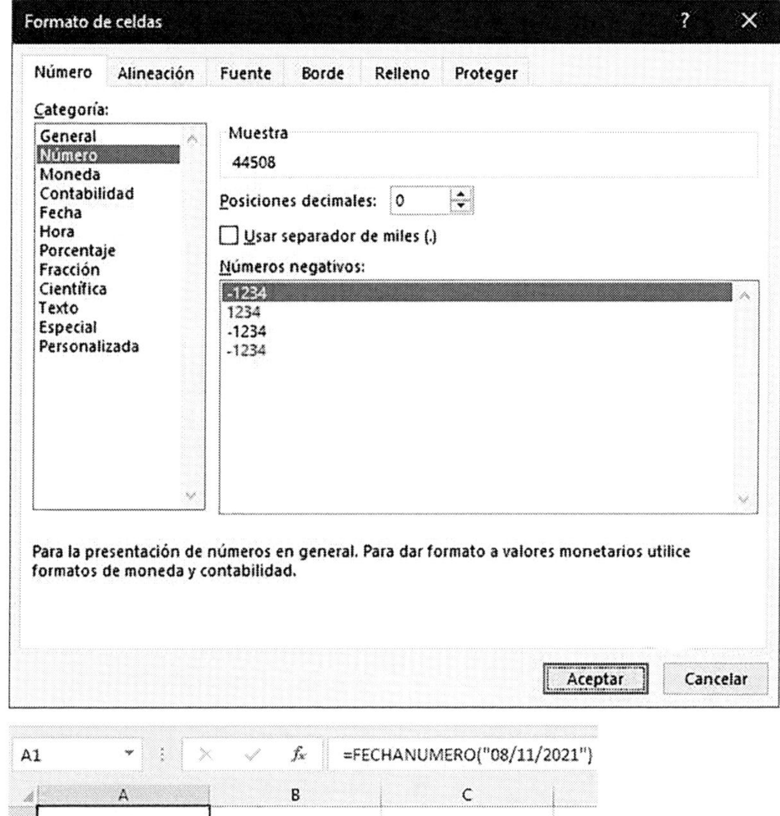

La conversión puede efectuarse en forma directa con este último paso.

Algunos usuarios prefieren trabajar de esta forma. Mas, lo importante es tenerla en cuenta para comprender las operaciones con fechas.

FILTROS DE FECHA (FF)

En el primer problema de la variante TInh, el término del plazo cae en día inhábil, por ser fin de semana: 24/01/2021, domingo.

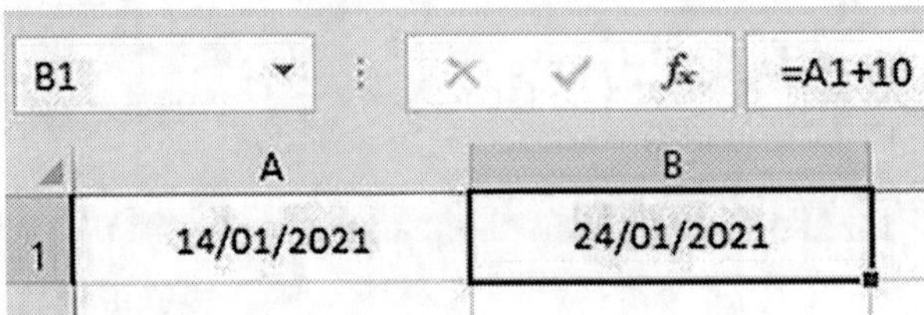
B1 =A1+10

	A	B
1	14/01/2021	24/01/2021

Sabe que es domingo, gracias a los procedimientos estudiados. Por ejemplo, el cambio del formato de celdas.

B1 =A1+10

	A	B
1	14/01/2021	domingo, 24 de enero de 2021

Pero, en el segundo procedimiento de la variante TInh, si la fecha inicial fuera el 07/10/2021, el término del plazo sería 12/10/2021.

B5 {=A1+{1;2;3;4;5}}

	A	B	C
1	07/10/2021	08/10/2021	
2		09/10/2021	
3		10/10/2021	
4		11/10/2021	
5		12/10/2021	

Con los mismos procedimientos de la variante, sabría que es día de semana: martes. Aplique el formato de celdas.

B5 {=A1+{1;2;3;4;5}}

	A	B
1	07/10/2021	08/10/2021
2		09/10/2021
3		10/10/2021
4		11/10/2021
5		martes, 12 de octubre de 2021

Mas, para determinar si es inhábil, debe saber si es feriado. ¿Cómo?

Se debe tener una lista o rango de dichos días. Con sus campos y registros.

Luego, realizar la búsqueda de la fecha en cuestión.

Excel cuenta con una gama de procedimientos pertinentes como las funciones de búsqueda y referencia. Este punto trata sobre el más sencillo. Los filtros.

Los filtros son herramientas que permiten hallar un dato en una lista o rango, de acuerdo con criterios establecidos. Arrojan como resultado datos coincidentes.

Son, pues, una suerte de tamiz para separar datos concretos del resto.

Excel tiene varios tipos: autofiltro, avanzado, etc. Concierne a este estudio los filtros de fecha. Especializados en las mismas.

Volviendo al último ejemplo, ¿cómo procedería?

Pues, si no tiene la mencionada lista o rango, créelo.

Luego, ubíquese en el campo.

Diríjase a **Datos**, grupo **Ordenar y filtrar** y pulse el botón **Filtro.**

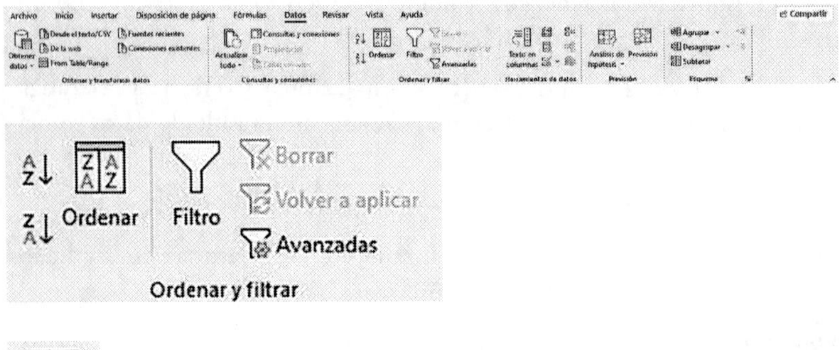

Aparecerá una pequeña flecha en el campo. Señal de haberse insertado el filtro. Haga clic en la misma.

En el menú desplegable, seleccione la opción **Filtros de fecha.**

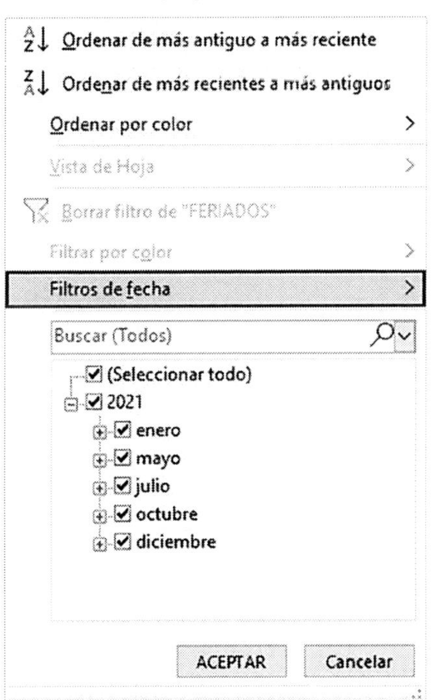

En el siguiente menú desplegable, seleccione la opción **Es igual a...**

Es igual a...
Antes...
Después...
Entre...
Mañana
Hoy
Ayer
Próxima semana
Esta semana
Semana pasada
Próximo mes
Este mes
Mes pasado
Próximo trimestre
Este trimestre
Trimestre pasado
Próximo año
Este año
Año pasado
Hasta la fecha
Todas las fechas en el período >
Filtro personalizado...

Aparecerá el cuadro de diálogo **Autofiltro personalizado**. Verifique que en el primer cuadro se encuentra el criterio seleccionado. En el segundo, escriba o seleccione la fecha que desea buscar, es decir, 12/10/2021. Pulse el botón **Aceptar.**

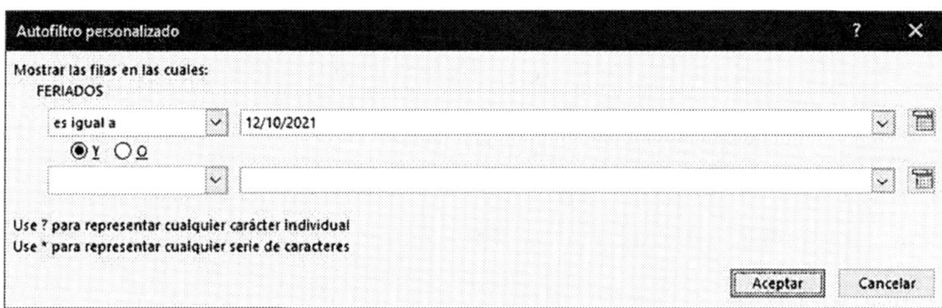

Ahora, revise la lista o rango. Si aparece la fecha buscada, será un día feriado. De lo contrario, no.

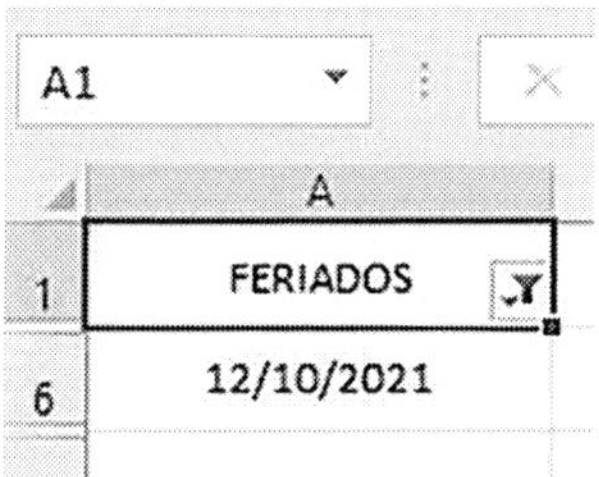

Cabe mencionar que, aunque los filtros no calculan, solo ubican una fecha, pudieran emplear criterios complejos. Incluso, criterios computados.

En definitiva, son un complemento de las fórmulas y funciones de fecha.

#Recién me habían nombrado Jefe de la Sala de Inamovilidad laboral de la Inspectoría del Trabajo. Tenía la competencia para sustanciar los procedimientos de autorización para despedir y reenganche. Sus lapsos eran cortos, pues había cierta urgencia en ellos. 2 días para notificar, 3 para contestar, 2 para admitir pruebas, 8 para evacuarlas, 8 para decidir... Mas, los volúmenes de solicitudes eran abrumadores. Ni hablar cuando se tramitaba un despido masivo. La sala tenía un mínimo personal. El jefe y un asistente, casi siempre de permiso. ¿Cómo habían hecho los anteriores jefes? El fin de semana me dediqué a estudiar los procedimientos. Con los esquemas y diagramas le pregunté a un amigo programador el costo de una aplicación para el seguimiento de los mismos. Demasiado. Me puse a experimentar con Excel. Cree una base de datos en la cual identificaba cada procedimiento con el número de expediente. Cada campo era una fase, con formato fecha. Se insertaba la fecha de la solicitud y automáticamente se calculaban las restantes. De esta forma, tenía un estimado de duración del mismo, así como las fechas de los sucesivos actos, según la ley. Con ayuda de herramientas como filtro o formato condicional, por ejemplo, se podía buscar un expediente e inmediatamente aparecían las fechas de todos sus actos futuros; o se podía buscar en alguna fase los actos del día. Resultados que, incluso, podían agendarse en Outlook. Ese orden mínimo no compensó las debilidades de la sala ni incrementó sustancialmente su rendimiento, aunque si disminuyó la frecuencia de los «strikes».

FORMATO CONDICIONAL (FC)

Tome el segundo problema de la variante FF.

El usuario puede seguir otro procedimiento. Se llama formato condicional.

Se trata de una herramienta para buscar datos en una lista o rango, de acuerdo a reglas establecidas.

Mas, a diferencia del filtro, resalta los datos coincidentes. De esta forma, los separa del resto.

Se califica como condicional, porque de cumplirse tal regla, se produce tal efecto.

Puede ayudar a que los patrones y tendencias en sus datos sean más visibles.

Existen dos modalidades. Una de búsqueda, donde se aplican las reglas. La otra de graduación, donde se encuentran Barras de datos, Escalas de color y Conjuntos de íconos.

Para el ejemplo ya planteado, se utilizará la primera.

¿Cómo procedería?

Si no tiene una lista o rango de los días feriados, créela.

Selecciónela.

Luego, diríjase a la pestaña **Inicio, grupo Estilos y escoja la opción Formato condicional.**

En el menú desplegable, seleccione **Reglas para resaltar celdas.**

En el menú desplegable siguiente, seleccione **Es igual a…**

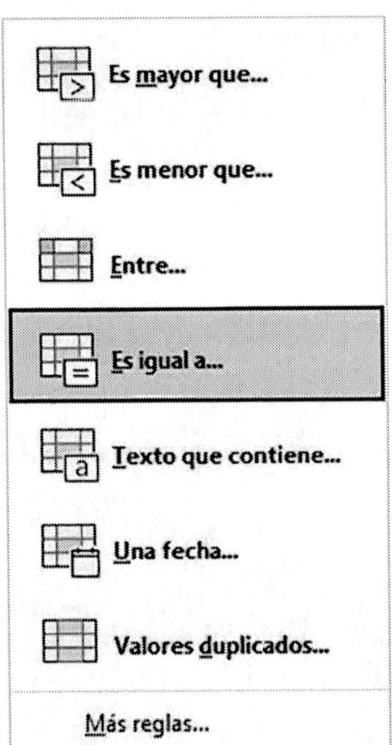

Aparecerá un cuadro de diálogo con el mismo nombre. En el primer cuadro, escriba la fecha, 12/10/2021. En el segundo, seleccione el color, rojo. Pulse el botón **Aceptar.**

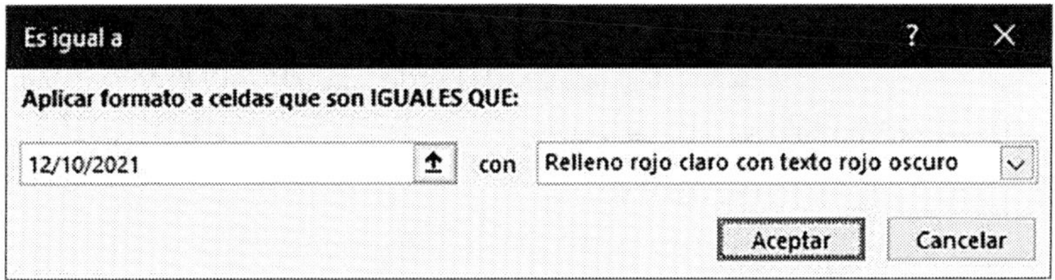

Revise de nuevo la lista o rango. Si aparece resaltada la fecha buscada, el día es feriado. De lo contrario, no.

A1

	A
1	FERIADOS
2	01/01/2021
3	01/05/2021
4	05/07/2021
5	24/07/2021
6	12/10/2021
7	31/12/2021

Para el otro ejemplo se tomarían los procedimientos del caso DAdC, solo variaría el resultado, pues la fecha actual sería el 25/11/2021.

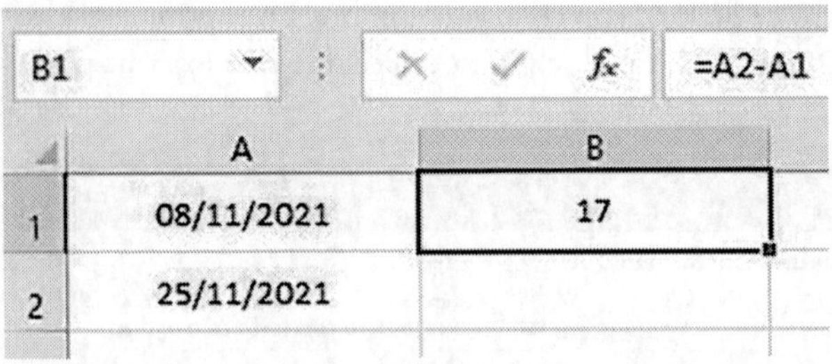

B1 | =A2-A1

	A	B
1	08/11/2021	17
2	25/11/2021	

El resultado sería: Días del plazo: 30. Días transcurridos: 17. Días que faltan: 13.

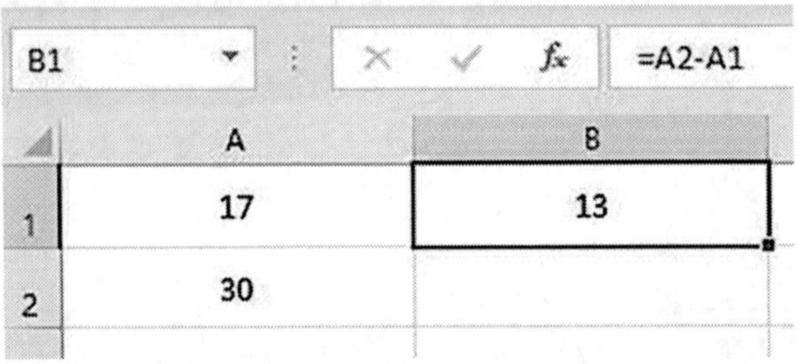

B1 | =A2-A1

	A	B
1	17	13
2	30	

El usuario desea una ayuda gráfica para saber el porcentaje o medida de avance.

¿Cómo procedería?

Utilice la segunda modalidad del formato condicional.

Seleccione los datos.

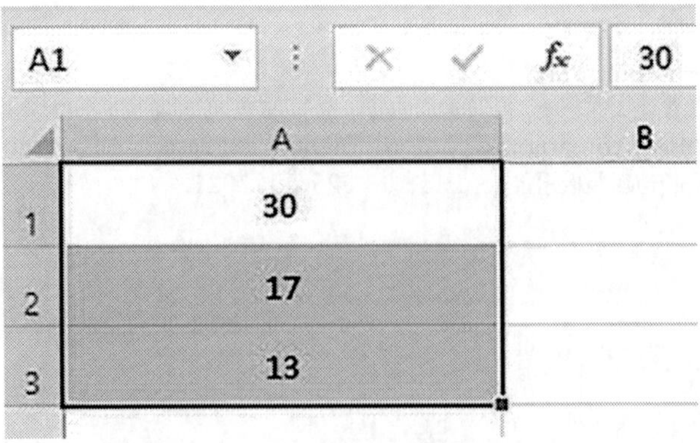

A1 | 30

	A	B
1	30	
2	17	
3	13	

Luego, siga los pasos ya mencionados, solo que, en lugar de aplicar alguna regla, escogerá entre Barras de datos, Escalas de colores o Conjuntos de íconos. Se escogió **Barras de datos, Relleno sólido, Azul.**

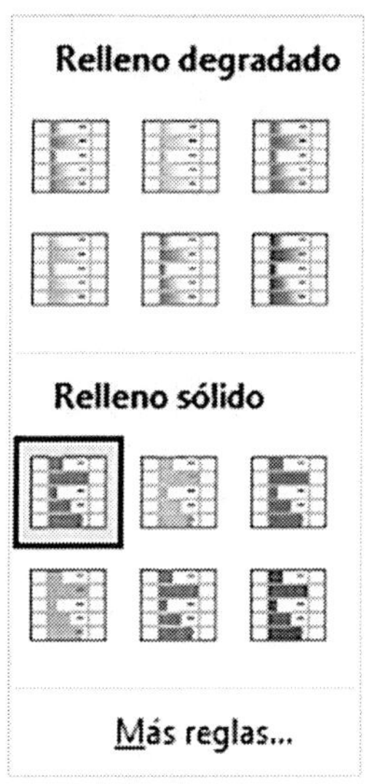

En la misma celda del dato, junto con el número, aparecerá la barra indicando el avance del plazo.

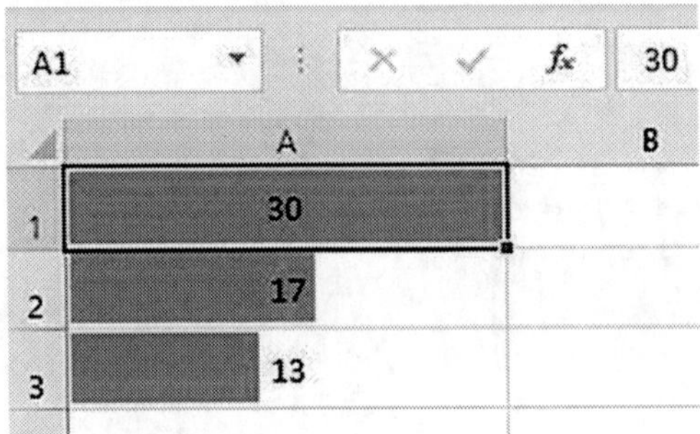

También resultaría útil la opción Conjuntos de íconos, Valoración, 5 partes. Solo que, para mayor precisión, debería abarcar desde el inicio (día 0) hasta la finalización (día 30) del plazo.

Cabe mencionar que el formato condicional también tiene reglas específicas para fechas. Pero, son cerradas. Por tanto, muy limitadas. Poco útiles en los supuestos planteados.

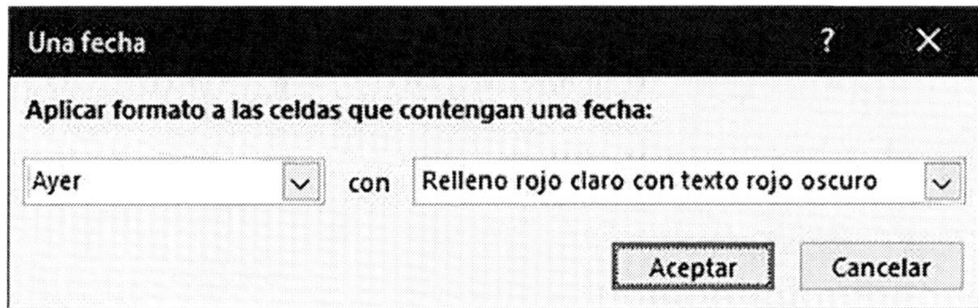

Esta herramienta tampoco calcula, pero puede buscar datos con cierta complejidad. Por ejemplo, aplicando varias reglas. Incluso, fórmulas sencillas.

Es un complemento de las fórmulas y funciones de fecha.

TABLA DINÁMICA (TD)

Siga con el segundo problema de la variante FF.

Otra opción sería usar una tabla dinámica.

Se trata de una herramienta que ayuda a gestionar datos complejos. Permite resumirlos y generar informes. En la presentación de los mismos también da la posibilidad de emplear filtros.

Pero, se diferencia de las herramientas anteriores, porque se puede insertar en cualquier parte del libro, bien sea en la misma hoja o en otra. Por eso se le califica como dinámica.

Es, pues, una de las herramientas más potentes de Excel.

Volviendo al problema planteado, ¿cómo procedería?

Si no tiene una lista o rango con las fechas, créela.

Selecciónela.

Diríjase a la pestaña **Insertar,** grupo **Tablas** y pulse el botón **Tabla dinámica.**

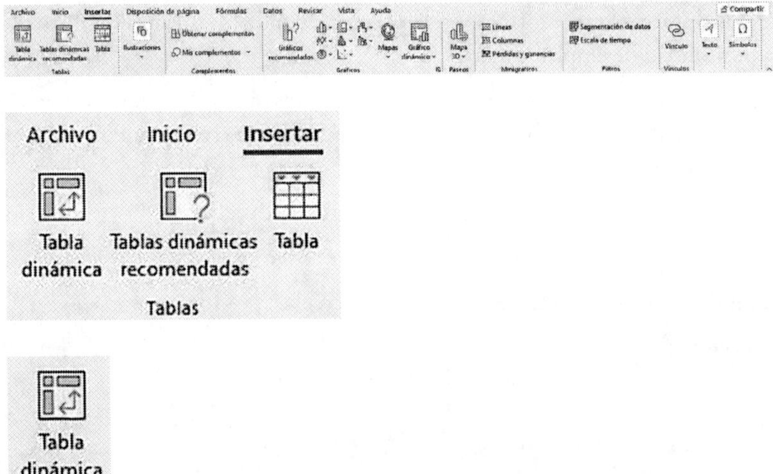

Aparecerá el cuadro de diálogo **Crear tabla dinámica**. Verifique que la opción **Seleccionar tabla o rango** esté marcada y que en el cuadro del mismo nombre aparezca el rango seleccionado. **Elija dónde desea colocar el infor-**

me de tabla dinámica, preferiblemente en una **Nueva hoja de cálculo.** Pulse el botón **Aceptar.**

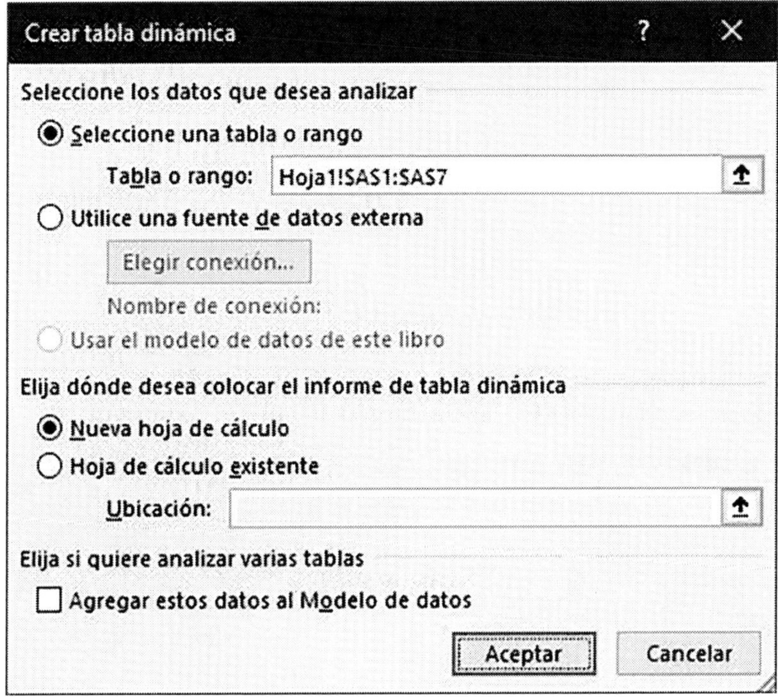

Por un lado, en el cuerpo de la nueva hoja, aparecerá el espacio reservado a la tabla. Por otro, en la parte derecha de la ventana, el cuadro de diálogo **Campos de tabla dinámica.**

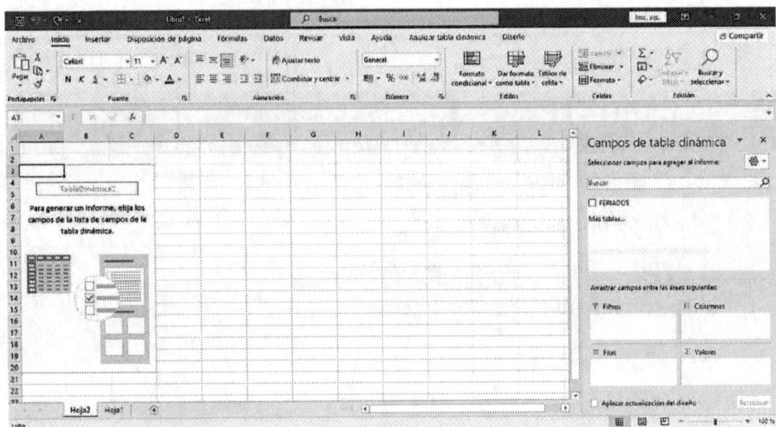

Marque la opción **FERIADOS.** Se agregará al área de las **Filas**. Puede observar que, en el espacio reservado a la tabla, ahora aparece la misma.

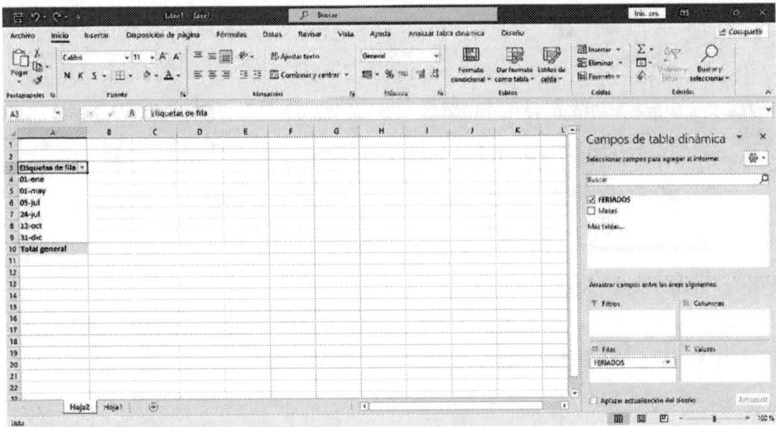

Se trata de un resumen o informe, con filtros en el campo **Etiquetas de fila.** Pulse la flecha y siga el procedimiento pertinente del caso FF.

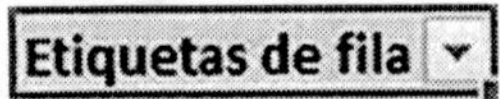

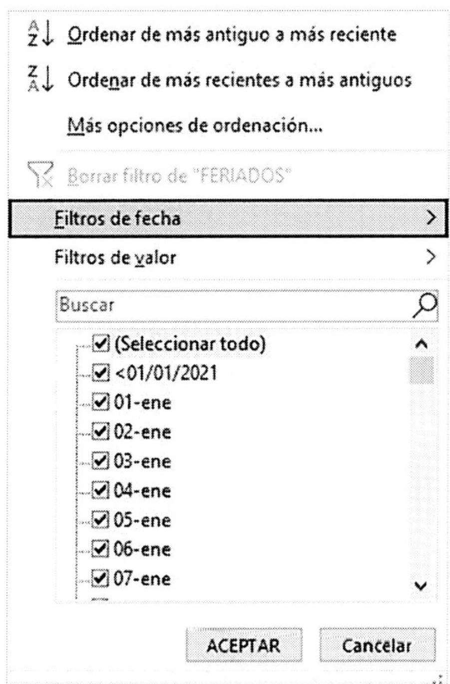

Ahora, revise la tabla. Si aparece la fecha buscada, será un día feriado. De lo contrario, no.

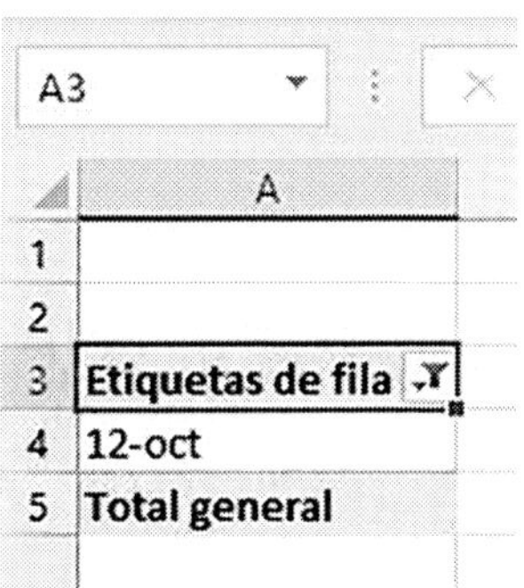

Esta herramienta es más completa que las anteriores. Permite segmentar, actualizar, hacer cálculos y graficar los datos.

Sin embargo, no sería recomendable aplicarla al problema planteado. Tiene una sola columna. Un solo tipo de dato. Y, como ya se dijo, ella se emplea para gestionar datos complejos.

Pudiera ser un complemento de las fórmulas y funciones de fecha, mas, se menciona con carácter informativo.

FUNCIONES DE TEXTO (FT)

Tome el segundo procedimiento de la variante FC. El ejemplo planteado para explicar su segunda modalidad.

Quiere que las barras estén en la celda contigua. ¿Cuáles son las opciones?

Se puede crear una gráfica de barras basada en texto.

¿Cómo procedería?

En la celda contigua del resultado, inserte la función **REPETIR ()**.

Ella reproduce un texto o cadena un número determinado de veces.

En el primer argumento, texto, escriba la letra «g», entre comillas inglesas.

En el segundo, núm_de_veces, escriba o seleccione la cantidad correspondiente al resultado.

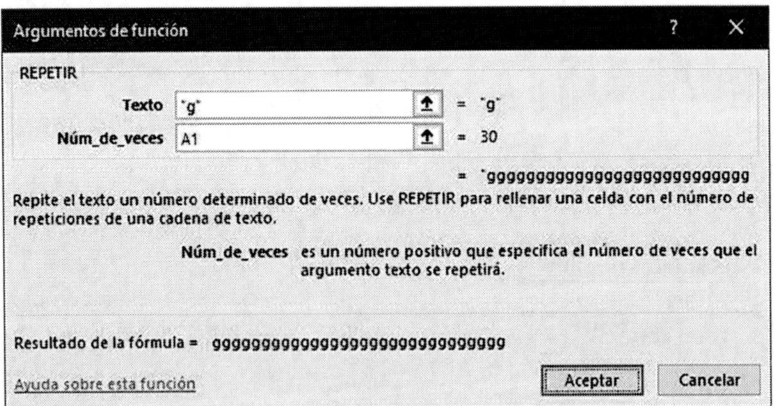

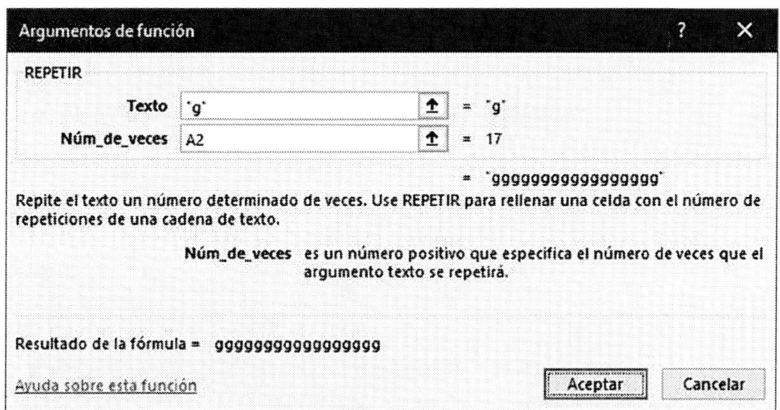

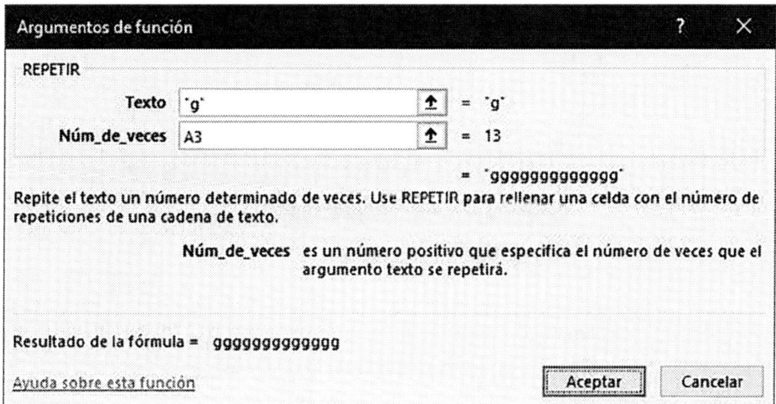

Debe dar a la celda de la gráfica el formato de celdas fuente *Webdings. En esta fuente, la letra* «g» se representa como un bloque y, al repetirla, se crea una barra.

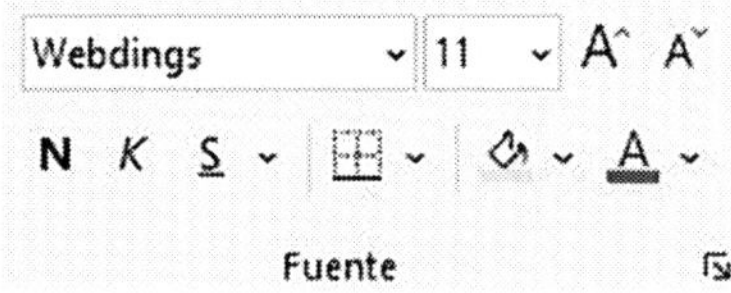

El resultado será una barra en función de las mencionadas cantidades.

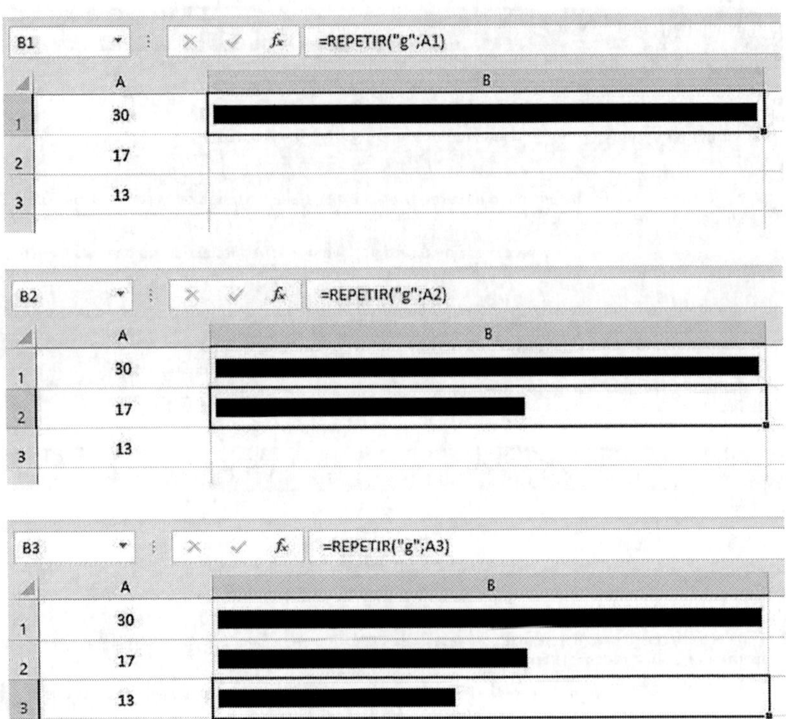

REPETIR () pertenece al grupo de las funciones de texto, las cuales ofrecen diversas maneras de trabajar con valores de texto o cadenas. No son objeto de estudio en este libro. Se mencionan con fines informativos.

Se empleó sola, como un complemento.

Mas, las funciones de su tipo también se pueden usar en combinación con las de fecha. Con el propósito de optimizar fórmula y resultado.

Tal es el caso siguiente.

Pudiera ocurrir que se importen datos en línea. Entonces, habrá formatos de fecha que Excel no identifique. Por ejemplo, 20211015.

Necesita utilizar dicha fecha en la hoja de cálculo. ¿Cómo procedería?

Aplique la función **FECHA ()** junto con las funciones **IZQUIERDA ()**, **EXTRAE ()** y **DERECHA ()**.

IZQUIERDA () devuelve un número de caracteres empezando por el lado izquierdo de la cadena.

EXTRAE () devuelve un número determinado de caracteres empezando por cualquier posición en la cadena.

Y DERECHA () devuelve un número de caracteres empezando por el lado derecho de la cadena.

En la celda de resultado, inserte la función FECHA (). En el primer argumento, año, anide IZQUIERDA (A1; 4). En el segundo, mes, EXTRAE (A1; 5; 2). Y en el tercero, día, DERECHA (A1; 2).

Argumentos de función ? X

IZQUIERDA

Texto A1 = "20211015"

Núm_de_caracteres 4 = 4

= "2021"

Devuelve el número especificado de caracteres del principio de una cadena de texto.

Núm_de_caracteres especifica el número de caracteres que se desea que IZQUIERDA extraiga. Si se omite, se asume 1.

Resultado de la fórmula =

Ayuda sobre esta función

Aceptar Cancelar

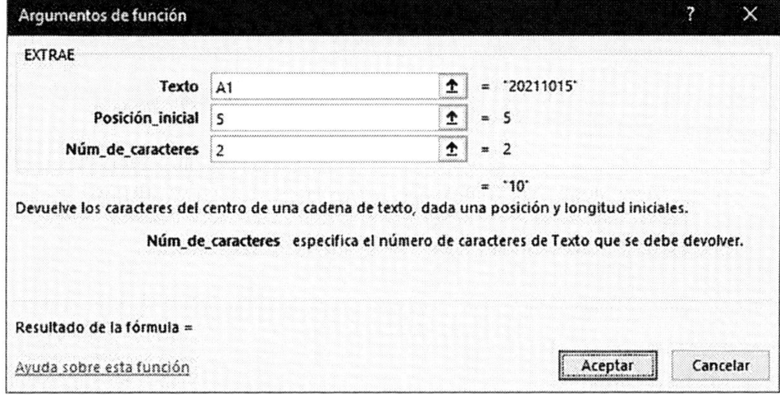

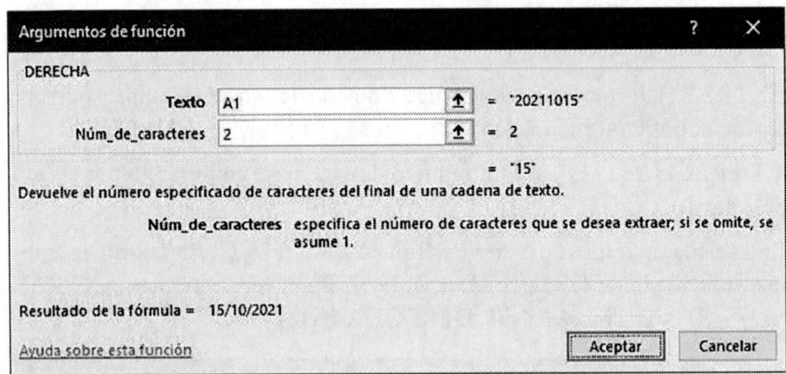

Resumen: FECHA (IZQUIERDA (A1; 4); EXTRAE (A1; 5; 2); DERECHA (A1; 2).

El resultado será 15/10/2021. La fecha creada es un formato reconocido por Excel.

B1 =FECHA(IZQUIERDA(A1;4);EXTRAE(A1;5;2);DERECHA(A1;2))

	A	B	C	D
1	20211015	15/10/2021		

FUNCIONES DE BÚSQUEDA Y REFERENCIA (FBR)

Tome el segundo problema planteado en la variante FF.

Pudiera emplearse la función **BUSCARV ().**

Ella busca un valor específico en la primera columna de una tabla, sin necesidad de recurrir a las herramientas anteriores.

¿Cómo procedería?

Si no tiene una lista o rango con las fechas, créela.

A1

	A
1	FERIADOS
2	01/01/2021
3	01/05/2021
4	05/07/2021
5	24/07/2021
6	12/10/2021
7	31/12/2021

En la primera celda de la columna siguiente, escriba la fecha que quiere buscar.

B1 fx 12/10/2021

	A	B
1	FERIADOS	12/10/2021
2	01/01/2021	
3	01/05/2021	
4	05/07/2021	
5	24/07/2021	
6	12/10/2021	
7	31/12/2021	

En la celda de resultado, inserte la mencionada función.

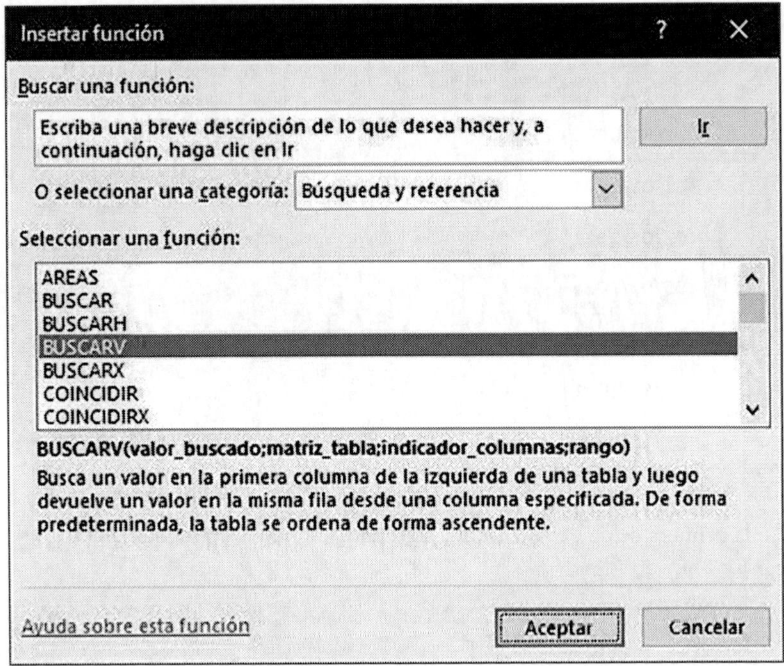

En el primer argumento, valor_buscado, escriba o seleccione el valor que quiere buscar en la primera columna. Puede ser un número, cadena o referencia de celda. En concreto, B1.

En el segundo argumento, matriz_tabla, seleccione la tabla que usará para la búsqueda. Puede ser la referencia a un rango o nombre. En concreto, A2: A7.

En el tercer argumento, indicador_columnas, escriba el número de columna de la tabla donde desea buscar el valor. La primera columna es 1, la segunda, 2 y así. En concreto, 1.

En el cuarto argumento, rango, escoja el valor booleano que determina como busca Excel el valor en la primera columna. VERDADERO, busca la primera coincidencia. Si no encuentra ninguna, busca el valor más grande que es menor que el valor buscado. Es por defecto. FALSO, solo busca la primera coincidencia exacta del valor. En concreto, FALSO.

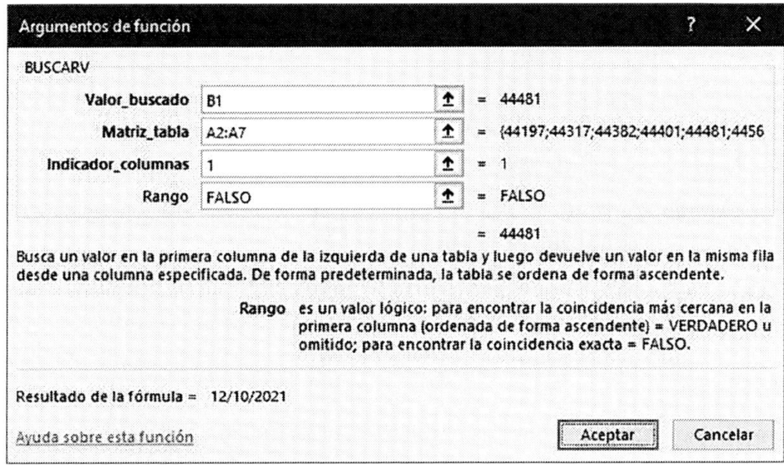

Pulse el botón Aceptar.

Si el resultado es el valor buscado, será un día feriado. De lo contrario, no.

C1 =BUSCARV(B1;A2:A7;1;FALSO)

	A	B	C
1	FERIADOS	12/10/2021	12/10/2021
2	01/01/2021		
3	01/05/2021		
4	05/07/2021		
5	24/07/2021		
6	12/10/2021		
7	31/12/2021		

Ahora bien, BUSCARV () pertenece al grupo de las funciones de búsqueda y referencia, las cuales permiten realizar operaciones de búsqueda en los modelos de hojas, siempre y cuando se cumpla con criterios establecidos. No son objeto de estudio en este libro, pero parece oportuno mencionarlas, al menos con carácter informativo.

Se utilizó sola, para trabajar con fechas y, luego, servir de complemento a la respectiva función de fecha.

Mas, las funciones de su tipo también suelen combinarse con las de fecha. Con la finalidad, más que de servir de complemento, de optimizar el resultado. Para que sea más claro y preciso.

Por ejemplo, tomando el segundo problema de la variante FF, en aplicación del tercer procedimiento de la variante DH-DI.

Para saber si una fecha cae en día hábil o inhábil, uno de los procedimientos empleados fue la función **DIASEM ()**. El inconveniente con la misma es que da por resultado un entero que corresponde al día de la semana, no el nombre del mismo.

Para lograr lo anterior, podría combinarse con la función **ELEGIR ()**.

Ella permite seleccionar un valor de una lista. En concreto, dado un número entero «n», devuelve el enésimo valor de la misma.

¿Cómo procedería?

Escriba la fecha en cuestión en una celda, es decir, 12/10/2021.

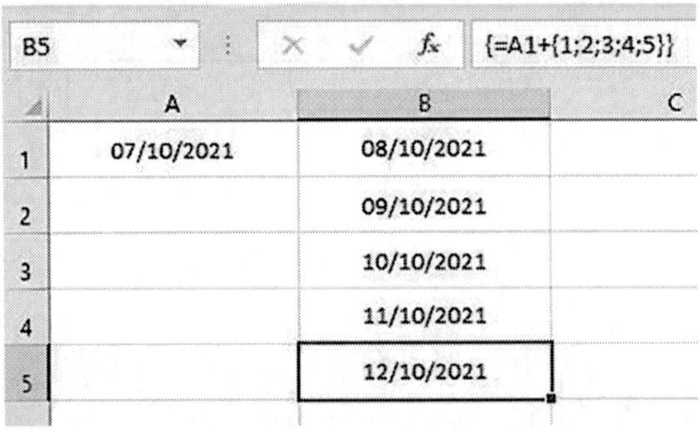

B5 | fx {=A1+{1;2;3;4;5}}

	A	B	C
1	07/10/2021	08/10/2021	
2		09/10/2021	
3		10/10/2021	
4		11/10/2021	
5		12/10/2021	

En la celda de resultado, inserte la función ELEGIR ().

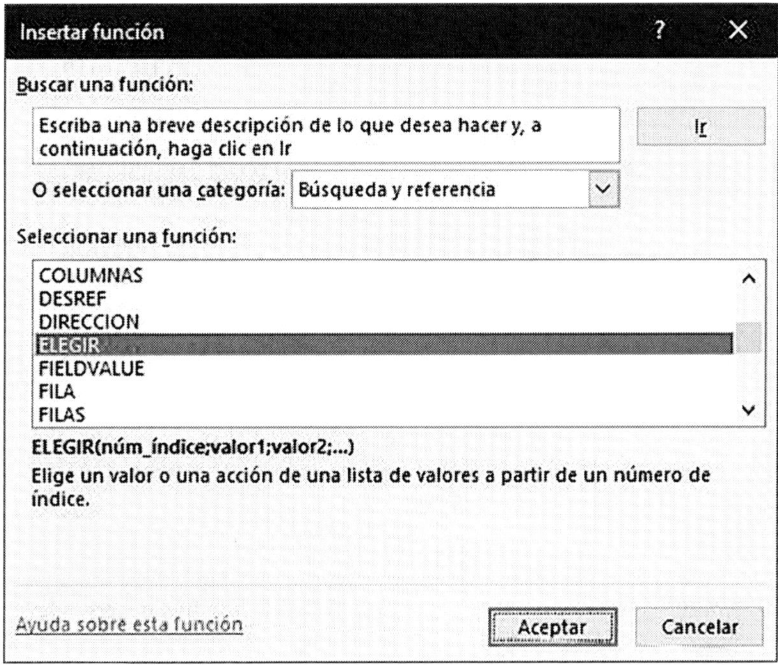

En el primer argumento, núm_índice, entero que determina qué valor devuelve la lista, anide la función DIASEM (), de tal forma que, el primer argumento, núm_de_serie, sea B5, y el segundo, tipo, 1. El resultado de este primer argumento será 3.

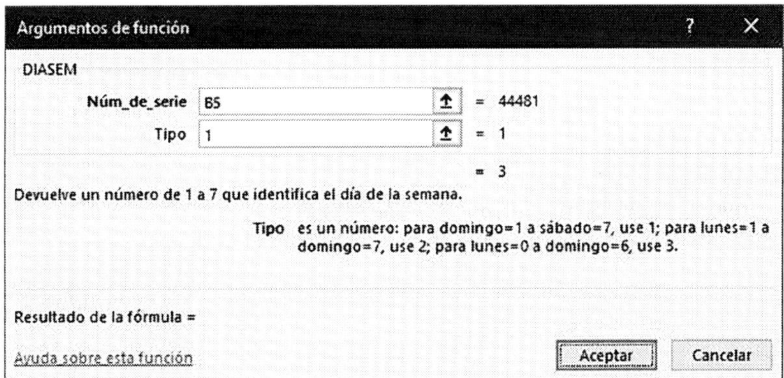

En el resto de argumentos, valor1, valor2, lista de hasta 29 valores de la cual se selecciona y devuelve el valor anterior, escriba el nombre de cada uno de los días de la semana en el orden escogido según el segundo argumento de la función DIASEM ().

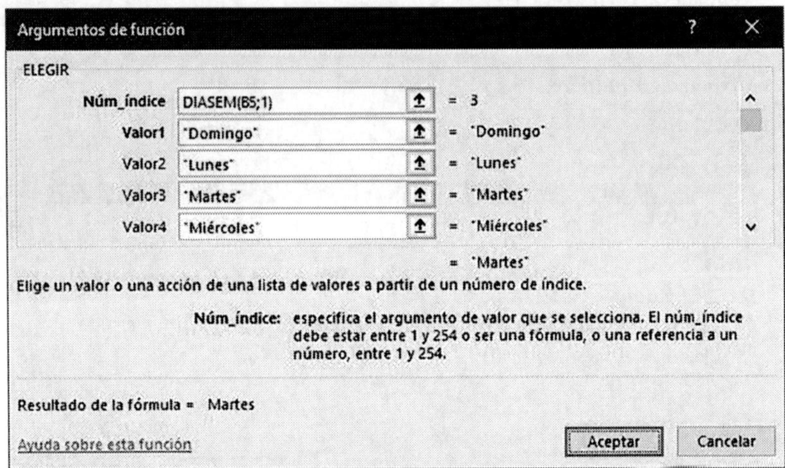

Pulse el botón Aceptar.

El resultado será martes, tercer valor de la lista.

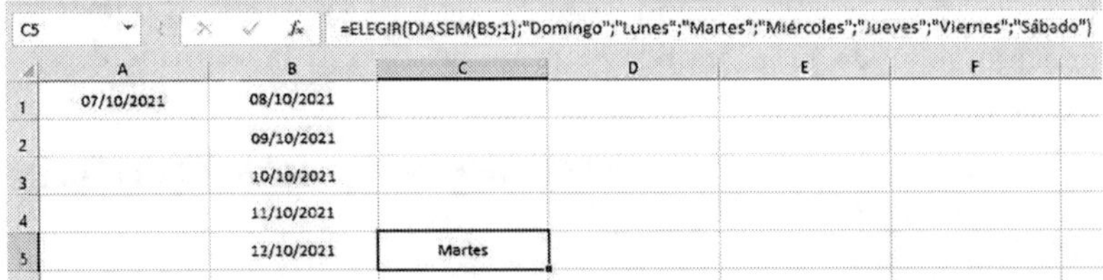

	A	B	C	D	E	F
1	07/10/2021	08/10/2021				
2		09/10/2021				
3		10/10/2021				
4		11/10/2021				
5		12/10/2021	Martes			

FÓRMULAS LÓGICAS (FL)

Tome el segundo problema de la variante FF.

También pudiera emplearse la función **SI ()**, anidando en el primer argumento la función **O ()**.

La primera, comprueba si se cumple una condición y devuelve un valor basado en el resultado.

La segunda, si al menos uno de sus argumentos es verdadero, devuelve verdadero. Suele emplearse para expandir los argumentos de la función SI ().

¿Cómo procedería?

Si no tiene una lista o rango de fechas, créela.

En la primera celda de la columna siguiente, escriba la fecha que quiere encontrar.

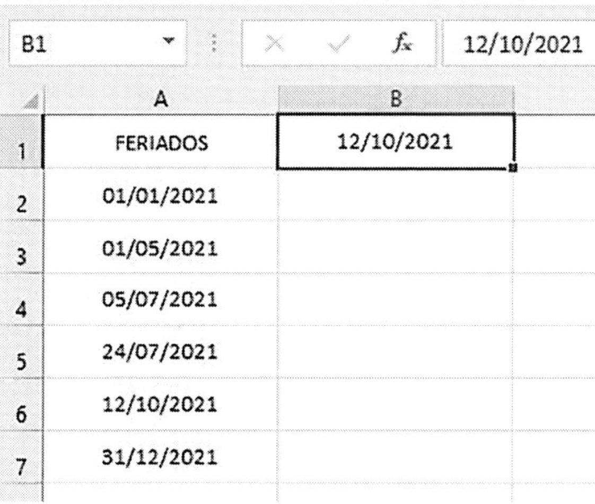

En la celda de resultado, inserte la función SI ().

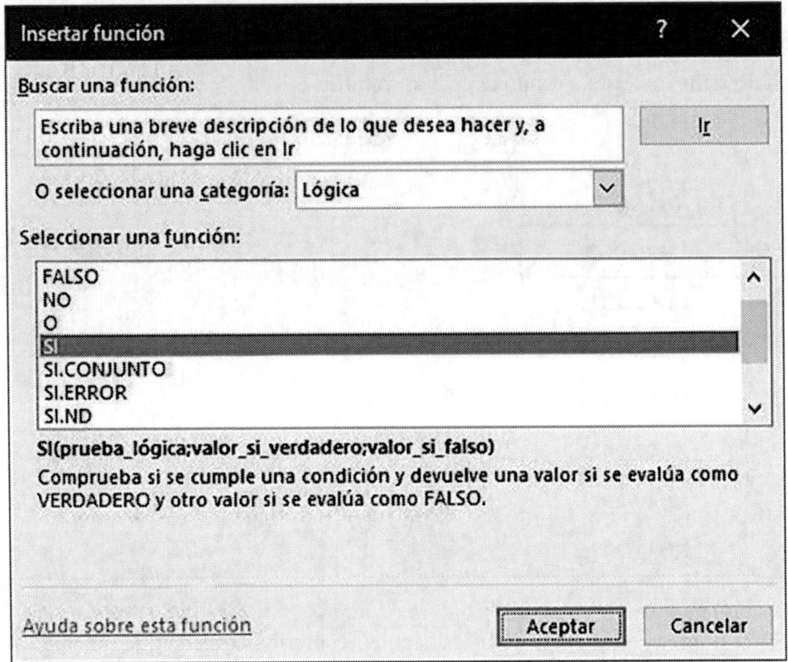

En el primer argumento, prueba_lógica, inserte la función O (). En valor_lógico1, escriba B1 = A2. En valor_lógico2, B1 = A3; y así sucesivamente hasta valor_lógico6.

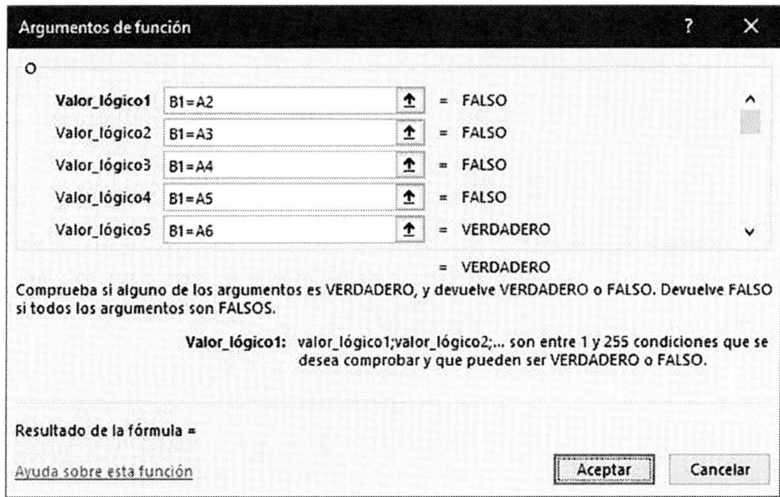

En el segundo argumento, valor_si_verdadero, escriba FERIADO, entre comillas.

En el tercer argumento, valor_si_falso, escriba NO FERIADO, entre comillas.

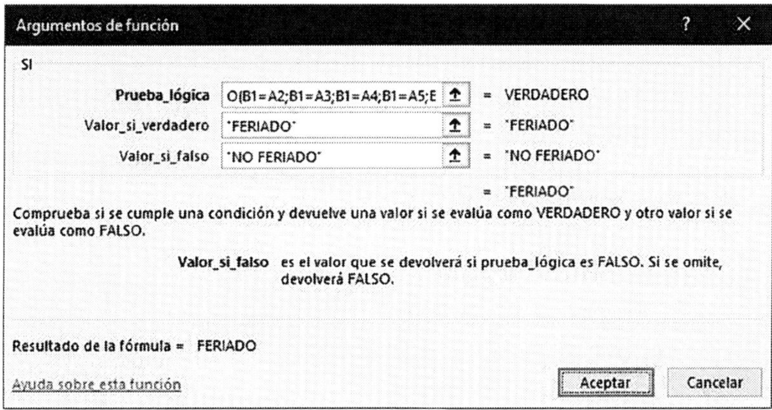

Pulse el botón Aceptar.

Resumen: SI (O (B1 = A2; B1 = A3; B1 = A4; B1 = A5; B1 = A6; B1 = A7); “FERIADO”; “NO FERIADO”).

Si la fecha en cuestión coincide con alguna de la lista, el día será FERIADO. De lo contrario, será NO FERIADO.

C1 =SI(O(B1=A2;B1=A3;B1=A4;B1=A5;B1=A6;B1=A7);"FERIADO";"NO FERIADO")

	A	B	C	D	E
1	FERIADOS	12/10/2021	FERIADO		
2	01/01/2021				
3	01/05/2021				
4	05/07/2021				
5	24/07/2021				
6	12/10/2021				
7	31/12/2021				

Como puede observar, estas funciones operan de forma inteligente. Examinan valores y luego arrojan resultados basados en dichos exámenes. De allí que sean fundamentales en la toma de decisiones.

Ambas pertenecen, pues, al grupo de las funciones lógicas, las cuales no son objeto de estudio en este libro, pero parece oportuno mencionarlas, al menos con carácter informativo.

En el ejemplo planteado se emplearon solo funciones lógicas, para servir de complemento a la respectiva función de fecha.

Pero, con más frecuencia, se usan en combinación con las funciones de fecha, para integrar una sola fórmula que permita la automatización.

Por ejemplo, tomando como modelo el primer problema de la variante TInh, el plazo termina el 24/01/2021, domingo.

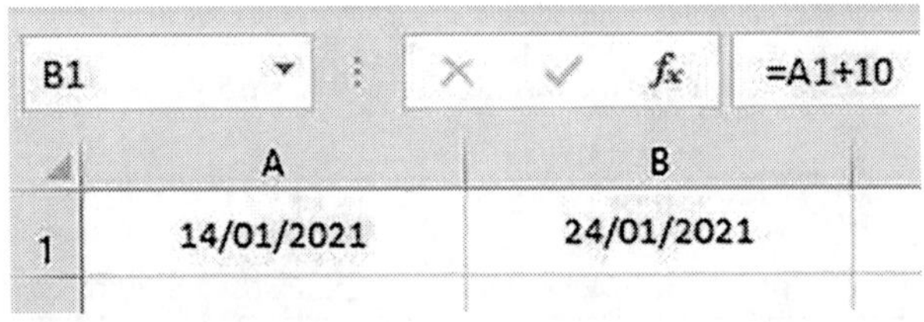

B1 =A1+10

	A	B
1	14/01/2021	24/01/2021

Para correrlo automáticamente hasta el día hábil siguiente, pudiera añadirse a la fórmula las funciones mencionadas junto con **DIASEM () y DIA.LAB. INTL ().**

¿Cómo procedería?

En la celda de resultado, inserte la función SI ().

En el primer argumento, prueba_lógica, inserte la función O (). En valor_lógico1, escriba la siguiente expresión DIASEM (A1 + 10; 1) = 1; y en valor_lógico2, DIASEM (A1 + 10; 1) = 7.

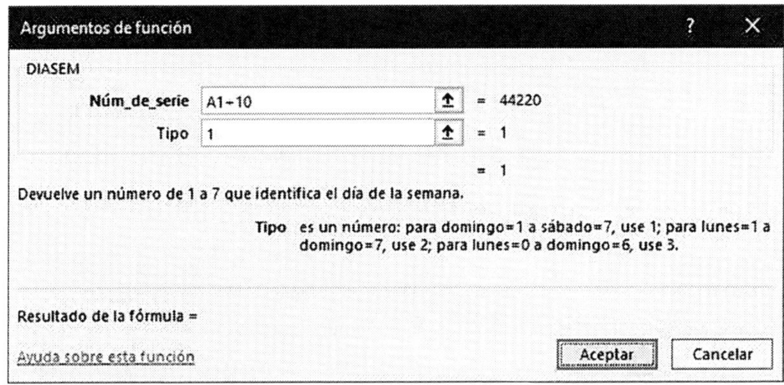

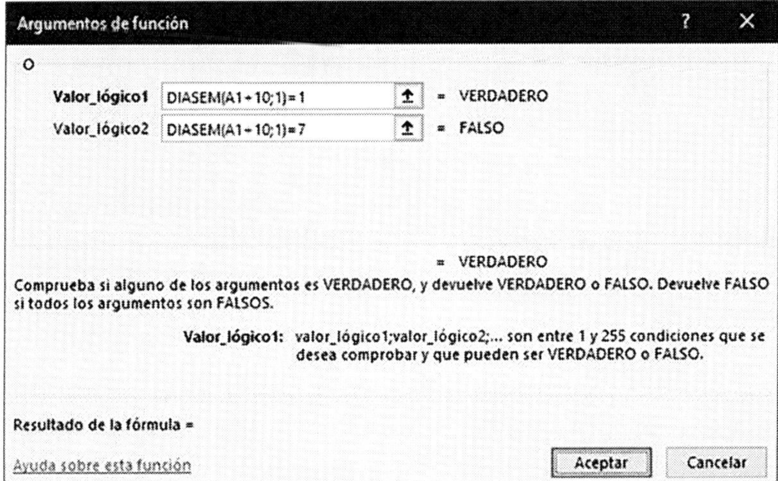

En el segundo argumento, valor_si_verdadero, inserte la función DIA.LAB.INTL (). En fecha_ inicial, seleccione la celda A1 + 10, en días, escriba 1, en fin_de_semana, escriba 1 y en días_no_laborables, escriba 06/01/2021, entre comillas.

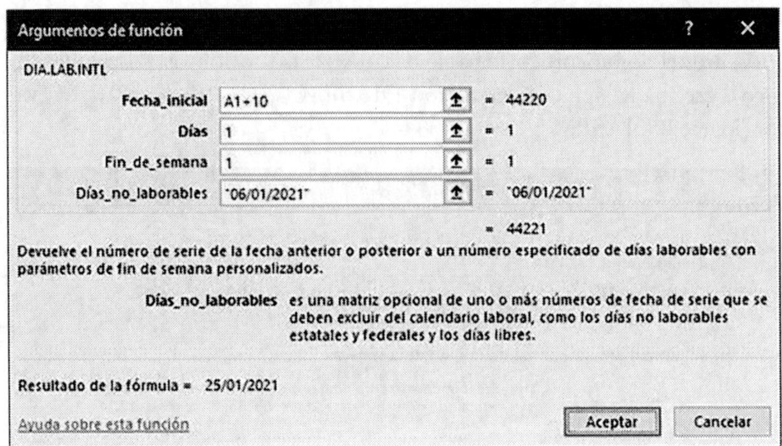

Y en el tercer argumento, valor_si_falso, seleccione la celda A1 + 10.

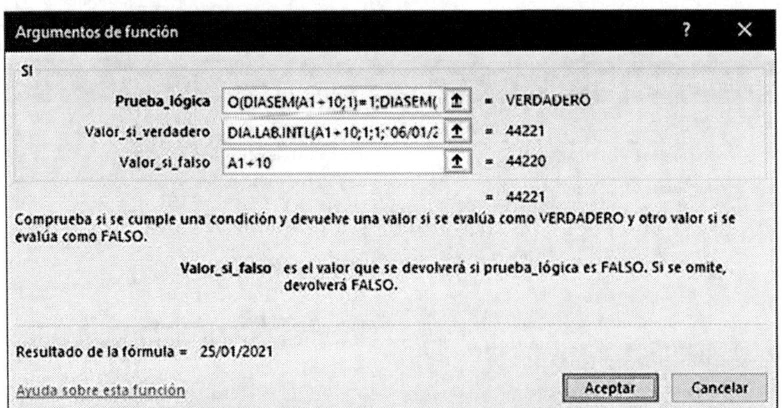

Resumen: SI (O (DIASEM (A1 + 10; 1) = 1; DIASEM (A1 + 10; 1) = 7); DIA.LAB.INTL (A1 + 10; 1; 1; "06/01/2021"); A1 + 10).

Pulse el botón Aceptar.

El resultado será 25/01/2021, lunes.

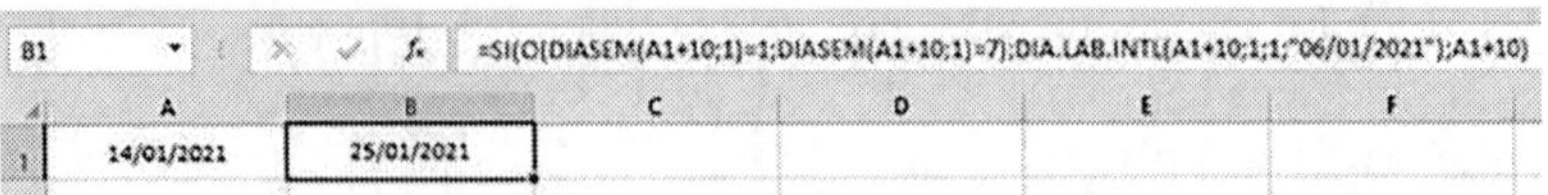

Mejor si se cambia al formato de celdas fecha larga.

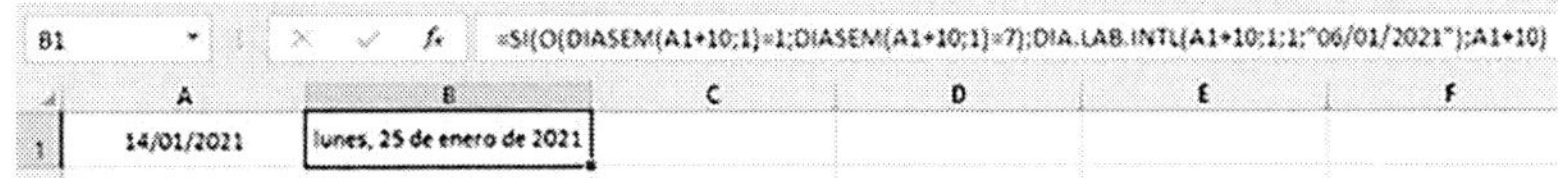

O, por ejemplo, tome el problema planteado en el caso EAD. Más complejo. Cuya solución pasa por una fórmula cuyo segundo argumento, en algún momento, implica dos posibilidades. La convierte en dos.

Integrando ambas posibilidades con la función **SI ()**, junto con **FECHA ()** y **DIASEM ()**, podría evitar dicho efecto, automatizándola.

La expresión sería la siguiente: FECHA (año, mes, 1) + SI (día de la semana < DIASEM (FECHA (año, mes, 1); 1); 7 - DIASEM (FECHA (año, mes, 1); 1) + día de la semana + (4 - 1) * 7; día de la semana - DIASEM (FECHA (año, mes, 1); 1) + (4 - 1) * 7)[71].

¿Cómo procedería?

Puede trabajar con referencias de celda.

En la celda de resultado inserte la fórmula siguiente: A1 + SI (A3 < A2; 7 - A2 + A3 + (4 - 1) * 7; A3 - A2 + (4 - 1) * 7).

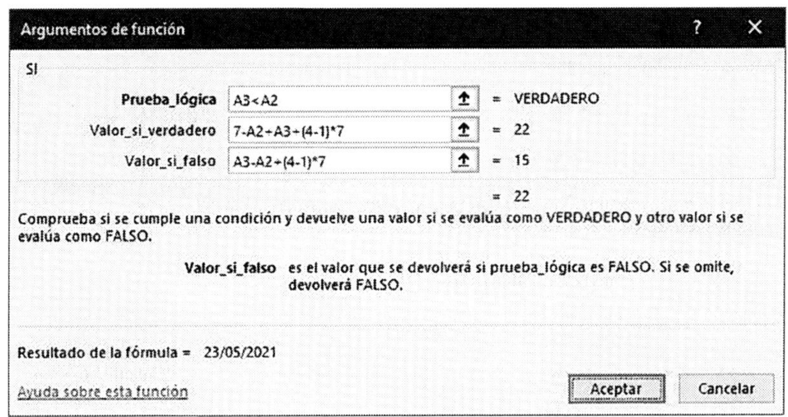

[71] También: FECHA (año, mes, 1) + SI (día de la semana < DIASEM (FECHA (año, mes, 1); 1); 7 - DIASEM (FECHA (año, mes, 1); 1) + día de la semana; día de la semana - DIASEM (FECHA (año, mes, 1); 1)) + (4 - 1) * 7.

El resultado será 23/05/2021, domingo.

B1 | fx =A1+SI(A3<A2;7-A2+A3+(4-1)*7;A3-A2+(4-1)*7)

	A	B	C	D
1	01/05/2021	23/05/2021		
2	7			
3	1			

Mejor si se convierte al formato de celdas fecha larga.

B1 | fx =A1+SI(A3<A2;7-A2+A3+(4-1)*7;A3-A2+(4-1)*7)

	A	B	C	D
1	01/05/2021	domingo, 23 de mayo de 2021		
2	7			
3	1			

O puede trabajar insertando los valores directamente en la fórmula.

Inserte la función FECHA (2021; 5; 1). Súmele la función SI (), donde el primer argumento, prueba_lógica, será 1 < DIASEM (FECHA (2021; 5; 1); 1). El segundo, valor_si_verdadero, 7 - DIASEM (FECHA (2021; 5; 1); 1) + 1 + (4 - 1) * 7. Y el tercero, valor_si_falso, 1 - DIASEM (FECHA (2021; 5; 1); 1) + (4 - 1) * 7.

Resumen: FECHA (2021; 5; 1) + SI (1 < DIASEM (FECHA (2021; 5; 1); 1); 7 - DIASEM (FECHA (2021; 5; 1); 1) + 1 + (4 - 1) * 7; 1 - DIASEM (FECHA (2021; 5; 1);1) + (4 - 1) * 7).

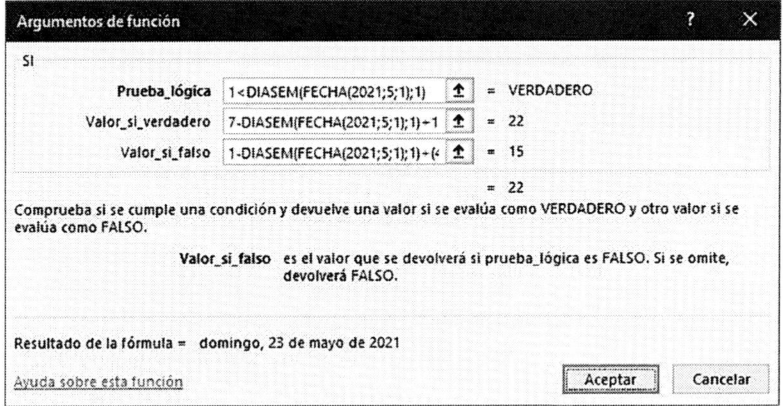

El resultado será el mismo.

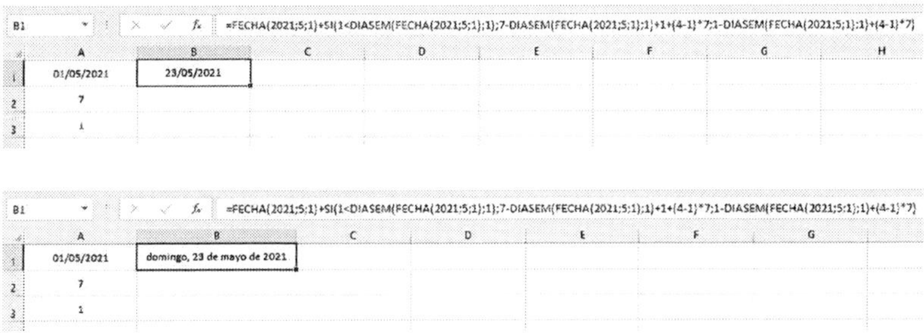

Es, pues, evidente la utilidad de las funciones lógica cuando se trabaja con fechas o funciones de fecha.

#Me habían rotado para la Sala de Reclamos, Negociación y Conflictos Colectivos del Trabajo. El día a día eran los reclamos por pago de prestaciones sociales. Me encargaba de citar y tratar de lograr una conciliación entre las partes. El cálculo lo hacía un contador. Pero, con frecuencia, aparecían desavenencias que dilataban el procedimiento. Se creía que las mismas provenían de los datos imprecisos aportados por el trabajador, los cuales se ajustaban una vez confrontados con los del empleador. La solución ideal hubiera sido un sistema experto jurídico. Fuera de mi alcance, opté por elaborar una calculadora de prestaciones sociales en Excel. Computaba el tiempo de servicio del trabajador con las fechas de ingreso y egreso en la empresa. Ayudado por funciones lógicas, obtenía la antigüedad, vacaciones y utilidades. Para mi sorpresa, su ejecución dejó en evidencia que las desavenencias eran casi siempre de derecho. Interpretativas. Por ejemplo, en el cálculo de la antigüedad. La ley decía que este beneficio le correspondía al trabajador que tuviera más de tres meses de servicio en la empresa. El contador empezaba el cálculo a partir del cuarto mes. La máquina, del primero, siempre que superara el tercero. Otro ejemplo, en el cálculo de las utilidades. La ley establecía que la empresa debía distribuir entre los trabajadores el quince por ciento de los beneficios líquidos que hubiere obtenido al fin de su ejercicio anual. Dicha obligación tenía un límite mínimo y uno máximo. A falta de distribución de ese porcentaje, el contador tomaba en cuenta el primero. La máquina, el segundo. Por irónico que parezca, la máquina simpatizaba más con el principio «in dubio pro operario».

BIBLIOGRAFÍA

Alder, K. (2003). *La Medida de Todas las Cosas.* Madrid: Taurus.

Antúnez, M. (2022). *Microsoft Excel. Todo lo que Debe Saber sobre esta Potente Hoja de Cálculo* (Tercera ed.). Madrid: Editatum.

Aubanell, A. (2009). Un Paseo por el Origen del Calendario y del Sistema Métrico. *Actas de las XIV Jornadas para el Aprendizaje y Enseñanza de las Matemáticas.* Girona: Servicio de Publicaciones de la Federación Española de Sociedades de Profesores de Matemáticas.

Aveni, A. F. (1989). *Empires of Time: Calendars, Clocks and Cultures.* New York: Basic Books.

Borst, A. (1994). *The Ordering of Time: From the Ancient Computus to the Modern Computer.* (A. Winnard, Trad.) Chicago: University of Chicago Press.

Brind'Amour, P. (1983). *Le Calendrier Romain: Recherches Chronologiques.* Ottawa: Université d'Ottawa.

Cabanellas, G. (1976). *Repertorio Jurídico. Locuciones, Máximas y Aforismos Latinos y Castellanos.* Buenos Aires: Heliasta.

Cervantes, J. G. (1997). El Transcurso del Tiempo en el Procedimiento Administrativo. (Consejo General del Poder Judicial, Ed.) *Cuadernos de Derecho Judicial*(18), 51-122.

Coyne, G. V. (1983). *Gregorian Reform of the Calendar. Proceeding of the Vatican Conference to Commemorate Its 400th Anniversary 1582-1982.* (P. A. Scientiarum, & S. Vaticana, Edits.) Vaticano.

Cuesta Altieri, Y. (2020). *Lo Nuevo de Excel 2019* (Primera ed.). Bogotá: Alfaomega.

Cyril, A. (2008). *Historias Curiosas de la Ciencia.* (F. P. Navarro, Trad.) Teia: Swing.

Deulofeu, J. (2020). *Relojes, Medidas y Calendarios.* Barcelona, España: Gedisa.

Duncan, D. E. (1999). *El Calendario.* (M. García de la Hoz, Trad.) Barcelona, España: Salamandra.

Excel 2010 Fonctions et Formules. (2010). Paris: Micro Aplications Editions.

Excel 2021. Domine las Funciones Avanzadas de la Hoja de Cálculo de Microsoft. (2022). (B. Goyanes Arnedo, Trad.) Barcelona, España: Eni.

Excel Microsoft 365. (2022). Barcelona, España: Eni.

Excel Microsoft 365. Domine las Funciones Avanzadas con la Hoja de Cálculo de Microsoft. (2022). Barcelona, España: Eni.

Excel Microsoft 365. Funciones Básicas. (2022). Barcelona, España: Eni.

Franco Villalobos, V., & Navarro Rodríguez, P. (2013). Los Plazos o Términos Procesales en el Procedimiento de Amparo Mexicano. (I. d. Universidad Autónoma de México, Ed.) *Justicia y Sufragio*, 242-259.

García Pérez, M. (2003). El Cómputo de los Plazos Fijados en Meses y el Reto de la Claridad de las Normas. (Universidade da Coruña, Ed.) *Anuario da Facultade de Dereito da Universidade da Caruña*(7), 379-388.

Gómez de la Escalera, J. J. (1995). El Cómputo Temporal en la Duración de las Penas y en la Prescripción de las Infracciones Penales. (Ministerio de Justicia, & Boletín Oficial del Estado, Edits.) *Anuario de Derecho Penal y Ciencias Penales, 48*(2), 465-502.

González Alvarado, L. A. (1965). *Repertorio de los Plazos Legales.* Santiago, Chile: Carlos E. Gibbs.

González Haba-Guisado, V. M. (2019). *Términos y Plazos. Teoría y Práctica.* Granada: Centro de Estudios Municipales y de Cooperación Internacional.

Górriz Gómez, B. (2016). Acerca del Cómputo de los Plazos por Meses. (F. Universidad Complutense de Madrid, & Marcial Pons, Edits.) *Foro: Revista de Ciencias Jurídicas y Sociales, 19*(2), 335-362.

Guedj, D. (1998). *La Mesura del Mon.* (A. Casassas Figuera, Trad.) Barcelona, España: Edicions 62.

Holford Strevens, L. (2005). *The History of Time.* New York: Oxford University Pres.

Ilustre Colegio de Abogados de Madrid, & Sepin (Edits.). (2022). *Guía de Plazos Civiles, Mercantiles, Penales, Administrativos y Laborales. Vademécum Sustantivo y Procesal* (Segunda ed.). Madrid.

Llena Hurtado, S. (2019). *Excel 365/2019.* Barcelona, España: Marcombo.

Longre, L. (2008). *Fonctions et Formules Excel 2007.* Paris: Micro Aplications Editions.

López de Zabalía, F. (1978). Reflexiones sobre el Tiempo en el Derecho. (F. Universidad Nacional de Tucumán, Ed.) *Revista Jurídica*(25).

Los Plazos Procesales. Administración de Justicia (Primera ed.). (2016). Sevilla: Mad.

Marín López, M. J. (2014). El Dies a Quo del Plazo de Prescripción Extintiva: El Artículo 1969 del Código Civil. *La Prescripción Extintiva: XVII Jornadas de la Asociación de Profesores de Derecho Civil* (págs. 15-234). Valencia: Tirant Lo Blanch.

Martín Jiménez, C. M. (2014). *Plazos Procesales Civiles. Guía para su Interpretación y Cómputo.* Valladolid: Lex Nova.

MEDIAactive. (2020). *El Gran Libro de Excel* (Primera ed.). Barcelona, España: Marcombo.

Microsoft Excel 2021. (2022). Barcelona, España: Eni.

Muñoz Jiménez, F. J. (1995). El Inicio de la Prescripción y el Cómputo de sus Plazos. (Consejo General del Poder Judicial, Ed.) *Cuadernos de Derecho Judicial*(14), 179-250.

Murray, A. (2022). *Advanced Excel Formulas. Unleashing Brilliance with Excel Formulas.* New York: Apress.

Orte Lledó, A. (1974). *El Tiempo Universal Coordinado y su Papel en la Metrología.* Madrid: Comision Nacional de Metrología y Metrotecnia.

Ossorio, M. (1994). *Diccionario de Ciencias Jurídicas, Políticas y Sociales* (Veintiuna ed.). Buenos Aires: Heliasta.

Pacheco Contreras, J. (2017). *Aplicaciones Prácticas con Excel 2016* (Primera ed.). Lima: Macro.

Palau Claverias, M. (1973). *La Pintoresca Historia del Calendario.* Barcelona, España: Millà. Librería Editorial Arxiu-Teatral.

Parise, F. (2002). *The Book of Calendars.* Piscataway: Gorgias Press.

Peña López, F. (2012). El Dies a Quo y el Plazo de Prescripción de las Acciones de Responsabilidad por Daños en el Código Civil: Criterios Procedentes de Algunos Textos Europeos de Soft Law y del Derecho Estadounidense que Podrían Servir para su Reforma e Interpretación. (Universitat Pompeu Fabra, Ed.) *Revista para el Análisis del Derecho*(1), 1-26.

Pinilla Galvis, Á. (2013). Breves Comentarios a las Reglas Vigentes para el Cómputo de Plazos o Términos de Origen Legal. (U. d. Colombia, Ed.) *Revista de Derecho Privado*(24), 283-326.

Plazos Procesales. En el Proceso Civil. En el Proceso Penal. En el Proceso Laboral. Niñez y Adolescencia. (2022). Asunción, Paraguay: Lexijuris.

Propergol, S. (2019). *Excel 2019. Manual Avanzado.* Madrid: Anaya Multimedia.

Real Academia Española. (s.f.). *Diccionario de la Lengua Española.* Obtenido de http://www.dle.rae.es/

Real Academia Española, Cumbre Judicial Iberoamericana, & Asociación de Academias de la Lengua Española. (s.f.). *Diccionario Panhispánico del Español Jurídico.* Obtenido de http://www.dpej.rae.es/

San Martín Rodríguez, J. (2010). *Los Plazos en el Proceso de Despido Disciplinario.* Madrid: La Ley.

Sanz López, J. (2021). Plazos Sustantivos y Plazos Procesales. Comentarios a la Sentencia Dictada por la Audiencia Provincial de Zaragoza. *Diario La Ley*(9861).

Schels, I. (2008). *Formules et Fonctions d'Excel 2007.* Paris: Pearson.

Toribio Bernárdez, L. (2023). *El Cómputo de los Plazos en los Procedimientos de Aplicación de los Tributos* (Primera ed.). Navarra: Thomson Reuters Aranzadi.

Toro y LLaca, C. (1999). *Astronomía: Historia y Calendario.* (U. C. Instituto de Astronomía y Geodesia, Ed.) Madrid.

Torroja Menéndez, J. M. (1980). *El Sistema del Mundo desde la Antigüedad hasta Alfonso X el Sabio.* Madrid: Instituto de España.

Valdés, C., & Cros, M. (2022). *Microsoft Excel 2022. Manual imprescindible.* Madrid: Anaya Multimedia.

Vidal Ramírez, F. (1985). El Tiempo como Fenómeno Jurídico. (F. d. Pontificia Universidad Católica del Perú, Ed.) *Revista Derecho PUCP*(39), 369-378.

Westrheim, M. (1994). *Calendars of the World.* Oxford: One World (UK).

Wilson, P. (1937). *The Romance of the Calendar.* New York: W. W. Norton & Company.

Yescas, L. (2021). *Excel 2021. Curso Paso a Paso* (Primera ed.). Barcelona, España: Altaria.

Zaldívar Zaldívar, A. D., Zaldívar Navarro, D., Cuevas Jiménez, E., & Pérez Cisneros, M. (2022). *Fórmulas y Funciones Matemáticas con Excel* (Primera ed.). Madrid: Ra-Ma.